本书得到教育部人文社会科学青年基金项目："面向企业技术创新的研发费用税前加计扣除政策驱动机制与优化研究"（17YJC630009），湖北省科技厅技术创新专项软科学项目（2017ADC031），湖北省教育厅人文社科青年基金项目："湖北省上市公司管理层能力对技术创新的影响机制及提升策略研究"（项目编号：17Q001）的资助

代理问题视角下的企业技术创新动因及效应研究

Research on Enterprise Technological Innovation from an Agency Perspective

陈金勇　著

中国财经出版传媒集团

经济科学出版社
Economic Science Press

图书在版编目（CIP）数据

代理问题视角下的企业技术创新动因及效应研究／陈金勇著．—北京：经济科学出版社，2018.3

ISBN 978－7－5141－9110－3

Ⅰ.①代… Ⅱ.①陈… Ⅲ.①代理（法律）－作用－企业管理－技术革新－研究－中国 Ⅳ.①F279.23

中国版本图书馆CIP数据核字（2018）第045280号

责任编辑：白留杰　刘殿和
责任校对：郑淑艳
责任印制：李　鹏

代理问题视角下的企业技术创新动因及效应研究
陈金勇　著
经济科学出版社出版、发行　新华书店经销
社址：北京市海淀区阜成路甲28号　邮编：100142
教材分社电话：010－88191355　发行部电话：010－88191522
网址：www.esp.com.cn
电子邮件：esp@esp.com.cn
天猫网店：经济科学出版社旗舰店
网址：http：//jjkxcbs.tmall.com
北京财经印刷厂印装
710×1000　16开　16.25印张　240000字
2018年3月第1版　2018年3月第1次印刷
ISBN 978－7－5141－9110－3　定价：58.00元
（图书出现印装问题，本社负责调换。电话：010－88191510）

前　言

创新是民族进步的灵魂，是一个国家兴旺发达的不竭动力，也是中华民族最深沉的民族禀赋。在经济全球化日益纵深与国际竞争日趋激烈的情况下，转变经济发展方式，实施创新驱动发展战略，增强民族企业的技术创新能力，已经成为当前中国社会最受关注的焦点问题。虽然中国在提高技术创新能力，建设创新型国家进程中迈出了坚实步伐，但是企业基础研究所占比重明显偏低、在技术创新投入上目光不够高远等问题也值得重视。在全球创新能力百强企业中，中国企业无一上榜，与美、日、韩等国的创新型企业相比，积累了巨额财富的中国企业依旧面临着大而不智的创新尴尬。面对企业技术创新能力不强的问题，本书拟将代理问题嵌入企业技术创新资源配置效率的影响因素之中予以研究，以探究企业技术创新驱动的内在动力，其对探寻企业可持续竞争优势培育之路，对实施创新驱动战略、建设创新型企业和创新型国家、形成国家可持续竞争优势将具有十分重要的理论参考价值和现实意义。

本书在梳理代理问题与企业技术创新基本概念的基础上，在公司治理的构架内以两类不同代理问题的演化途径为研究切入点，循着“企业创新驱动力影响因素→代理问题→不同代理问题与企业技术创新的理论构建→两类代理问题与企业技术创新的实证检验→强化会计控制、缓解代理问题、优化治理结构→增强企业创新驱动力”的研究路径。在中国制度背景下，运用资源基础理论、动态能力理论、交易成本理论与产权理论重点构建和分析两类不同的代理问题对企业技术创新的作用机理，采用经验分析方法，将两类不同的代理问题对企业技术创新的影响进行了实证检验。全书具体框架如下：

导论是关于研究背景与动机、研究目的与意义、研究思路与框架、研究方法与约定的一般介绍。第一章主要回顾了企业技术创新的驱动力因素与代理问题已有的研究成果，并对代理问题与企业技术创新文献进行了系统地梳理，以期对国内外研究现状有一个全面的了解。第二章重点介绍了中国上市企业的股权结构、控制形态与控制层级等引发代理问题的诱因，并通过控制形态及层级图辨析了控股股东与终极控制人或终极控制股东的差异；详细说明了中国上市企业技术创新的发展历程。在对文献与制度背景进行定性归纳的基础上，第三章运用资源基础理论、动态能力理论，构建了不同代理问题对企业技术创新的作用机理框架图；并应用交易成本理论与产权理论，数理推导了不同代理问题对企业技术创新的作用机制。在理论演绎代理问题与企业技术创新生成机制之后，第四章与第五章以2002~2011年中国深圳与上海证券交易所主板上市企业为研究对象，在第一类代理问题的架构内，全面探究了所有者与经营管理者对企业技术创新投入、产出及效率三个维度的影响，其中验证了控股股东不仅对企业技术创新投入具有促进与约束双重动态效应，还对技术创新产出、效率产生了抑制效应；检验了管理层持股结构对企业技术创新存在股权治理效应与短期周期效应。此外，在中国制度背景下还进一步分析了企业异质性质与股权集中度对控股股东及管理层持股结构与企业技术创新的调节效应。第六章在第二类代理问题的框架范围内，运用相关数据，通过设立假设、建立模型的实证研究方法，测验了终极所有权结构对企业技术创新的激励与阻碍双重效应，发现了终极控制人的控制权与现金流量权的分离程度对企业技术创新的侵占效应，为了克服研发投入、专利权衡量企业技术创新的误差，本书采用 Cobb Douglas 生产函数推估的专利权价值取代研发投入与专利权数量作为技术创新能力的变量，检验结论成立。根据前文的规范研究与实证研究，在第七章得出了研究启示，并结合中国现实国情为转变经济增长方式、实施创新驱动战略、建设创新型企业提出以下政策建议：一是企业应强化会计对技术创新的控制，切实提高企业技术创新效率；二是企业还应进行制度创新，增强企业技术创新驱动力；三是政府应通过制度建设、形成长效机制，提升企业技术创新能力；四是在结语部分对全书进行总结，指出本书的不足之处，并提出了未来的研究展望。

本书的贡献主要体现在以下几个方面。

第一，构建了代理问题对企业技术创新的理论分析框架。在资源基础理论与动态能力理论指导下，理论推演和揭示了不同代理问题对企业技术创新的作用机理，绘制了其作用机理图谱，运用交易成本理论与产权理论，构建了两者关系的数理模型，详细论证和推导了两类不同的代理问题特质是如何导致企业技术创新资源配置效率、动态能力及战略决策效率的差异，深刻探究和厘清了代理问题对企业技术创新活动的内在的、固有的规律。只有认识和掌握了这种作用机理，才能有的放矢地采取有效策略改善创新制度来驾驭创新风险，高效地实现企业创新型和国家创新型战略目标。

第二，在研究内容上，丰富了企业技术创新驱动力因素研究的文献。尽管代理问题与企业技术创新关系的研究由来已久，但已有文献更多聚焦于第一类代理问题视角下的技术创新研究，虽有部分学者从第二类代理问题的视角对企业技术创新进行研究，但是系统研究仍比较匮乏，可供参考的技术手段与分析方法有限。本书建立了不同代理问题对企业技术创新的基本理论框架，系统研究了所有者、经营管理者与终极控制人或终极控股股东对企业技术创新的作用机制，并进行经验证明，对不同代理问题与企业技术创新的理论研究与实证研究在一定程度上丰富了企业技术创新驱动力因素的文献。

第三，扩充了已有研究样本，从技术创新投入、产出、效率、能力四个维度全面衡量企业技术创新。目前关于技术创新研究所需的数据搜集相对困难。与已有研究相关文献相比，首先，本书的数据样本包括

2002～2011年在上海和深圳证券交易所上市的所有发行A股的公司；其次，与国内其他文献基本采用研发支出代替企业技术创新相比，本书将专利权数量作为技术创新的一种衡量方式，比研发支出这一创新投入衡量指标提供了更充分的信息，供投资者评估研发活动的市场价值；再次，以技术创新效率来衡量企业技术创新，创新效率综合了创新的投入与产出两方面，不仅考虑了创新所面临的不确定性风险，还包含了各企业在创新实现力方面的差异；最后，本书除采用研发投入、专利权数量、创新效率等指标外，还采用Cobb Douglas生产函数推估的专利权价值取代专利权数量作为技术创新的变量，更为准确地反映企业技术创新能力，克服了以往研究的局限性。

第四，本书首先厘清了企业创新投入、产出与企业价值之间的影响路径。与以前文献结论不同，本书发现由于创新活动的不确定性与累积性，企业的创新投入不会直接影响企业价值，但企业创新产出对企业价值有直接贡献，实际上企业的创新活动是必须通过其产出面直接来影响企业价值的。在此基础上，对技术创新驱动力因素进行系统经验证明，拓展了国内外现有的研究。通过构建不同数理模型，在考虑时滞或预期等影响因素的前提条件下，运用实证研究的方法回归分析和验证了不同代理问题对企业技术创新的投入、产出、效率三个维度的影响，得出了一些前人未有的新结论，可为国家、区域、企业实施创新驱动发展战略提供经验数据与理论支撑。

第五，有针对性地提出相关政策建议，对政府、上市企业和投资者均有重要的借鉴作用。特别是强化会计对技术创新的控制，切实提高企业技术创新效率，通过进行制度创新，增强企业技术创新驱动力；政府通过制度建设、形成长效机制，提升企业技术创新能力，具有较强的实务指导性与可操作性。

陈金勇

2018年1月

目 录

导　论

一、研究背景与动机

创新是民族进步的灵魂，是一个国家兴旺发达的不竭动力，也是中华民族最深沉的民族禀赋。在经济全球化日益纵深与国际竞争日趋激烈的情况下，转变经济发展方式，实施创新驱动发展战略，增强民族企业的技术创新能力，已经成为当前中国社会最受关注的焦点问题。与传统意义的资源驱动、资本驱动不同，创新驱动有着巨大的“魔力”。由表0－1可以看出，在中国创新驱动已成为一股新的发展潮流，2011年中国全社会研究与发展投入经费比2002年增加了574.67%，专利权申请量由2002年的205544件上升到2011年的1504670件，增加了632.04%。数据说明，中国的技术创新活动在不断进步，其中企业研究与试验发展（R&D）经费支出的比重由2002年的61.17%上升到2011年的75.74%，表明企业的R&D投资主体地位进一步巩固，2012年国家明确提出实施创新驱动发展战略，加快建设国家创新体系，着力构建以企业为主体、市场为导向、产学研相结合的技术创新体系。

表0-1　　　中国科技研发投入经费与专利产出年度分布　　　单位：亿元

年份	全社会R&D支出	基础研究支出	应用研究支出	试验发展支出	企业R&D支出	国有科研院所R&D支出	高校R&D支出	专利权申请量（件）
2002	1287.6	73.8	246.6	967.2	787.6	351.2	130.5	205544
2003	1539.6	87.7	311.5	1140.5	960.2	399	162.3	251238
2004	1966.3	117.2	400.5	1448.7	1314	431.7	200.9	278943
2005	2450	131.2	433.5	1885.3	1673.8	513.1	242.3	383157
2006	3003.1	155.8	504.5	2342.8	2134.5	567.3	276.8	470342
2007	3710.2	174.5	492.9	3042.8	2681.9	687.9	314.7	586498
2008	4616	220.8	575.2	3820	3381.7	811.3	390.2	717144
2009	5802.1	270.3	730.8	4801	3775.7	995.9	468.2	877611
2010	7062.6	324.5	893.8	5844.3	5185.5	1186.4	597.3	1109428
2011	8687	411.8	1028.4	7246.8	6579.3	1306.7	688.9	1504670

注：2002年公布的R&D数据与2003年存在统计口径的差异，本书采用2003年的相关数据进行追溯调整，以便于前后各期的数据具可比性。

资料来源：专利权申请量取自中华人民共和国国家知识产权局历年公布信息，其他数据取自中华人民共和国国家统计局历年R&D普查公报。

虽然中国在提高技术创新能力，建设创新型国家进程中迈出坚实步伐，但以下问题也值得重视：其一，基础研究所占比重明显偏低，中国历年来，基础研究平均仅占4.7%，而多数发达国家都在10%以上。例如，2009年美国和日本的基础研究所占比重分别为19%和12.5%。其二，企业作为研究与试验发展投资的主体地位日益巩固，但作为技术创新主体的企业，在技术创新投入上目光不够高远，试验发展活动存在不少的“短平快”现象。如在2011年规模以上工业企业的科技项目经费中，以“增加产品功能和提高性能”为主要技术经济目标的就占33.1%，这些项目的平均周期只有1.4年[①]。其三，中国企业技术创新能力有待提高，在全球创新力百强企业中，中国企业无一上榜，与美、

① 国家统计局2011年全国科技经费投入统计公报。

日、韩等国的创新型企业相比，积累了巨额财富的中国企业依旧面临着大而不智的创新尴尬①。

在上述宏观与微观的背景下，面对企业创新能力不强的问题，本书将代理问题嵌入企业创新资源配置效率的影响因素进行研究，探究企业技术创新驱动的内在动力，以此为公司治理和国企改革提供一定的理论指导，为中国创新型企业建设及创新型国家建设提供一定的政策建议。本书对代理问题与企业技术创新相关概念进行阐述和界定，在中国社会制度背景下揭示不同代理问题对企业技术创新的作用机理，构建代理问题与企业技术创新的基础理论，建立不同代理问题与企业技术创新的关系模型，利用经验证据对两者关系进行实证检验，最后提出强化会计控制、缓解代理问题、优化公司治理、增强企业创新能力的有效策略。

二、研究目的与意义

（一）研究目的

创新向来是企业发展战略的核心，尤其在新经济时代，创新活动更是企业提升成长潜力与谋求长期竞争优势的关键策略，已成为企业驱动与创造价值的动因。而在现代企业中普遍采用所有权与经营权分离的经营方式，委托人与代理人之间、委托人之间（大股东与中小股东）的利益冲突均导致代理问题的产生，代理问题毫无疑问会对企业技术创新活动（包括技术创新）产生重要的影响。本书在基础资源理论、动态能力理论以及数理经济学的指导下，对不同代理问题与企业技术创新的关系进行了系统、深入的研究，探索性地构建了代理问题与企业技术创新关

① 创新是经济增长和成功的基石，专利数量是衡量创新力的重要指标，但是创新的意义远不止专利权数量那么简单。评定主要基于专利申请成功率、专利申请的全球性、专利影响力、创新专利等四项指标，中国企业的海外专利申请或获批数量过少，专利影响力不足，在“专利申请的全球性”指标上处于劣势。

系的基础理论。其一方面从代理问题的视角为创新活动驱动因素的深入研究提供了基本理论支持和方法参考；另一方面为国家实施创新驱动发展战略和创新型企业建设提供具有可操作性对策建议。本研究的具体目标为：

（1）界定代理问题与企业技术创新相关概念；

（2）探究不同代理问题对企业技术创新的作用机理；

（3）构建代理问题与企业技术创新关系的基础理论；

（4）建立不同代理问题与企业技术创新的关系模型，并对两者关系进行实证检验；

（5）演绎强化会计控制、缓解代理问题、优化公司治理结构、增强企业创新能力的应用策略。

（二）理论意义

企业技术创新一直是理论界和实务界所重点关注的话题之一。学术界虽对创新驱动因素这一问题进行了大量研究，但点多面广，并未形成统一结论。本书在资源基础理论、动态能力理论、数量经济学的指导下，将企业普遍存在的代理问题纳入创新驱动力因素研究领域，拓宽了企业创新研究的视角，丰富了企业创新系统理论研究的相关内容。

1. 在深刻揭示代理问题与企业技术创新的客观基础上深入探究其内在规律。

本书阐述与界定了代理问题与企业技术创新的相关概念，并通过梳理企业创新驱动影响因素的研究成果，有助于拓展企业创新驱动影响因素研究的视角，丰富了企业创新系统理论的研究内容。在资源基础理论、动态能力理论、交易成本理论和产权理论的指导下，理论推演和揭示了不同代理问题对企业技术创新的作用机理，尤其是两类不同的代理问题特质，导致企业技术创新资源配置效率和战略决策效率不同。揭示代理问题对企业技术创新活动的内在规律，在理论上一方面可以为深入探究创新驱动因素，为企业创新系统理论、区域创新系统理论以及国家创新系统理论的进一步发展和完善提供了一个更宽阔的理论视角；另一方面企业可以规避企业技术创新活动所带来的高风险，进而驾驭创新风险，提高企业技术创新决策效率。

2. 高度重视代理问题所引起的创新障碍并有针对性地采取创新驱动应用策略。

现代企业普遍采用所有权与经营权分离的方式进行生产经营活动，鉴于此，企业如何有效进行创新决策以及有效决策如何提高创新资源配资效率便顺理成章地成为关键理论和现实问题。首先，代理问题不仅给系统内单个利益主体造成经济效率损失，更重要的是其传导性同时会给创新活动的利益各方造成关联损失和影响，如安然公司的破产，即是由于代理问题引发了企业控制力与创新力的悲剧，最终会给各个利益关系人带来巨大的损失。因此，企业如何协调各个创新利益者之间的关系，缓解代理问题所引起的创新障碍，避免创新失败，既是当前社会组织理论面临的重大问题，也是实务界急需解决的现实难题。不同类型的代理问题对企业创新活动具有不同的传导机制与规律，如何探究与缓解这两类不同性质的矛盾，是企业有效进行创新活动，防止创新失败的一种内在的、固有的机制；不同代理问题对企业创新活动的影响是如何产生、运行并发挥效能，以及采取哪些策略可以有效改进企业技术创新活动等，这些内容目前形似“黑箱”，急需系统、深入探究，而其关键问题是不同代理问题对企业技术创新活动的作用机制的探究。只有认识和掌握了这种作用机理，才能有的放矢地采取有效策略改善创新制度来驾驭创新风险，高效地实现企业创新型和国家创新型战略目标。

3. 切实提升企业技术创新能力并强化代理问题治理效率。

在日益动态化、激烈化的市场环境中，企业技术创新既是挑战也是机遇，既存在失败的可能性，也含有成功的可能性。如果企业对代理问题管理不善，造成经营风险防范失败，或者形成机会损失，或者形成风险损失，最后陷入创新危机而导致创新失败。代理问题是企业技术创新活动陷入危机的重要原因，代理问题是所有者与经营者分离的结果。因此，经营者是否按照所有者的要求通过优化创新决策而改善创新流程来有效管理企业技术创新活动，不仅是企业技术创新活动决策的“显示器”，也是衡量企业创新资源配置和决策效率的有效标杆。为此，强化代理问题治理的研究，一方面可以促进企业有效配置创新资源，加强创新资源的利用效率；另一方面通过优化代理问题可以对创新决策战略进行有效管理，提升企业技术创新能力。

4. 丰富无形资产构成要素理论的基础上强化会计对技术创新的控制水平。

由于企业创新活动的产出如专利权等属于无形资产构成要素，研究不同代理问题与企业技术创新投入、产出活动的关系，特别是本书考虑了中国在股权高度集中、普遍存在终极控制人的背景下，控股股东与管理层的性质、持股比例等如何影响企业的技术创新活动？终极控制人与中小股东之间的代理问题怎样影响企业创新活动？这些问题的探索丰富了无形资产构成要素相关性方面的研究，此外，在知识经济时代，本书的理论与经验分析的探索还有利于对专利权等无形资产要素的会计反映、控制和评价，有利于构建基于企业可持续创新的企业无形资产信息披露报告，促进新经济环境下会计理论的发展，既可以指导企业面临复杂多变环境下的技术创新活动，又为后续研究奠定理论平台，进而形成企业有效应对当今全球化日益激烈竞争的一种路径依赖和治理模式。

（三）现实意义

中国共产党的十八大报告提出，实施创新驱动发展战略，增强企业创新能力，提高社会生产力和综合国力，是国家发展全局的核心位置。本书将对企业微观层面的战略规划和国家宏观层面的政策制定具有一定的实践指导意义。

1. 在微观层面上，为企业深化改革与强化创新驱动提供经验支持。

本书通过理论分析厘清了不同代理问题对企业技术创新的作用机理并进行经验分析，为企业成功实施创新驱动战略提供经验指导与技术支持，有利于企业优化配置资源进行创新活动，对于提高企业创新能力与核心竞争力以及可持续发展提供经验借鉴。

2. 在宏观层面上，为国家创新驱动战略政策与规范的制定提供现实依据。

本书从代理问题的视角对企业创新驱动影响因素进行经验分析，一方面，为企业会计报告准则制定中重视专利权等无形资产要素这些企业隐藏价值提供了实务支撑，有利于促进将专利权等无形资产要素的反映与控制纳入会计报告准则体系；另一方面，为国家宏观创新政策的制定与创新型企业建设提供了现实依据，有利于促进大型企业集团和国际化跨国公司的创新能力培育，促进我国企业更快更好地占据国际市场，形成与保持国家可持续竞争优势，加速经济增长，进一步提升国际地位。

因此，对代理问题与企业技术创新进行系统、深入研究，揭示其作用机理和客观规律，有助于企业从公司治理的视角出发，深化企业改革的质量与效率，更科学地驾驭代理风险，有效地配置企业技术创新所需的各种资源，构建可持续发展的企业创新驱动模式，积极应对全球化日益激烈的市场竞争与挑战，从而有利于提升企业与国家的国际竞争力，具有重大的理论指导意义与实践参考价值。

三、概念阐述与界定

（一）代理问题

自 Berle 和 Means（1932）在《现代企业与私人财产》一文中提出了所有权和控制权分离的命题以来，众多学者围绕这一问题进行了深入系统的研究。Jensen 和 Meckling（1976）以 Coase（1937）所提出的

“公司理论”为基础发展出了代理理论，认为公司是管理者、股东、债权人三者之间正式及非正式契约的集合体，在个体间皆追求个人利益极大的自利（self-interest）的假设前提下，产生了利益冲突的问题。换言之，在企业的经营权与所有权分离的情况下，负责企业经营的管理者（代理人，agent）与股东（委托人，principal）之间，由于存在着信息不对称（information asymmetry）的情况，导致接受委托经营的管理者，在追求个人利益极大化的前提下，偏离了“企业应以股东权益极大化为目标”的轨迹。

1. 代理成本的阐述。

委托人以契约任用代理人，代理人必须以委托人的最大利益为依归。在自利行为的假设下，代理人的行为偏离了委托人的最佳利益，此时，委托人可设计适当的激励诱因或进行监督，以限制代理人的行为，因而产生了代理成本。依据 Jensen 和 Meckling（1976）的定义，代理成本由三部分构成：首先是委托人的监督成本（monitoring cost），即委托人为了防范代理人的偏差行为，运用契约设计加以监督或激励所产生的额外费用；其次是代理人的自我约束成本（bonding cost），即代理人为了使委托人信任其行为，花费成本限制本身行为，以证明自身将会遵守契约；最后为残余损失（residual loss），即在各种监督以及公司组织结构的约束下，使得代理人无法及时行动从而导致公司丧失获利机会，这种机会成本称为残余损失。

2. 代理问题的类型。

当委托人与代理人签订契约时，由于双方存在信息不对称的情况，委托人不像代理人，尚不清楚代理人的能力与特质是否符合委托人的期望，由于代理人的能力不具代表性，会选择不恰当的代理人从而引起逆向选择（adverse selection）的代理问题。鉴于发生在事前，属于合约前问题（pre-contractual problems）。当代理双方签订契约之后，由于委托人对代理人的行为具有不可观察性或不可验证性会造成道德风险（moral hazard）。因代理人缺乏努力，而且发生在事后，属于合约后问题（post-contractual problems）。

在 Jensen 和 Meckling（1976）所提出的代理理论中，管理者与股东以及股东与债权人之间均存在代理问题。因此，代理问题可进一步划分为两类。

（1）权益代理问题。企业在所有权与经营权分离之下，股东与管理者由于契约上的规范和自利行为的假设下，存在着利益冲突的现象，因而产生了权益代理问题以及权益代理成本。这种所有者与经营者之间的代理问题主要表现为：①Williamson（1963）指出，经理人在自利（self-interest）和理性行为（rational behavior）的前提下，会产生支出偏好以满足自身的效用，但也会相对造成公司资源配置的无效率；②Jensen 和 Meckling（1976）认为，当管理者非百分之百拥有公司的股权时，由于其所浪费的资源中有一部分归其他股东所承担，所以有更大的诱因从事过度的特权消费而降低了公司价值；③Jensen（1986）认为，管理者更倾向将公司规模扩充到超过最适度的规模，以 Coase（1937）的交易理论观点而言，即组织将交易内部化的利益与内部的交易成本相互抵消，在理论上会使得组织存在最合适的规模，倘若超过这一规模，将导致组织变得没有效率或者会进行无效率的投资而降低公司的价值。

（2）负债代理问题。Fama 和 Miller（1977）认为，债权人与股东之间的冲突造成了负债代理问题。Jensen 和 Myers（1976）及其后的相关研究指出，由于债权人与股东之间存在着信息不对称的现象，产生了代理问题，所以债权人会要求较高的报酬而产生了负债代理成本。负债代理成本可以归纳为四类：①资产替换（asset substitution），Jensen 和 Meckling（1976）认为，负债契约诱导股东增加了投资方案的风险，因为由低风险方案转换成高风险方案时，如果方案取得成功，那么债权人仅将领取固定的本息而其他额外的利益全部归属股东享有，反之，若方案失败那么债权人必须与股东共同分担所发生的损失；②投资不足

（under-investment），Myers（1977）指出，当投资计划的利益主要归债权人所有时，经理人在股东利益极大化的考量下，可能会放弃净现值大于零的方案而作出次优的投资决策；③债权稀释（claim dilution），股东为了提高公司利润会迫使管理者发行新债，这样会加剧公司破产风险造成企业借款利率的上升，此时由于旧债与新债的偿还顺序相同，使得旧债的价值因风险的上升而下降；④股利支付（dividend payment），债权人将资金借给公司后，管理者可能将举债所得资金作为股利发放给股东而实际上并未从事投资活动，这意味着公司未来不会有投资而产生的利益流入，会招致公司的偿债能力下降而损害债权人的权益。

3. 代理问题的演变。

对于一般公开发行股票的企业而言，由于所有者与管理者的分离会引起权益代理问题（Jensen and Meckling，1976）。在股权较为分散的国家如美国和英国，代理问题主要存在于股东与管理者之间，但如果股权集中于某一股东使得该股东持股比例或者该股东采取控制手段能够有效掌控企业时，特别是在东亚地区的企业中，由于公司股权的集中程度普遍较高，终极控制股东或终极控制人往往会利用其控制权增加自身利益，如采用自利交易（self - dealing）的方式将利益转移至终极控制人完全控制的其他公司，容易诱发终极控制股东（终极控制人）与中小股东之间的权益冲突。此时，代理问题的性质将发生变化，即由所有者与经营者之间的权益代理问题（equity agency problem）（或称为第一类代理问题）转移至终极控制股东（终极控制人）与中小股东之间核心代理问题（core agency problem）（或称为第二类代理问题）（Shleifer and Vishny，1997）①，两类代理问题如表 0 - 2 所示。

---

① 学术界对两类股权代理问题的表述不一致。所有者与经营者之间的代理问题称为第一类代理问题，而将控制股东与分散中小股东之间的代理问题称为第二类代理问题（王明琳等，2006；江金锁，2011）。这是学术界具有代表性的提法。

表 0－2　　权益代理问题与核心代理问题

权益代理问题	核心代理问题
企业在股权分散的环境	企业在股权高度集中的环境
所有权与经营权的分离	所有权与经营权合一，但是控制权与现金流量权发生偏离
权益冲突——所有者与管理者	权益冲突——控制股东与中小（少数）股东

（二）技术创新

1. 技术的定义。

技术一词在希腊文中最早用"techne"表示，古希腊哲学家亚里士多德认为技术是人类活动的技能，技术在 17 世纪的法文中演变为"technique"，在 18 世纪的德文中变化成"technik"，均指与各种生产技能相联系的过程和活动领域。在《辞海》中对技术的定义泛指根据生产实践经验和自然科学原理而发展成的各种工艺操作方法与技能（如电工技术、焊接技术、木工技术、激光技术、作物栽培技术等），除操作技能外，广义的还包括相应的生产工具和其他物质设备，以及生产的工艺过程或作业程序、方法①。关于技术的定义，目前还未有统一、规范的说法，至少存在 50 多种不同的定义，最具代表性的说法如表 0－3 所示。

综上所述，学者们因自身背景、视角不同对技术的定义存在意义上面的差别，综合诸多定义，可以得出技术含义至少应包含以下几个方面：

（1）技术是一种复杂体系或系统；

（2）技术是存在于工具或硬件、技能或软件、脑力知识中的复杂体系或系统；

（3）技术是一种以满足人们追求某种目的的复杂体系或系统。

① 资料来源：《辞海》，上海辞书出版社 1999 年版，第 1903 页。

表 0－3　　　　有关学者对于技术定义的研究

代表人物	主要观点
Heidegger（1977）	形而上学的完成形态
Santikam（1981）	经营或改进现有产品和其服务生产及销售所需的知识或方法
Erdilerk（1986）	制造最终产品或生产中间投入所累积的知识与专门技能
Ribbins（1989）	将投入转化成产出所需的信息、设备、技巧与过程
Frankel（1990）	一种知识、经验、秘诀、具体的装置或设备并能够生产新型的产品或提供新的服务
刘文海（1994）	一种追求物质目标的理性程序
Ambrosio（1995）	针对具有技能性质与特定经济性问题的解答（涉及什么、什么过程、生产什么产品）
Baranson（1996）	除了产品与服务外还包括产品设计、生产方法以及为了规划、组织和执行生产计划所需的企业体系
Husain and Sushi（1997）	泛指一切科学、方法与原理的应用（包括硬件、软件、脑力知识）
Joseph Pitt（2000）	工作中的人性，是工具、技能以及工具和技艺的系统

资料来源：根据文献整理。

2. 创新的定义。

创新（innovation）一词源于拉丁文的“innavare”，意指更新、改变或制造新的东西。翻检中国古籍史料，在商汤的盛水铜盘上就刻着：“苟日新，日日新，又日新[①]”的铭辞，用来警示人们真诚地自我要求每一天都要革新，都有新的表现。关于创新的理论研究最早始于 20 世纪初，其中最早诠释创新观念的是奥地利政治经济学家熊彼特，他认为创新是结合资源的利用，以新的生产方法来满足市场的需要，而这也成为竞争成长的原动力（Schumpeter，1912，1934）。Thompson（1965）认为，创新是指新的观念、流程、产品、服务的产生、接受和执行。Mogee 和 Schacht（1980）则认为技术创新是一个流程，它能使产业产生新

① 见《大学》（朱熹）第三章。

的和改善的产品与生产流程。Damanpour 和 Evan（1984）认为，创新是被广泛使用而且有不同的定义来反映出研究的需要和特性，并认为创新在组织的层级上可能包括新技术创意或新管理创意的执行。Porter（1990）认为创新是“做事的新方法且使其商业化。创新的过程不能从公司的战略与竞争的环境条件中分离出来”。因此，创新包括一系列的活动：科学、技术、组织、财务与商业。Pereira 和 Aspinwall（1997）认为创新要有更广的定义，企业流程再造是与创新同意义的。Clark 和 Guy（1998）认为创新是指将知识转换为实用商品的过程，所强调的是在该过程中，人、事、物，以及相关部门的互动与信息的回馈，且创新是创造知识及扩散知识的最主要来源。因此，创新也是国家提升竞争力的重要手段。Ulrike（2001）认为创新包括新产品、服务或制造的创新。Chen 和 Liu（2005）认为，创新是规划并实现一个技术系统的创造性过程，而且因为创新的最终目标是为客户所接受并运用以解决问题，所以需提供必要的功能来满足顾客需求。

文献从微观的公司层次（Ebersberger，2005；Rogers，1998）、中观的产业层次（Rothllwell，1992；Wallace，1995）和区域层次（Cook，1992；Saxenian，1999）、宏观的国家层次（Freeman，1995；Lundvall et al.，2002）探讨创新内涵与衡量指标，不同层次的创新有不同的衡量方法与技术。根据研究的需要对于创新的定义有广义与狭义之分，在创新的广义界定中最具代表性的说法如表 0－4 所示。

表 0－4　　　　有关学者对于广义创新定义的研究

代表人物	主要观点
Schumpeter（1912，1934）	企业利用资源改变生产的程序或方法来满足市场的需要，是经济成长的原动力
Thompson（1965）	新的观念、流程、产品、服务的产生、接受和执行
Damanpour and Evan（1984）	在组织的层级上可能包括新技术创意或新管理创意的执行
Drucker（1985）	任何改变现有的资源创造价值的方式

续表

代表人物	主要观点
Vrakking（1990）	一种观念、一种运作或任何全新产品
Porter（1990）	做事的新方法且使其商业化
Gibbons（1994）	任何镶嵌在产品、流程、服务、组织、管理或营销系统内的新想法的应用
Higgins（1996）	发明新事物的过程，对个人、团体组织、产业或社会产生极大的价值
Clark and Guy（1998）	将知识转换为实用商品的过程
Chen and Liu（2005）	规划并实现一个技术系统的创造性过程

资料来源：根据文献整理。

广义的创新虽然可以反映出创新活动的多元性，但为了便于定义与衡量，不少学者对创新采用狭义的概念，在创新的狭义界定中最具代表性的说法如表 0－5 所示。

表 0－5　　　　有关学者或机构对于狭义创新定义的研究

代表人物	主要观点
Damanpour（1991）	一种新的产品或服务、一种新的流程技术、一种新的管理及结构或是组织成员的一种计划
Betz（1993）	将新产品、新流程或新服务介绍到市场
Swanson（1994）	特定厂商首次导入含有创新的产品与流程
经济合作与发展组织 OECD（1997）	产品与流程中新知识的创造或已有知识的扩散
Bessant and Cayn（1997）	持续改进产品、流程、客户服务等
Luecke（2003）	知识的体现、结合或综合以创造有价值的新产品、新流程、新服务

资料来源：根据文献整理。

综合上述学者的观点，有以下几点：其一，不论是广义还是狭义的创新，其内涵均指出创新是一种新观点可转换成商业价值的应用。创新不同于发明（invention），创新强调新想法的商业化过程，从新想法、新思路、新观点中获取额外商业价值，因此创新活动需要与企业的核心业务紧密结合。而发明却不一定商业化，且发明不一定导致创新（Freeman，1982；Rogers，1998）。其二，创新并非只有单一性的功能技术，广泛的包括：服务方式的创新、商业模式的创新、技术性的创新、产品的创新以及概念与思维的创新等。其三，创新是一种可以让企业资产增加新价值的活动，将新的概念通过新产品、新流程以及新服务的方式在市场中实现，进而创造新的价值的一种过程，企业普遍采用的改变产品、完善流程及提高服务等的持续改进也可被视为一种创新。

根据以上观点的提炼与归纳，文章将创新概括为：企业为了满足市场与顾客的需要利用资源创造或改变产品、流程或服务的过程。创新的含义至少应包括以下几个方面：

（1）创新是一个商业化的过程；

（2）创新是企业利用资源创造或改变产品、流程或服务的商业化的过程；

（3）创新是企业为了满足市场与顾客的需要而商业化的过程。

3. 技术创新的定义。

熊彼特认为技术创新包括 5 种情况：①引进新产品，即产品创新；②引进新的生产方法，即工艺创新；③开辟新市场；④调控原材料的新供应来源，即利用和开发新的资源；⑤实现企业的新组织，即组织体制和管理的创新。由于创新的研究已经渗透到多学科的理论之中，对于技术创新的研究也出现百家争鸣、百花齐放的局面，学者们根据不同的研究目的对于技术创新进行了定义，其中具有代表性观点如表 0 -6 所示。

表 0 -6　　有关学者或机构对于技术创新定义的研究

代表人物	主要观点
经济合作与发展组织（1981）	新产品和新工艺以及原有产品和工艺的显著的技术变化
徐庆瑞（1986）	从一个新的构想出发到该构想获得成功的商业应用为止的全部活动，包括科学发现、发明到研究成果被引入市场、商业化和应用扩散的一系列科学、技术和经营活动的全过程

续表

代表人物	主要观点
Damanpour（1991）	产品、技术及工作流程等创新
Mansfield（1995）	首次将一项新技术引入成为商品
柳御林（1993）	技术创新包括产品创新、过程创新及扩散，并将“研究开发→狭义技术创新→创新扩散”的全过程称之为广义技术创新
Betz（1993）	将新的技术、制程或服务导入市场
Freeman（1997）	第一次引进一个新产品或新工艺包含的技术、设计、生产、财政、管理和市场诸步骤
傅家骥（1999）	企业家抓住市场的潜在盈利机会，已获得商业利益为目标，重新组织生产条件和要素，建立起效能更高、效率更高和费用更低的生产经营系统，从而推出新的产品、新的生产（工艺）方法、开辟新的市场、获得新的原材料或半成品供给来源或建立企业的新的组织，它包括科技、组织、商业和金融等一系列活动的综合过程
国务院（1998）	企业应用创新的知识和新技术、新工艺，采用新生产方式和经营管理模式，提高产品质量，开发生产新的产品，提供新的服务，占据市场并实现市场价值
Stock（2003）	利用新的技术使产品、服务发生变革

资料来源：根据文献整理。

综上学者关于创新技术概念的描述可见，虽然关于技术创新定义的表述不尽相同，但其基本点是共同的。本书融合己见，作如下归纳。

（1）技术创新可以解释为市场经济的产物，是一个经济范畴的概念。技术创新指的是与新技术（含新产品、新工艺）的研究开发、生产以及商业化应用有关的经济技术活动，它的目的是促进科技成果转化为社会生产力，使技术优势变为经济优势、市场优势，进而又培育和发展技术优势，由此形成技术经济的良性循环机制。

（2）技术创新主要分为产品创新与工艺创新两种类型，但是也包含管理方式及其手段的变革，是新技术的首次商业化，商业化意味着技术持续扩散，持续扩散既是社会经济价值放大的过程，也是推进全社会技术进步的过程。

(3) 技术创新是以新技术（全新的或改进的）为手段并用以创造新的经济价值的一种商业活动，也是一项复杂的系统工程。不仅是生产要素的新组合，在一项创新活动中，包括技术、设计、生产、财务、管理和市场诸多步骤，而且从系统论的角度，包括内外部环境的适应和能量的交流转化，以及经济、科技、社会、生态的协调性。技术创新的各环节、各因素，具有强烈的联动性和依存性。其动态关联运转过程，亦就是技术成果转化、商品化并创造经济效益的过程。

(4) 技术创新项目具有：①风险性，失败的可能性高，同时亦有非凡的回报。②不可预知性，未来面临的诸多或有事项不可能预见。③长期性和多阶段性，项目分为开发、发展和完成这几个阶段，并可能在任一阶段出现终止。④劳动密集型，各阶段均需大量的人力付出。⑤特质性，不易与其他项目进行比较。

四、研究思路与框架

（一）研究思路

本书在梳理代理问题与企业技术创新基本概念的基础上，在公司治理的构架内以两类不同代理问题的演化途径为研究切入点，循着“企业创新驱动力影响因素→代理问题→不同代理问题与企业技术创新的理论构建→两类代理问题与企业技术创新的实证检验→强化会计控制、缓解代理问题、优化治理结构→增强企业创新驱动力”的研究路径，在中国制度背景下，运用资源基础理论、动态能力理论、交易成本理论与产权理论重点构建和分析两类不同的代理问题对企业技术创新的作用机理，采用经验分析方法，将两类不同的代理问题对企业技术创新的影响进行了实证检验。依据研究结论，并结合中国现实国情为企业转变经济增长方式、实施创新驱动战略、建设创新型企业提出有针对性的政策建议。本书研究框架如图 0－1 所示。

（二）研究框架

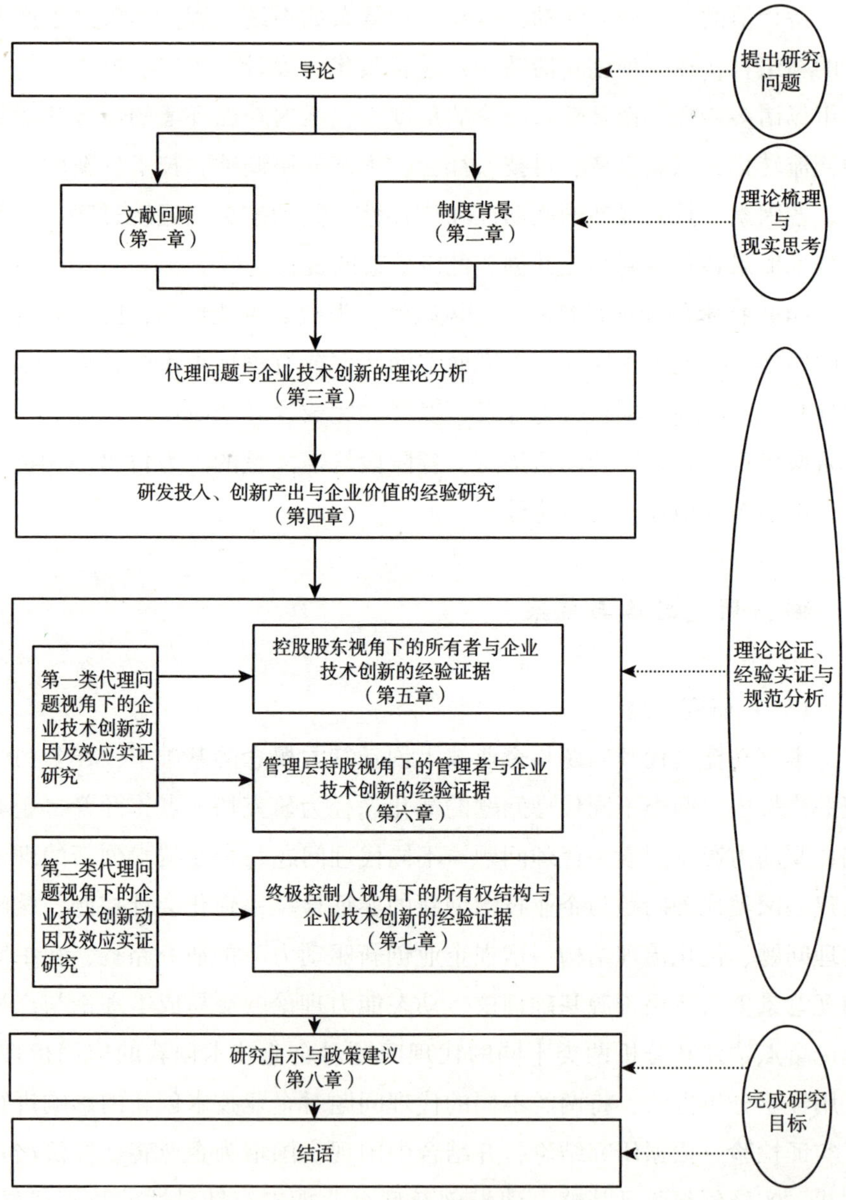

图 0－1　本书结构框架

本书的研究内容主要从以下几个部分展开。

导论

本章提出研究的选题背景、目的与意义，对代理问题与技术创新相关概念进行详细阐述与明确界定，在此基础上确定了本书的研究范围，更好地形成研究的思路和内容，并论述所采用的研究方法。

第一章　文献回顾

本章由四个部分构成：第一部分，代理理论的回顾；第二部分，企业技术创新驱动因素的回顾；第三部分，第一类代理问题（权益代理问题）与企业技术创新的理论与经验研究；第四部分，第二类代理问题（核心代理问题）与企业技术创新的理论与经验研究。本章的作用在于明确研究问题在当前国内外的研究现状以及未来发展方向，为下一章节的理论分析与经验研究做准备。

第二章　制度背景

本章首先基于中国特有的经济制度演变历程，在资本市场发展过程中，形成了特殊的企业股权结构（二元股份结构、股权集中度高、终极控制权大多为政府）等代理问题的诱因；接着通过案例阐明中国企业的控制链（金字塔结构、交叉循环持股且存在多条控制链、同一终极控制人且存在多条控制链）等不同的代理问题；最后回顾中国企业技术创新的发展历程以及国家对企业技术创新的政策规定。通过制度背景分析，厘清西方传统的代理问题与中国相关制度背景之间的适应性问题，为后续章节提供制度背景支撑。

第三章　代理问题与企业技术创新的理论分析

本章旨在厘清代理问题与企业技术创新的基本理论。一是从管理学的视角出发，依据资源基础理论、能力基础理论分析两类不同的代理问题对企业技术创新的作用机理；二是从经济学的视角出发，运用交易成本理论与产权理论，数理推演不同代理问题对企业技术创新的作用机理。通过本章的规范分析与数理推导，构建了代理问题与企业技术创新的理论基础，为后续章节进行实证分析提供理论基础。

第四章　研发投入、创新产出与企业价值的经验研究

本章首先厘清了企业创新投入、产出与企业价值之间的影响路径。研究中的新发现包括：（1）与以前文献相似，企业创新投入会影响企业创新产出，但是这种影响仅具有1～2年的滞后期，表明我国的创新活动持续时间很短，大多为短频快的项目，没有长期的研发过程；（2）与以前文献结论不同，本书发现由于创新活动的不确定性与累积性，企业的创新投入不会直接影响企业价值，但企业创新产出对企业价值有直接贡献，实际上企业的创新活动是必须通过其产出面直接来影响企业价值的。

第五章　控股股东视角下的所有者与企业技术创新的经验证据

本章在第一类代理问题的范围内，从所有者的视角，以2002～2011年深圳与上海证券交易所主板上市的公司为研究样本，运用泊松、负二项、Zip和Zinb等四个模型进行回归分析，从创新投入、产出及创新效率三个维度探究了控股股东（所有者）对企业技术创新活动的影响，研究发现：（1）控股股东持股比例与企业技术创新活动投入呈现U型动态关系，具有促进与抑制双重效应，与以往研究结论不同，这种双重效应主要由国有上市企业的控股股东而引发，在非国有企业中并未体现。而在创新活动产出方面，上市企业控股股东对企业技术创新活动产出影响主要表现为侵占效应，随着持股比例的增加这种掠夺效应会更显著，进而导致创新效率下降。（2）进一步根据终极控制人异质性分组研究的结果显示，不论是在国有企业还是在非国有企业中，控股股东持股对企业技术创新活动产出均表现出抑制效应，并且与过去研究结论有所不同，本书不仅尚未发现控股股东持股对技术创新活动产出的利益趋同效应，反而发现与国有企业的控股股东持股相比，非国有企业的控股股东持股对技术创新活动更具递减效应。同时本书发现，在我国特殊的制度背景下，非国有企业的股权集中度对企业的技术创新活动产出有促进作用。

第六章 管理层持股视角下的管理者与企业技术创新的经验证据

本章在第一类代理问题的范畴内，从经营管理者的视角，运用相关研究数据，以管理层是否持股及持股结构差异为切入点，考察了管理层持股结构（管理者）对企业创新投入、创新产出、创新效率的影响。研究结果表明：(1) 与管理层未持股的企业相比，管理层持股的上市企业能够增加研发投入、获得更多创新产出并能显著提高创新效率，管理层持股对提升企业技术创新绩效具有激励效应。(2) 管理层持股比例与企业技术创新活动呈现倒 U 型动态特征，随着管理层持股比例增加到一定范围，影响效应由激励效应转变为堑沟效应，进一步地研究发现，企业终极控制人性质的不同与股权集中度的高低，会导致管理层持股与企业技术创新绩效的显著性差异。因此，只有进一步完善不同性质企业的管理者持股机制与公司股权治理机制，才能鼓励管理层进行创新活动与避免发生短视行为，企业在制定股权契约时，除了考量业绩外，也应该根据公司的创新程度来决定管理层的激励水平。(3) 针对企业创新活动的周期性特质，本书采用的所有模型均考虑时滞或预期因素，检验结论成立。

第七章 终极控制人视角下的所有权结构与企业技术创新的经验证据

本章从终极控制人的所有权结构差异的视角，运用相关数据，考察了终极控制人的控制权与现金流量权的配置结构与分离程度对企业技术创新的影响。经验证据表明：

(1) 中国上市企业终极股东的控制权与企业技术创新能力呈倒 U 型的曲线关系，而现金流量权与企业创新能力则呈 U 型的曲线关系，终极控制人的控制权与现金流量权配置结构在一定范围内会激励企业的技术创新，但超过这一范围则会对技术创新产生抑制效应。

(2) 两权分离程度对企业技术创新有显著的侵占效应，这种侵占效应会明显扭曲企业的研发投入与创新产出的关系而导致创新效率下降，表明两权分离度对企业技术创新能力具有中介效应，进一步分析发现，两权分离超过一定程度时，侵占效应导致技术创新呈现负效率。该结论对于企业创新动力的研究是有益的补充。

（3）除使用专利权数量外，本书进一步使用 Cobb Douglas 生产函数模型估计每一个专利权的市场价值代理公司创新能力的替代变量，这种方法可以克服以专利权数量作为创新活动的衡量误差，因而兼顾专利权的量和质，可以更好地反映企业技术创新能力的强弱。

第八章 研究启示与政策建议

根据前文的规范研究与实证研究，阐述了本书的研究启示，并为转变经济增长方式、实施创新驱动战略、建设创新型企业提出可操作性的建议：一是企业应强化会计对技术创新的控制，切实提高企业技术创新效率；二是企业还应进行制度创新，增强企业技术创新驱动力；三是政府应通过制度建设，形成长效机制，提升企业技术创新能力。

结语

本部分是对全书的概括与总结，主要归纳全书的研究结论，并指明全书的主要创新之处和不足之处，同时指出未来的可能研究方向。

五、研究方法与约定

（一）研究方法

本书交叉融合了管理学、数理经济学、统计学等多学科知识，在研究过程中综合运用多种研究方法进行跨学科综合研究，将规范研究与实证研究、定性与定量研究相结合，实现理论与实践的有机协调。研究过程中主要采取了以下一些研究方法。

1. 文献分析法。

文献分析法是通过搜集、鉴别和整理文献，系统分析与研究现有相关文献以获取信息，形成科学认识的分析方法。本书通过对国内外关于代理问题与企业技术创新研究文献的比较、分析和研究，形成了本书的研究思路与内容。

2. 归纳法和比较研究法相结合。

归纳论证是一种由个别到一般的论证方法，通过众多个别的事例或分论点，然后归纳出其所共有的特性，从而得出一个一般性的结论。本书在阐述和界定技术、创新与技术创新的概念时，除了利用众多学者的定义观点外，还对这些定义进行比较研究，在此基础上从定性视角归纳出技术、创新和技术创新的一般特性。

3. 学科移植法与因素分析法相结合。

广泛吸收和运用资源基础理论、动态能力理论、数理经济学以及科学研究的最新成果作为本书研究理论基础；从多学科的维度将管理学、经济学与统计学结合起来，利用交叉移植的方法从已有的基本原理、规律假设出发运用逻辑推理手段，并结合因素分析法深刻剖析不同代理问题对企业技术创新的作用机理，从定性与定量的视角完成对企业技术创新影响要素的分析与研究。

4. 演绎法与实证研究法相结合。

演绎法主要用于完善企业技术创新的应用策略和提升企业技术创新措施的定性分析；实证研究法的档案研究法主要运用与检验不同代理问题对企业技术创新能力的影响。

（二）研究约定

本书主要研究股权代理问题与企业技术创新的关系，若无特殊说明本书中的代理问题限定为权益代理问题（第一类代理问题）与核心代理问题（第二类代理问题），而将负债代理问题作为未来继续研究的议题进行探讨。其一，本书研究的宗旨，以期能解决国家经济生活中具有重要性、重大性的事情为研究出发点，同时也考虑到目前深化企业改革与强化公司治理的现实需要，为创新型企业建设以及国家创新驱动发展战略提供理论与策略支持。其二，相比股权市场而言，中国债券市场仍然需要完善，企业发行债券有严格的限制条件，较少存在中小债券投资者。目前在中国，企业的银行债务融资是诱发负债代理问题的主因，但是银行的议价、谈判能力以及债务契约在一定程度上能够起到约束负债代理问题的作用。其三，相比股票市场，债券市场以及银行融资的数据尚不完善（如借款用途方面信息披露比较模糊），进行经验论证还未成熟，即使进行实证研究也容易得出以偏概全的结论。

综合以上因素，本书中的代理问题主要限于股权代理问题，将债权代理问题作为未来继续研究的方向。

第一章　文献回顾

第一节　代理问题的研究现状

一、代理理论概要

代理理论源于20世纪60～70年代初期，经济学家（如Arrow，1971；Wilson，1968）探究不同个人或不同组织间合作双方存在不同的风险偏好而产生的风险分担问题。在此基础上，Jensen和Meckling（1976）、Ross（1973）将研究扩展为由于合作双方的目标与分工差异而导致的代理问题。代理理论主要致力于解决由代理关系而引发的两类代理问题：其一，委托人与代理人双方的目标或意愿产生冲突，委托人难以观察代理人的行为或产生较高的监控成本而导致的代理问题，这种代理问题主要是因委托人验证代理人的行为所引发；其二，委托人与代理人对于风险存在不同的态度，而不同的风险偏好会引致不同的行为，因此会导致不同的代理问题。代理理论在考虑人（如存在自利、有限理性、风险规避）、组织（如成员间存在目标冲突）、信息（信息是商品，可以购买）等假设前提条件下，分析契约在治理委托代理关系的基础作用，聚焦于最佳契约的设计，特别是行为导向的契约（薪酬、科层治理）与以结果为导向的契约（股票期权、产权转移、市场治理）的效率比较问题。代理理论的概况如表 1－1 所示。

表 1－1　　代理理论概要

核心思想	委托代理关系应能够有效地反映组织中信息与风险承担的成本
分析基础	委托人与代理人所签订的契约
人的假设	自利 有限理性 风险规避
组织的假设	参与者中存在目标冲突 效率作为一种有效的标准 委托人与代理人之间的信息不对称
信息假设	信息作为一种可以买卖的商品
契约问题	道德风险和逆向选择 风险分担
问题领域	存在于委托人与代理拥有不同的目标和风险偏好的代理关系中

资料来源：Kathleen M. Eisenhardt，1989，14（1）：57－74.

二、实证性代理理论

根植于信息经济学，代理理论的发展沿着两条主线：实证代理理论研究与分析性代理理论研究（Jensen，1983），两者拥有相同的研究对象和研究假设，却又具有不同的因变量与研究风格。实证代理理论研究关注可能存在目标冲突的代理双方，现有治理机制是否能够限制代理人的自利行为。其中最具代表性的文献有：其一，股权结构的研究（包括经理人持股）（Jensen and Meckling，1976）；其二，有效资本市场与人力市场作为约束管理层自利行为信息机制的研究（Fama，1980）；其三，董事会作为企业股东的信息系统监控管理层作用的研究（Fama and Jensen，1983）。

在实证代理理论的研究发展中均认为公司治理机制需证明两个命

题：第一，代理双方以经营结果为基础缔结契约能够有效抑制代理人的机会主义，诱使代理人的行为与委托人的利益保持一致，如在企业中增加管理层持股可以减少管理层的机会主义行为（Jensen and Meckling，1976）；第二，在委托人拥有能够验明代理人行为的足够信息时，即这种信息系统也能约束代理人的机会主义行为。例如，Fama（1980）描述了有效资本市场与人力资源市场对束缚机会主义的信息效应，Fama 和 Jensen（1983）描述了董事会在控制管理层行为方面所扮演的信息角色。实证代理理论为代理问题的研究提供了一个更为全面的视角，丰富了经济学的相关内容（Jensen，1983）。然而由于受到实证样本的局限性为组织理论学者与经济学家所诟病（Perrow，1986；Jensen，1983）。

三、分析性代理理论

委托代理问题分析性研究的对象为具有代理关系的双方（雇主与雇员，买卖双方等）的一般性分析理论（Harris and Raviv，1978）。其研究范式一般首先提出研究假设，然后进行逻辑演绎推理和数理证明，其研究内容为代理双方缔结最优契约的决定因素，行为导向与结果导向契约间的比较。简单的委托代理分析研究至少应存在代理双方目标冲突的假设，一个容易测度的结果，代理人与委托人相比更加谨慎（代理人不能分散就业风险属于风险规避型，而委托人可以分散投资风险属于风险中立型）。如果委托人具有完全信息，知晓代理人的行为，此时没必要将风险转移至代理人，因此双方缔结基于行为的契约对比基于结果的契约更具效率。如果委托人并不能确切了解代理人的行为，在自利行为、目标冲突、信息不对称的假设下出现了道德风险与逆向选择的代理问题，这时委托人面临两种选择：一是建立信息系统（如建立预算系统、报告程序、董事会或增加管理的层级等）以反映代理人的行为；二是与代理人签订以结果为基础的契约，从而协调委托人与代理人的利益冲突，但是委托人将企业经营风险转移至代理人需付出成本，而经营结果仅是代理人行为的一部分体现，诸如政府政策、经济环境、竞争程度、科技发展等皆会引起企业经营结果的不确定性，不确定程度愈低，这种经营风险转移成本也愈低，委托人愈期望签订以结果为导向的契约，反之亦然。

诸多学者采用这种简易的分析范式用于各自的研究（Harris and Raviv，1979；Holmstrom，1979；Shavell，1979），分析的核心是可测度的代理人行为成本与经营结果成本及转移风险成本，三者之间静态或动态地权衡。Harris 和 Raviv（1979）放松了代理人风险规避的假设，指出代理人的风险规避程度与行为导向契约正向联系，而与结果导向契约呈反向关系，委托人的风险规避则与代理人完全相反。Demski（1980）等人放松了代理双方利益冲突的假设，认为代理双方的目标冲突与行为导向契约负向联系，而与结果导向契约呈正向关系。Eisenhardt（1985，1988）拓展了代理人的责任是否能程序化，即代理人按照委托人制定的程序完成，任务的程序化与行为导向契约正向联系，而与结果导向契约呈反向关系。Anderson（1985）和 Eisenhardt（1985）拓展了代理人经营结果的可测度性，研究表明结果的易测量性与行为导向契约负向联系，而与结果导向契约呈正向关系。最后 Lambert（1983）探讨了代理关系的期限与契约类型之间的关系，分析认为代理关系的期限与行为导向契约正向联系，而与结果导向契约呈负向关系。上述研究结论还需采用调查问卷、经验研究、实验、访谈等方法加以证明。

四、代理问题的发展

在过去以英美等国家的企业为对象的研究中，普遍发现股权较为分散，主要是经营者与所有者或债权人之间的代理问题。在亚洲爆发金融危机以后，Rajan 和 Zingales（1998）对亚洲国家进行研究发现，东亚地区股权集中程度与公司治理机制不完善是导致金融危机的最主要原因。Johnson 等（2000）亦分析了亚洲企业遭受重创的原因，研究结果显示公司治理因素的影响远超过总体经济因素，在那些公司治理不佳，投资者保护制度不完善的国家，在经济前景不明确时，企业的终极控制股东与管理层会更倾向于掏空资产，促使整体资产价值下降，而外资担忧投资未受到保障而大举撤出从而影响金融市场的稳定。因此，国家的金融资产遭到严重冲击。管理层或大股东持股增加到一定比例能降低权益代理成本，提高公司绩效，但是如果持股超过特定比例，使其控制权远超过现金流量权时，会有强烈的动机追求自身效用的最大化而侵占中小股东的利益，此时将由权益代理问题（第一类代理问题）转变为终极控股股东与小股东之间的核心代理问题（第二类代理问题）（Shleifer and Vishny，1997）。当终极控制人通过交叉持股或金字塔持股方式控制企业时，控制人所拥有的控制权（control right）通常会超过现金流量权（cash flow right），由于两权发生偏离使得控制人所拥有的决策权利与所承担的经营风险不对称，控制人所采取的决策将可能侵占中小股东的权益（Shleifer and Vishny，1997；La Porta et al.，1999；Johnson et al.，2000）。上述研究说明自 Jensen 和 Meckling（1976）提出代理问题以来，众多学者对其研究不断深化，从第一类代理问题到第二类代理问题亦表明代理理论随着人们对所处环境的变化和认识的升华并非处于静态中，而是随着实践、认知的拓展处于动态地演变路径过程中。

五、中国上市企业的代理问题

在中国上市企业中按照企业所属性质的差异可划分为国有企业、民营企业。郁光华和伏健（1994）认为第一类代理问题普遍存在于国有企业中，一方面是由于国有企业的剩余资产所有者属于无限分散的全体人民，如果这些人都要参与企业决策的过程，那么必然引起成本的无限大，而实际而言如果没有利益驱动，无人会对参与监督数量众多的国有企业感兴趣，而且这种参与成本将远远高于可能获得的收益，该参与人唯一可以获得的利益不过是公共设施的改善。另一方面是由于国家会委托主管国有企业的上级单位、行政部门及部级单位等代理人对国有企业进行监督和管理，但是这些人由于不能享受到对国有企业管理人员偷懒或追求超额报酬监督行为的成果，会懈怠于频繁的监督行为，当对决策控制代理人的约束减弱时，对决策制定和执行代理人的控制也随之弱化。张华等（2004），马磊、徐向艺（2010），曹延求、王倩和钱先航（2009），程仲鸣（2010），唐跃军（2012）以中国上市企业第二类代理问题为研究对象，均发现当大股东持股超过特定比率，使其掌握控制权远超过其对公司现金流量请求权时，会有强烈动机去追求自身效用的最大化，而不顾小股东权益存在侵占效应，特别是当终极控股股东持有的股份控制权愈高而现金流量请求权愈低时。

江金锁（2010）对中国民营上市企业中的家族企业的代理问题进行了深入研究，认为主要存在于家族所有者和家族管理者的代理问题、家族所有者和非家族管理者的代理问题以及控股股东与小股东的代理问题这三种类型。在中国受到以“家庭为中心”的传统儒家思想的影响，在大部分家族企业仍然处于第一代创业者管理之下的背景下，有利于缓解家族股东与家族管理者的代理问题。苏启林（2003）、郭跃进（2004）、张光荣（2006）等人的研究表明，在中国民营上市企业中，存在终极控股股东利用其控制权与现金流量权的偏离程度对中小股东进行“隧道行为”。这种行为包括两种类型，一种是通过关联方交易将企业资产或将自身风险转移，如提供担保、占用上市公司资金等行为；另一种是通过特殊的财务安排将企业收益转移到终极控股股东，如通过不公平的二次发行稀释其他股东权益等行为。在新兴市场，由于法律不完善，各种治理机制对中小股东的保护措施也不完备，这种隧道行为愈发严重（Claessens，2002）。

六、代理问题的研究框架

现代企业普遍采用经营者与管理者分离的经营方式，代理问题及其治理一直是学术界与实务界探讨的热门话题。本书在参考 Jensen 和 Meckling（1976，1988），Fama 和 Jensen（1983），Williamson（1983），Shleifer 和 Vishny（1997），La Porta 等（1999），Johnson 等（2000），Claessens（2002）等人的研究文献基础上，建立了代理问题的总括性架构。由于公司外部的负债代理问题不是本书研究的议题，所以在图 1－1 中并未将其列出。

由图 1－1 可知，企业的代理问题总体而言分为公司内部的股权代理问题与公司外部的负债代理问题，随着 Shleifer 和 Vishny（1997）等人关于终极控股股东的研究，发现不论是在股权分散的国家还是在股权集中的东亚国家均存在终极控制人，当终极控股股东的控制权与现金流量权发生偏离时会产生侵占效应，形成控制股东与中小股东之间的代理问题。公司内部的股权代理问题具体可分为所有者与管理者之间的第一类代理问题（传统代理问题）与控制股东与中小股东之间的第二类代理问题（核心代理问题）。不同的代理问题应采取不同的解决策略，对于公司外部的负债代理问题，学者一般认为可以采用董事会监控、激励计划、建设决策系统等治理机制加以应对。而对于公司内部的第一类代理问题可以采用产品市场、资本市场、解雇的威胁、人力资源市场等解决机制，对于公司内部的第二类代理问题可以加强法律保护、引进战略投资者、强化市场监管等内外部治理约束机制。

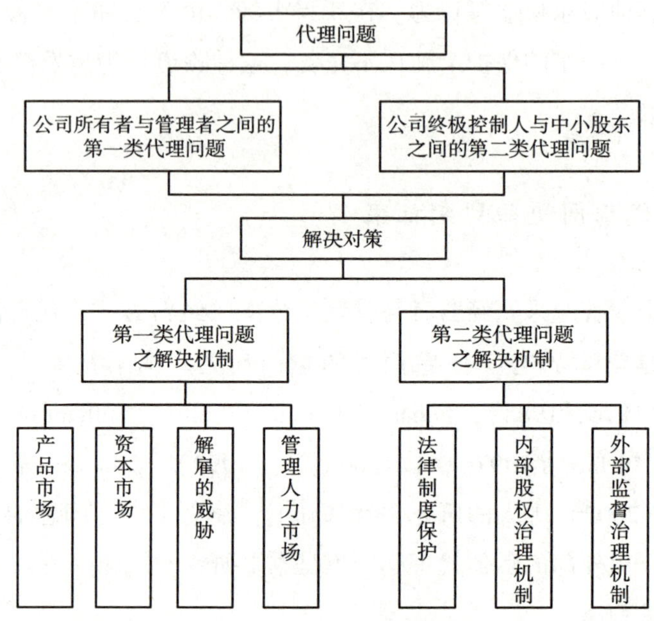

图 1-1　代理问题归纳

资料来源：根据研究文献整理。

第二节　企业技术创新驱动力因素回顾

一、熊彼特经典假设

创新成为一种理论是 20 世纪初的事情，美籍奥地利政治经济学家约瑟夫·熊彼特是创新经济学的创始者和奠基人。熊彼特指出经济的根本现象是发展而不是均衡，而主流经济学的静态均衡、完全竞争的基本假设和分析工具并不适合对发展现象的研究，发展的特征表现为动态的不均衡，其根源就是创新，并在 1942 年提出了创新活动会随着公司规模及垄断程度而增加的经典假设。

(一) 企业规模与创新

Schumpeter（1942）提出与小企业相比，大公司拥有正规的研发中心更能促进企业的创新活动。支持公司规模推进创新活动的观点有以下几点理由：首先，资本市场的不完全性是大型企业竞争优势的来源之一，大型企业更容易筹集研发项目所需资金，能确保研发经费的投入不受外部资本市场的影响；其次，是研发活动自身具有规模经济的效应，可提高创新成功的概率；再次，是研发投入的回报率更高（拥有市场主导力和融资计划的能力可以分摊创新活动的固定成本）；最后，大型企业具规模经济能有效降低创新活动的风险（Cohen and Klepper，1996b；Rogers，2004）。

然而也有学者提出相反的观点，认为随着组织规模成长，管理当局的管理控制难度增加，组织体制会演化成具有官僚化的科层体制，会导致因过度监控抑制研发单位的自主性而削弱了研发活动效率，同时阻碍了部门间的沟通协调，因而降低了研发创新绩效。而小企业在产业内竞争激烈，从事创新活动的压力与诱因更高，能快速抓住技术发展机遇，扁平式管理结构加上较高的成长空间与企业家精神以及组织弹性从而能机动地调整研究计划与创新活动，因此创新效率会高于规模大的企业（Scherer and Ross，1990；Kim，2000）。更有研究指出，公司规模与创新活动并非绝对的线性关系，而是呈现非线性关系，Winter（1984）研究认为，小企业或大企业的创新活动存在于各自不同的技术与经济环境，而且小企业的创新很可能发生在鼓励创新精神的环境中，而大企业的创新环境则具有稳定性。该论点在一些经验研究中得到学者（Acs and Audretsch，1988；Koeller，1995）的验证。

（二）垄断与创新

熊彼特探讨了市场势力对创新活动的影响，首先他承认企业需要短期市场势力以激励企业投资研发活动（如专利法规所引起的短期市场势力会刺激企业投资研究与发展的创新活动）；其次他研讨了事前市场势力（如寡头市场或垄断市场）会鼓励和支持创新，在寡头市场中可以相对静态分析与预测竞争者的行为以降低创新活动的不确定性；最后他认为需要比较分析事前与事后的市场势力。

在事前市场势力对创新的影响的实证研究中，学者们并未采用市场结构来衡量，而是构建以调查为依据的资产专用性指数来替代市场势力。Arrow（1962a）强调创新的替代效应，探析一个新的制造流程会部分抵消此前流程所获得的垄断租金，创新所获得的报酬只是超过垄断利润后的收益，与之相反，在一个充分竞争市场环境中企业创新无须抵消任何垄断利润，因此，在充分竞争行业的企业存在更大的动因进行创新投资活动。Gilbert 和 Newbery（1982）却认为，如果垄断企业考虑到潜在的创新市场进入者所造成丧失垄断地位的成本，那么垄断企业有更强动机进行创新活动。Reinganum（1983）分析表明，如果考虑研发过程的不确定性，那么 Gilber 和 Newbery 的研究结论会完全相反。Dasguupta 和 Stiglitz（1980b）在分析如何降低研发成本时也主张企业在更具竞争性的行业，其研发投入强度会下降。Scherer（1980）亦指出，假如没有竞争压力会滋生官僚气息并抑制创新。Porter（1990）同样认为，来自竞争对手（“起作用的”）的压力能够促进企业创新以避免自身落后。Aghion 和 Griffith（2005）在上述学者的基础上探究企业研发投入的决定因素，认为以前采用创新所获得的收益与未来商业化某一创新所获得的收益之间的差异是企业决定创新投入的重要因素。事后市场势力仅是这种差异决定创新活动的一个因素，同时差异同样亦是企业目前状况的部分函数，能反映企业的事前市场势力。如同企业规模与创新的关系研究一样，垄断对企业创新的影响至今仍然未有定论，学者一直在不断努力的探索中。

二、其他驱动力因素研究

（一）企业属性与创新

企业之间研发活动与创新绩效的差距引起了经济学家的关注，与企业研发活动相关的能力差异成为经济学家研究的重点内容，Rothwell 等（1974）详细配对了 43 家创新最成功的企业与最失败的企业，研究发现创新成功的重要决定因素有：其一，密切关注顾客需求；其二，有效的市场营销；其三，研发过程的有效管理；其四，有吸收外部科技与外部科学界交流的能力；其五，聘用相对资深人士进行项目管理。除了企业规模外，Mansfield（1968）和 Teece（1987）等人重点强调研发活动与市场销售、制造水平等企业属性的整合对于创新成功的重要性。此外，对企业研发部门进行有效激励也会影响企业创新活动。Lerner 和 Wulf（2007）采用 300 家上市公司为样本，研究研发部门高管长期激励作为薪酬的一部分，结果发现更有利于企业的创新产出，获得更多的专利权。尽管作者承认该结果有可能是因选择效应而产生的，企业提供这样的薪酬计划往往会吸引那些优秀而卓越的经理人。与 Cockburn 和 Hederson（1998）个人激励的研究结论一致，Cockburn 和 Hederson（1994）分析认为，制药企业至少会根据研发部门的成果来晋升员工。Nelson（1993）和 Freeman（1987）探讨了企业之间以及企业与其他组织之间（如高校、科研机构、政府）的互补性和关系以促进创新活动。

国内学者从企业属性的视角研究企业创新的文献如：张杰等（2007）从微观行为方式考察了影响企业创新活动的关键因素，验证了不同规模企业的创新行为特征差异与特有的人力资本竞争机制，以及它们对企业创新行为的内在作用机理。张根明、温秋兴（2010）实证研究了激励体系对企业技术创新能力的影响。结果表明，创新价值观、创新氛围及创新激励制度与技术创新能力显著正相关。李春涛、宋敏（2010）认为，在中国18个城市的制造业中，中国企业更具有创新性，对CEO的薪酬激励也能促进企业进行创新，但是国有产权降低了激励对创新的促进作用。

（二）产业特性与创新

实证研究者Pakes和Schankerman（1984）将众多产业特性归纳为三类最主要的影响产业间创新差异的因素，即产品市场需求、科技机遇、资产专用性。Schmookler（1962，1966）在研究中特别突出需求的作用，认为需求决定了发明活动的进度与方向。在行业间存在两方面显著需求的差异，将会影响从事创新活动的动力，其一，Schmookler强调市场的大小（静态用规模衡量，动态用增长率来表示），市场越大研发投入项目的单位成本会越低，从而促进创新活动的发展；其二，Kamien和Schwartz（1970）提出需求的价格弹性会影响研发投资的边际报酬率，并且论证了降低成本越多获利也就越多，此时需求的价格弹性也更大。

Rosenberg（1974）运用简单的机制理论推演科技知识鼓励创新活动，认为随着科技知识的增加，承担任何科技创新活动的成本会减少。Nelson（1982b）分析表明政府补贴（在农业、航天、医疗）会影响行业科技机会，减少创新成本影响行业科技机会，从而激励创新活动。此外，行业间研发的溢出效应会产生互补效果，会鼓励企业增加研发投资以发展Cohen和Levinthal（1989，1990）“吸收能力”，提高企业的研发生产力。总之，科技机会不仅是研究发展与科技进步的重要决定因素，也是市场结构与市场准入的基础，亦是联结市场结构、市场进入与创新的关键因素（Geroski，1994；Sutton，1998）。

Scherer 等（1959）提出行业间专利权保护的价值存在差别。Taylor 和 Silberston（1973）采用英国四种行业的 27 个企业的小样本对专利的使用与效果进行检验，结果发现，60% 的制药公司、15% 的化工企业、5% 的机器制造企业以及可微乎其微的电子企业，其研发活动依赖于专利权保护。Mansfield 等（1981）调查研究发现，90% 的制药业，20% 的化工业、电子业、制造业的创新活动需要专利权的保护。Arora 等（2008）为调查研究的进一步发展提供了方法借鉴，虽然在上述调查研究结论中认为多数行业的专利权并未在保护机制中占据重要地位，但是上述研究亦未解释专利权保护不能增加潜在价值，也未表明不能促进创新活动。

国内学者从产业特性属性的视角分析企业技术创新：安同良、周绍东、皮建才（2009）分析表明，中国作为技术追赶型国家，政府研发补贴作为激励企业进行创新的政策手段，但事实是企业经常发送虚假的“创新类型”信号以获取政府研发补贴。研究建立了一个企业与研发补贴政策制定者之间的动态不对称信息博弈模型，以描述企业获取研发补贴的策略性行为及补贴的激励效应。结果说明当两者之间存在信息不对称，而且原始创新的专用性人力资本价格过于廉价时，原始创新补贴产生“逆向”激励作用。王华等（2010）探讨了国家技术转移、异质性对企业技术创新的影响，旨在探索在改革开放后中国企业技术创新的内生决定机制。结果发现外商直接投资并未促进企业技术创新，相比之下，国际贸易和国际技术许可对中国企业自生能力的培育起到更为积极的作用，外资占比高的企业技术创新能力匮乏，而民营企业扮演着中国经济转型阶段技术创新的主体。李柏洲和罗小芳（2013）实证分析了中国大型企业技术进步推动技术创新。张学文和陈劲（2013）揭示了知识的开放披露行为对产业创新的制度原理、机理与路径。

第三节　技术创新的衡量

技术创新包含许多不同的形态，有程序与技术工艺的技术创新、产品与流程的技术创新、技术性与结构性的创新以及渐进式的创新与突破式的技术创新。技术创新的衡量并没有绝对的指标，而是根据技术创新的形态作适当的权衡，有些从技术创新的过程衡量，有些则从技术创新的结果衡量，依据过去有关技术创新的文献衡量企业的技术创新程度可以从以下几个方面进行。

一、新产品、工艺或制程的数量

有些学者直接以企业在特定时间内推出的新产品的数量衡量（Freel，2005；Lee，1995；Goes and Park，1997；Puranam，Sige and Zollo，2006；Greve，2003）。有些学者重视工艺或生产流程，这种流程的技术创新可以使用企业导入新工作程序或制造程序的数量衡量（Freel，2005；Benner and Tushman，2002；Yap，Chai and Lemaire，2005）。

二、研发支出或研发强度的数量

有些学者利用研发支出来衡量企业的技术创新水平，认为研发的支出就是为了要达到创新的成果，投入的多少虽然不能完全代表创新的优劣，但是多少可以反映出企业对于创新的重视程度（Cohen and Levinthal，1990；Hitt，Hoskisson，Johnson and Moesel，1996；Hitt，Hoskisson and Kim，1997）。尽管研发支出为创新投入面的一项要素，但因财务资料的易取得性，以研发支出作为企业究竟有无进行技术创新及其努力程度的变量是研究中常见的方式（Matolcsy and Wyatt，2008）。另有部分研究在研发支出的基础上，由于资料取得不易或因为研究便利仅以简单的研发密度、研发资本、研发成长率等衡量技术创新对企业或资本市场的影响，Chan 等（2001）将研发支出分别除以销售收入、净利润、股利、股东权益账面价值来计算研发强度，并以 5 年累加的研发支出辅以 20% 的折旧率计算研发资本，研究发现高研发强度的企业会获得更多的超额利润。Li（2010）分别采用研发支出除以总资产、资本化支出、销售收入、员工人数、市场价值以及研发资本除以总资产这六种方式来衡量研发强度。Lev 和 Sougiannis（1996）估计企业的资本化研发费用，发现其与未来的股票报酬有显著的关系。研发支出这种衡量方式虽然较为粗略，但是过去的研究发现该衡量方式与专利权及新产品数量具有高度正相关关系。

三、专利权或专利权引用的数量

另外，有一部分学者则以企业申请核准的专利权数量来衡量，专利权是技术创新成功的结果并提供法律上的保护，使所有者拥有使用的权利。专利权属于创新的产出面，因而排除了创新本身高度不确定性的风险因子，而与未来利益的实现有更为直接的关系。虽然技术创新的产出不一定均以专利权的形式呈现，但其隐含并提供了更多的商业应用实务，使得专利权相比其他替代变量更能反映出技术创新产出的价值（Robert，1995）。

除了上述衡量方式以外，近年来还有部分学者开始提出不同专利权之间的差异性问题，认为专利权本身质量的高低可能是影响创新效果的关键问题，而专利权的质量信息甚至可作为投资者评判企业研发努力程度的有用基础（Hirschey et al.，2001）。专利权质量的衡量方式主要是采用专利权引用次数来表示，所谓专利权引用次数指一个专利权能否被后续的专利创新所引用而成为新专利权的文献基础，被越多的专利权所引用便可知所被引用的专利权在相关领域内的重要程度。由于专利权引用信息属于非财务的领先指标（Gu，2005），因此有越来越多的研究以专利权引用次数来探究企业的技术创新能力。

第四节　权益代理问题与企业技术创新研究

公司治理主要是为确保企业的资金供给者能获得其所赢得的投资报酬而产生的机制。然而资金提供者（所有者）将企业的经营权委托给经营者，如何保证经营者不会侵占所有者所投入的资本而且愿意一同分享公司获得的利润，另外又该如何有效地控制管理者的行为（Shleifer and Vishny，1997）。这些资金提供者（股东）与管理者之间所产生的问题，都是公司治理长久以来所不断在探讨的议题，而该议题的核心主要是围绕在代理问题上。股东与经营管理者因为利益存在不一致的情况，使得代理问题更加突显。股东特别是控股股东偏好长期、高风险但报酬也相对丰厚的投资决策，股东还可利用投资组合将风险分散而使可能的损失降到最低（Hay and Morris，1979）。而经营管理者则可能面临截然不同的状况，经营管理者是以员工的角色隶属于公司组织，公司运营所必须面临的风险也就是经营管理者所应承担的风险，而影响经营管理者工作方向和努力程度的薪酬制度常着重于短期绩效，迫使经营管理者为了极大化自身的利益会偏好短期成绩，从而有可能作出与公司本身最大化利益相违背的决策。所有者与经营管理者的利益冲突属于传统的权益代理问题（第一类代理问题）的范畴。

国家创新系统主要探索国家间特殊的制度背景因素对国家层级创新绩效差异的研究与解释（Freeman，1995；Nelson，1993），各国间独特的公司治理机制与股权结构会影响企业研发效率（Hoskisson et al.，2002）。如美国的企业具有分散的股权、完善的股权融资体系、市场在企业的控制中扮演重要作用等特点，而德国或日本的企业则存在以银行融资为主、股权集中于大股东、强调内部控制机制等特点（La Porta et al.，1998），所以股权结构、控股股东、管理层持股等的差异必然会对企业创新活动产生不同的影响，从而导致了实证结果的多元性。

一、股权结构与企业技术创新

（一）股权分散假说

当公司股权分散于各小股东之间，而控制权集中于经理人手中时，将造成经营权与所有权分离的现象，即所谓“股权分散假设”（ownership dispersion hypothesis）（Berle and Means，1932）。已有文献主要基于Jensen 和 Mecking（1976）提出的委托代理理论，分析西方股权分散的企业的代理问题与企业创新的关系。公司治理，特别是股权结构的差异对于研究和解决现代企业中的代理问题起着至关重要的作用（Jensen and Meckling，1976），股权结构影响研发投入（Hill and Snell，1989）。一家企业的研究与发展战略会受到股权结构差异的影响（Baysinger et al.，1991），实际上，在经验研究中股权集中度会影响研发投入（Hasen and Hill，1991）以及创新活动（Kochhhar and David，1996）。Francis 和 Smith（1995）以美国 1980～1989 年 900 家上市公司为研究样本，考察了公司股权结构与创新之间的相互关系，结果显示股权适度集中的企业比股权分散的企业更具有创新活力，特别在专利权产出，并购引起创新增长及内部研发，长期研发投入等维度方面，股权分散的企业创新活动较少，结果表明在美国股权分散的背景条件下，适度集中的股权结构及股权监控机制有利于缓解与创新活动有关的高代理及契约成本。Lee（2005）比较了美国与日本两国在股权结构与创新活动方面的不同，证实美国企业分散的股权结构对创新活动产生激励效应，而日本相对集中的股权结构（具体表现为由银行、交叉持股等方式引起日本的集中股权结构）则对创新生产力产生抑制效应。以上研究说明，与欧美等国家不同，东亚地区的股权结构相对集中从而对企业创新活动会产生异质性的影响。

（二）股权集中假说

与以往小股东分散持有而公司的经营控制权归属于管理者完全不同，相当多的上市企业甚至拥有绝对控制权（单一股东持股超过51%）的大股东（Holderness and Sheehan，1988）经验研究表明，多数国家上市公司的所有权与管理权并未完全分离，即使在股权结构相对分散的美国，仍有部分上市公司股权集中于控制股东（Shleifer and Vishny，1986）。La Porta 等（1999）揭示了 49 个发达或发展中国家的股权结构集中程度远超预期。接着 La Porta 等（2000）以 27 个发达国家的大型上市企业的股权结构与持股之间的关系为研究对象，结果表明股权结构趋于集中且多数公司存在终极控制股东，除了对股东有完善保护机制的经济体外，企业少有广泛而且分散持股的现象，股权集中的企业往往由家族或国家进行控制。东亚地区的国家（除日本外）亦同样存在这种现象（Fan and Wong，2002）。在日本 Lee（2005）的研究表明，集中的股权结构束缚了企业的技术创新活动。罗正英（2002）对股权结构的形成及其有效性进行分析，认为股权结构的形成实际上是投资者机会主义行为的均衡的结果，而股权结构的有效性则是由对非股权结构因素的适应与调节能力来体现的。杨建君和盛锁（2007）实证分析了股权结构对企业技术创新投入的影响，认为控制权私人收益是股权集中的原因之一，而且发现股权集中度与技术创新投入成负相关关系，技术创新风险越大这种负效应越显著。与之相反，刘渐和与王德应（2010）则认为股权集中度与技术创新有显著的正向作用，但是第一大股东对技术创新却呈现负面效应。冯根福与温军（2008）在研究中国上市公司治理与企业技术创新的关系时，利用2005～2007年343家上市企业为研究样本，发现股权集中度与企业技术创新存在倒U型关系，适度集中的股权结构更有利于企业技术创新。陈隆、张宗益和杨雪松（2005）将股权结构分为绝对控股（大股东的持股比例超过50%）和相对控股（第一大股东与后9大股东持股比例和之差）来进行研究，结果发现绝对控股能促进企业技术创新，而相对控股则与企业技术创新呈现负向作用。

二、控股股东与企业技术创新

Francis和Smith（1995）在美国股权分散的制度背景下，检验了控股股东（如机构投资者、管理者等）持股比例相对集中则会推动企业的创新活动（更多的专利权产出，更专注于内部研发与长期研发投入）。压力抵抗型股东（如政府为股东的企业）往往对企业技术创新的支持力度最大，最愿意促进企业的技术创新（Brickley and Smit，1988）。Czarnitaki和Kraft（2004）采用德国4126家上市企业数据为研究样本，考察了控股股东对创新活动的影响，结果发现控股股东为管理层的企业比控股股东为所有者的企业更具有创新动力，会加大企业创新活动的投入力度。

宋小保和刘星（2007）通过构建实物期权模型，理论推演了控股股东代理对企业技术创新技术选择的影响。研究结果表明，仅当公司创新投资的现金流达到某一程度时，公司的控股股东才会选择不确定的创新技术投资，而在此之前均会采取确定性的技术投资。而且随着控股股东持股比例的上升，其对上市企业的控制能力越强（雷光勇和刘慧龙，2006）。李增泉、孙铮和王志伟（2004）分析了所有权结构对控股股东掏空行为的影响，发现控股股东相对持股有利于其侵占上市企业的资金，而绝对控股则阻碍其占用上市企业的资金，说明大股东的持股比例存在双重效应。毛良虎（2008）以深圳创业板上市企业为研究对象，考察了大股东治理、管理层治理与债权人治理机制对技术创新的影响，研究发现，控股股东持股比例与企业技术创新程度呈倒U型特征，在控股股东持股比例达到某一程度时，随着持股比例的上升会促进企业的技术创新活动，但是超过这一程度之后，控股股东的持股比例增加会阻碍企业技术创新活动。

三、管理层持股与企业技术创新

如果管理层持股在一定程度上能够缓解委托代理问题，那么管理层持股对创新活动可能会有正面影响。因为管理层持股将管理者与股东的利益联系在一起产生利益趋同效应，较高的管理层持股有利于降低与创新有关的高代理与契约成本，更能促进企业的创新活动（Jensen and Mecking，1976；Finkelstein and D' Aveni，1994；Francis and Smith，1995；Czarnitaki and Kraft，2004）。不过，除了正向线性关系外，国外文献表明，管理层持股对企业创新活动还存在负向线性关系（Latham and Braun，2009）或者非线性关系（Fama and Jensen，1983；Cosh et al.，2005）。其理由为：管理层持股是把“双刃剑”，既存在利益趋同效应又具有堑沟效应（Morck et al.，1988；Davidet al.，2005）。与国外主流观点有所不同，中国数据的实证研究结果基本都是管理层持股与非国有企业创新活动正相关关系的结论（刘伟和刘星，2007；熊艳和梁莱歆，2009；解维敏和唐清泉，2013）。

1. 管理层持股的利益趋同效应。

委托代理理论认为所有者与管理者相互分离，两者之间的目标可能存在差异，缺少股权激励的管理者不太愿承担风险支持创新活动或者使创新活动顺利进行（Wright et al.，1996）。企业所有者和经营者的关系不适当将会对企业技术创新产生限制（Cantista and Tylecote，2008）。经营者对企业技术创新有非常大的影响（Nakahara，2007），当管理者持股比例愈高时，管理层持股将所有者与管理者的利益联系在一起，企业若有损失亦会损及自身的利益，因而有较大的诱因提高企业的经营绩效，产生了利益趋同效应，可以降低代理问题，会促使管理层在研发项目中（如项目决策、资源配置、创新管理）付出更多的努力（Jensen and Mecking，1976）。在股权分散的美国上市企业中，管理层持股适度集中有利于推动企业的创新活动（Francis and Smith，1995），增加管理层持股的水平让他们的财富更取决于公司长期绩效，这种诱因会激励管理层为了公司的长远利益与核心竞争力而更加积极地支持创新活动（Zahra et al.，2000）。管理层持股在某一程度内，其与公司利益愈趋于一致，自然希望极大化公司利润，以获取高报酬。此时管理层的利益与企业所有者的利益产生趋同效应（Fama and Jensen，1983），管理层有诱因去控制或监督管理者整合创新所必需的内部与外部的资源和能力以激励企业技术创新活动。

刘伟和刘星（2007）以2002~2004年495家上市企业为研究对象，考察了管理层持股对企业研发投入的影响，结果显示，管理层持股会促进企业的研发投入，但这种激励效应仅仅存在于高科技类的上市企业。熊艳和梁莱歆（2009）利用2006年及2007年共102个数据，考察了管理层持股对企业技术创新活动的关系，结果认为管理层持股有助于管理层推动企业技术创新活动的进行。解维敏和唐清泉（2013）以2002~2006年上市企业数据为研究样本，考察了管理层持股对企业技术创新的治理效应，结果显示，管理层持股能促进企业技术创新的投资，但这种激励只体现在私有产权中。

2. 管理层持股的盘踞掠夺效应。

创新需要持续地研发投入以维持创新技术处于科技前沿，创新所研制的新产品成功率尚不到20%，因而需要考虑创新活动的风险（Crawford，1987），而创新项目在最初几年没有盈利可言，仅有极少数项目能够存活下来。因此，企业如要成功进行创新活动，需要强有力的管理层支持（Nam and Tatum，1997），管理层对战胜竞争者的承诺、对待创新的态度以及愿意承担风险的勇气均影响企业的战略决策（Papadakis and Barwise，2002）。当管理层持股比例超过某一程度且越来越高时，因其有足够的控制权或工作保障从而会产生懈怠的情形，同时管理层有权让自身免于外部监管与内部监督机制的压力，还会产生一些反监管的行为，甚至为了追求自身私利的目标不惜发生侵占企业利益的行为，盘踞掠夺效应随之产生（Jensen and Mecking，1976）。如果管理层拥有较高的持股比例，则意味着管理层在作出创新决策时，会更加注重自身利益，当管理层与企业目标不一致时，可能侵害公司利益，管理层会选择更加激进的投资方式（Joseph and Richardson，2002）。Latham 和 Braun（2009）探讨了当企业经营业绩较差时管理层持股及稀缺资源对于管理层创新决策的影响，结果表明管理层更高的持股比例会减少创新投入，而稀缺资源的可利用性同样降低了创新投资的比例，具有更多稀缺资源及管理层持有更高比例股权的企业在经济不景气时会减少创新活动。

3. 管理层持股的双重效应。

Morck 等（1988）及 McConnel 和 Servaes（1990）则认为，利益趋同效应与盘踞掠夺效应均存在于公司内部，其中 Morck 等（1988）研究揭示，当内部人持股比例在 5% 以下或者高于 25% 时，能够提升企业绩效，当持股比例大于 5% 而小于 25% 时，则又表现出负向关系。McConnel 和 Servaes（1990）以上市企业为研究样本考察了内部人持股与企业价值之间的关系，结果表明内部人持股比例与企业价值成倒 U 型特征，即当内部人持股比例在一定程度范围内增加时，内部人持股可以改进企业经营状况，有效增加企业价值，但当内部人持股比例超过某一程度后，随着持股比例的上升，内部人会产生盘踞掠夺效应，为了自身的利益规避企业内外部监督机制，从事一些降低企业价值的活动。Cosh 等（2005）利用调查所得 1998 ~2001 年共计 440 家英国中小高新技术企业为研究对象，探索管理层属性与持股比例对企业创新绩效的影响，研究结果显示，管理层结构、激励机制设计与人力资源管理水平对企业创新效率呈正向促进作用，而管理层持股却与企业创新效率呈非单调、非线性的关系，结论支持管理层持股所带来的利益趋同效应与盘踞掠夺效应并存于企业的创新活动中，而且结论还认为在高科技行业的企业中，管理层结构与培训程度对于企业创新效应起着更为重要的作用，而激励政策及管理层持股在传统产业的创新活动中发挥更显著的作用。

第五节 核心代理问题与企业技术创新研究

东亚国家超过 2/3 的企业是由单一的股东所控制（Claessens et al.，2000），要形成对企业的控制并不需要拥有绝对超过 50% 的股份，单一终极控股股东 20% 以上的持股比例就已经可以实现对企业的控制权。股权集中度高的公司，代理问题最直接的诱因就是两权分离。企业技术创新是企业利用自身资源投入至研发创新之中，以期企业在短期与长期均能有所成长的一种经营活动。由于企业创新涉及公司内部的决策活动，必然会受到终极所有权结构的影响，在股权高度集中、普遍存在终极控制人的背景下，终极控制人与中小股东之间的代理问题毫无疑问会对企业技术创新产生重要的影响。

一、两权分离的成因

股东的权利虽然包含了得以投票表决的股份控制权以及收取盈余分配的现金流量权，但是有学者研究发现，最终控制人的股份控制权与现金流量权存在股权的偏离现象，主要是由于终极控股股东通过多层次的持股结构持有公司的股份，而股份的控制权会取这一控制链中最小的持股比例，现金流量权则是控制链中所有持股比例的乘积，会产生两权偏离的情况。终极控制股东（人）的控制权与现金流量权偏离成因，学者研究认为，主要来自于金字塔结构与交叉持股的方式，Harris 和 Raviv（1988）和 La Porta 等（1999）及 Claessens 等（2000）研究发现，终极控制人普遍透过金字塔结构①、交叉持股和参与管理等方式，利用股权结构的杠杆作用使其所持有的控制权超过现金流量权（非美国企业这种股份控制权与现金流量权的偏离更为严重），这样的偏离现象使得终极控股股东不但拥有重大的决策控制权，还会因为现金流量权相对小而降低自身所需要承担的决策风险，终极控股股东缺乏动机去考量其他少数股东的权益，反而会随着偏离程度的提升而增加从公司谋取私利的概率，当股份控制权达到某一程度时，终极控制股东对公司几乎拥有完全的控制权，此时终极控制股东并未受到其他大股东的监督，有极大诱因作出不利于中小股东的决策，会采取侵占中小股东的行为实现其控制权私利。在高度集中的股权结构中，终极控股股东的控制形态取代经理人的控制形态，大股东可利用自身相对优势地位，掌握公司董事会和管理阶层，从而获得实质控制权，然后参与决策制定和管理的过程，使得终极控股股东成为具有信息优势的企业内部人，在内部人控制体系中，来自资本市场及法律制度之外治理力量往往不足以抗衡内部人权力，而承担监督责任的外部董事亦大多由终极控股股东聘任或取代，因此外部小股东的利益完全取决于终极控股股东的行为。LLSV（2002）与 Claessens 等（2002）的研究表明，在股权集中程度高的环境中，将导致少数股东与终极控制人之间的利益冲突，Azofra 和 Santamaria（2011）以西班牙商业银行为样本，调查终极控制人的侵权动机与本质，研究发现当控制权与现金流量权的偏离愈大时，愈加深终极控制人的侵权动机，而

---

① 在对股东保护相关法规较为薄弱的国家，终极控制人越会采用金字塔结构的方式进行支配（Wolfenzon，1999），而其控制公司可获得巨大的私利（Harris and Raviv，1988）。

且企业的绩效亦会较差。Shleifer 和 Vishny（1997）研究也显示，在股权集中度高的企业最终控制股东所获得的利益在低度开发、资产所有权较不明确，以及相关法规保护较不完备的国家会较大。

近年来，在西方发达国家广泛运用委托书作为控制企业经营权的工具，委托书制度建立的目的是为了平衡经营者与股东之间的权利关系，使无法亲自参加股东大会的投资人，有机会通过委托书的方式行使表决权以促成经营层积极履行受托责任与监督企业经营活动。委托书的优点在于外部中小股东可以用来制衡公司经营层，促使其提升企业经营业绩（Dodd and Warner，1983），其不足之处在于委托书具有董监事选举权，虽然可以作为监督企业经营层的治理机制，但是因其具有选举权便成为取得公司控制权的方式之一（其他方式如公开收购及并购），如果有意图控制某家企业仅需购买目标公司少数股权，然后通过运用委托书的方式取得在董事会、监事会中的席位达到实际控制企业的目的，这意味着收购者无须购买目标企业相对等的股权即可取得控制权，引起控制权与现金流量权的偏离。

二、两权分离的正诱因效果

与代理理论认为股权结构是解决经营者代理行为的重要制度安排（Jensen and Mecking，1976）一样，终极控制人的控制权与现金流量权的配置结构亦是解决终极控制人及其控股股东与中小股东的重要制度安排。两权分离的正诱因效果主要体现在两个方面：其一，根据利益收敛假说（Jensen and Meckling，1976），当公司终极控制人的现金流量权愈高，其与公司利益愈趋于一致，因其对公司有较高投资，自然希望极大化公司利润，以获取高报酬。Claessens 等（2002）在股东的诱因效果与侵占效果的研究中亦发现，对东亚国家的上市公司而言，公司的价值随着终极控股股东的现金流量权的增加而上升，当终极控制股东的现金流量权逐渐与股份控制权趋于一致时，其利益愈会与企业的利益捆绑在一起，增加对企业有利决策的诱因，公司绩效愈高。因此，终极控制人会有诱因去控制或监督企业的创新活动，增强企业创新能力以期望公司获得强大的竞争优势从而极大化自身利益。其二，董事会被视为约束与监督终极控制人及高管的重要治理机制（Fama，1980；Fama and Jensen，1983），在股权高度集中的股权结构中，终极控制人常利用自身相对优势地位，掌握企业董事会，在董事会中终极控制人及内部人担任董事，保护外部小股东的利益完全依赖于终极控制股东的行为，而大股东控制的治理效率则取决于大股东的激励动机，依据利益收敛假说，董事会中终极控制人的持股比例达到某一程度时或现金流量权超过一定比例时，终极控制股东（人）董事自身利益与公司利益相一致，会提高企业治理绩效并保护外部股东的利益。此时终极控制人的利益与中小股东的利益产生趋同效应，终极控制人及其控股股东会有诱因去控制或监督管理者整合创新所必需的内部与外部的资源和能力以激励企业技术创新。

三、两权分离的负侵占效果

股权集中度高的公司，代理问题最直接的诱因就是两权分离。不论是 Shleifer 和 Vishny（1997）及 La Porta 等（2000）还是张华等（2004）和马磊、徐向艺（2010），曹延求、王倩和钱先航（2009），程仲鸣（2010），唐跃军（2012）均发现，大股东持股超过特定比率，使其掌握控制权远超过其对公司现金流量请求权时，会有强烈动机去追求自身效用的最大化，而不顾小股东权益存在负侵占效果，特别是当终极控股股东持有的股份控制权愈高而现金流量请求权愈低时。具体表现在三方面：其一，如果终极控制人拥有的现金流量权偏少，即表明终极控制人实际向上市企业投入的货币资本份额（或所有权）越少，则意味着终极控制人更多的是在拿中小股东的资本作决策，会侵害公司利益，终极控制人及其管理层会有更加激进的投资方式（Joseph and Richardson，2002）；其二，在董事会中终极控制人的持股比例超过某一程度时或者现金流量权小于某一程度时，终极控制股东（人）董事自身利益与公司利益发生冲突，会侵占外部股东的利益，此时终极控制人的利益与中小股东的利益产生负侵占效应；其三，在中国，公司治理中监事会治理和经理层治理两种治理机制对于大股东控制私利并没有起到明显作用（曹延求、王倩和钱先航，2009）。此时，终极控制人及其控股股东可能会选择风险更高、短期利益更明显的投资项目，而不是那些更符合公司长远发展的创新投资项目。金成隆和陈俞如（2005）研究认为，在东亚地区，企业的代理问题主要为终极控制股东与小股东的利益矛盾，而传统的公司治理机制（如董事会与接管）无法缓和这一冲突，以台湾地区上市企业为研究对象，探讨终极控股股东的控制权与现金流量权的偏离程度及董事会组成对公司创新活动的影响，研究结果发现，终极控股股东的控制权偏离现金流量权愈大，公司进行创新的活动愈少，显示终极控股股东存在负侵占效果，终极控股股东涉入公司经营管理对企业创新的影响，会随着两权偏离程度增加，而出现越来越大的负面效果。

第六节 国内外研究评述

创新是企业可以永续经营的一个重要因素，也是企业建立持续性竞争优势的重要驱动力（Weerawardena and O. Cass，2004），成思危（2009）指出创新能力是国家和企业的核心能力。纵观当前研究动态，迄今为止，国内外学者对代理问题与企业技术创新的研究已取得了一定进展，研究范围日益广泛，从股权结构、控股股东、管理层结构、管理层持股等权益代理问题的视角考察了对企业技术创新活动的影响，形成了多视角、多维度的研究体系。然而，总体而言，国内外对代理问题和企业技术创新的研究仍有待深入，尤其是在中国，对不同代理问题对企业技术创新作用机制尚未有深入理论分析，实证研究主要集中于权益代理问题的视角，且并未形成较为统一的结论，较少研究核心代理问题对企业技术创新活动的动因及效应。在中国制度背景下，不同代理问题视角下的产权关系是否会对企业创新活动产生差异性效应，而且如何运用经验证据分析，演绎强化会计控制、缓解代理问题、优化公司治理结构、增强企业创新能力的应用策略，是一个亟须验证的问题。

一、研究范围和领域的局限性

虽然迄今对企业技术创新驱动力影响因素的研究范围已经从企业规模、市场结构逐步扩展至企业属性、产业特性，研究领域亦逐步从微观企业内部扩展到中观产业特性、宏观国家创新体系的研究。中国学者在这些范围和领域的研究也取得较大成绩，但是对不同代理问题对企业技术创新活动的作用机理还只是初步探讨，并未对不同代理问题是否会对企业技术创新活动产生影响进行深入的理论与实证分析，亦缺乏相应的提高企业技术创新能力的治理机制与政策建议。

二、研究对象基本概念的模糊性

创新一词虽然被广泛使用，然而其内涵却不明确，以学者研究的需要分为广义和狭义的定义。广义的定义者如首位讨论创新重要性的 Schumpeter（1934）将创新分为产品创新、流程创新、新市场开发、新供给来源的拓展、产业组织变革等五类。虽然广义的创新可反映出创新活动的多元性，但为了研究的需要使其更容易定义与衡量，许多实证研究对创新采用狭义的定义（Cohen and Levinthal，1990；Geiger and Cashen，2002；Hansen and Hill，1991；Hitt，Hoskisson，Johnson and Moesel，

1996；Hitt，Hoskisson and Kim，1997）。为了避免对创新概念误用，因此厘清技术、创新、技术创新的概念并加以区分具有理论重要性和现实紧迫性。此外，权益代理问题、核心代理问题对企业技术创新的研究亟待加强，应合理限定代理问题与创新的研究边界。总而言之，相关概念或范畴的关系必须厘清。

三、研究所依据理论基础的单一性

目前对企业技术创新驱动力因素的研究基本上是基于数理经济学理论演绎出假说，然后采用实证研究进行验证的方法，即规范与实证相结合的研究方法（Cohen，2010），缺乏相应的理论支持，更没有统一的结论。而在管理学中资源基础理论认为，企业或组织拥有的资源容易被竞争者取代，企业或组织真正的竞争优势为其所拥有的能力，如果无法将创新投入的资源转换成功，则无法产生价值。而动态能力理论认为协调企业创新与外部创新环境、知识获取、知识创造之间的互动关系可以有效规避威胁并抓住外部环境提供的种种机会，促进企业提高研发投入，从而提升企业的技术创新能力与核心竞争力。本书试图在研究不同代理问题与企业技术创新问题时，除采用经济学理论分析外还嵌入管理学理论进行分析。

四、代理问题对企业技术创新作用机制理论分析的薄弱性

现有文献从企业性质、控股股东、管理层持股等权益代理问题的视角探讨对企业技术创新驱动力的影响因素。理论上学者们更倾向于采用实证性代理理论，除宋小保和刘星（2007）、Holmstrom（1989）、Lerner和 Wulf（2007）外而鲜有文献采用委托代理理论的分析性研究方法，尚未对不同代理问题对企业技术创新的机理进行较为全面系统的理论分

析。迄今为止，大量文献理论研究多集中于经济学相关基本理论的探讨，而对两者关系的作用机理却鲜少进行较深入的管理学理论的探讨，特别是控股股东、管理层、终极控制权结构是如何具体影响企业的创新活动的理论研究亟待加强。

五、已有实证研究的不均衡性

现有文献对不同的代理问题的实证研究呈不均衡状态，学者们的研究往往集中于权益代理问题，实证研究的不均衡性反映出当前研究中的一些不足之处。其一，立足所有者与经营者之间的权益代理问题视角，研究对企业技术创新活动文献虽然较多，但已有研究主要集中在所有者，而缺少从经营者的视角进行研究。在我国特殊文化、制度背景下，管理层持股对企业创新活动存在利益趋同效应还是堑沟效应？或者这两种效应是否会同时存在而呈非线性关系？对于不同类型的企业（国企与私企股权集中度高与股权集中度低的公司），这种影响是否有不同的特点？这对公司治理和国企改革有什么启示？对我国创新型企业建设及创新型国家建设又有什么样的意义？这些问题尚需解决。其二，终极控制人和中小股东之间代理问题的视角探讨企业技术创新的文献尚需丰富，国外从这一角度研究企业创新能力的文献不多，可供参考的技术手段与分析方法有限。其三，与国内文献相比，本书的数据样本包括 2002 ~ 2011 年在上海和深圳证券交易所主板上市的 A 股公司，而其他文献的样本均在 2008 年之前，而且时间跨度也比较短；我们衡量创新的方法除了传统的研发支出、创新产出以外还采用创新效率、创新能力的这两类重要的指标，其他文献基本采用研发支出代替企业技术创新。

综上所述，本书一是厘清相关概念或范畴的关系；二是结合中国制度背景分析代理问题与企业技术创新在中国的现状；三是结合中国国情具体分析了代理问题对企业技术创新的作用机理，探讨不同代理问题对企业技术创新影响特质；四是构建代理问题与企业技术创新关系模型，结合上市公司数据进行经验分析；五是根据研究结果归纳出研究启示，并为国有企业改革和公司治理以及建设创新型企业提供相关可操作性的建议。

第七节 本章小结

本章由四个部分构成：第一部分，代理理论的回顾；第二部分，企业技术创新驱动因素的回顾；第三部分，第一类代理问题（权益代理问题）与企业技术创新的理论与经验研究；第四部分，第二类代理问题（核心代理问题）与企业技术创新的理论与经验研究。本章的作用在于明确研究问题在当前国内外的研究现状以及未来发展方向，为下一章节的理论分析与经验研究做准备。

第二章　制度背景

第一节　中国上市企业股权结构

在中国经济制度的转型与资本市场的发展过程中，中国上市企业形成了二元股权结构、股权集中度高、普遍存在终极控制人并且大多数为政府控制等三项具有中国特色的股权结构，这正是引起我国代理问题的诱因。

一、二元股权结构

中国股市因为特殊历史原因和特殊的发展演变，A 股市场的上市公司内部普遍形成了非流通股与流通股并存的二元股权结构，即是股权分置。股权分置是一项具有中国特色的制度，是在中国由计划经济向市场经济体制转轨的过程中形成的特殊问题。20 世纪 80 年代初期，中国对国有企业进行股份制改造以建立现代化企业制度。为了在证券市场筹集资金同时又不失去国有经济的控股权，采取了增量发行股票的方式，即在原有的存量国有企业资产基础上，再溢价增发一些股票，原有股票则变成非流通股，不能在证券交易所流通。这一制度在其后的新股发行与上市实践中被固定下来，形成了中国股市流通股与非流通股并存的独特格局[①]。在这项制度下国家允许少部分股份（通常不到1/3）在资本市场公开发行与交易，其余的股份则暂时不允许进入市场流通，并且只能有一个或几个法人持股。这样的安排主要是保证国家对上市国有企业具有绝对的控股权，同时考虑中国股票市场可能无法承担股票全流通的市场压力。但是这一制度也衍生出一系列公司治理的难题，首先是股价波动所影响的仅是流通股投资人，与非流通股股东的财富完全无关；其次是上市企业在盈余分配方面面临大股东与小股东利益冲突；再次是2/3的法人股可以不通过公开市场流通，意味着上市企业的大股东（特别是国有企业的母公司）对上市企业具有不可动摇的控制权，导致控制权僵化。为了解决股权分置所产生的不利影响，完善公司治理结构，推动资本市场进一步发展并与世界接轨，中国遂在2005年推动了股权分置改革。

二、股权集中度高

20世纪90年代初期，中国政府希望通过企业股份制改革将部分国有股份进行私有化以提高国有企业生产力及生产效率，并募集国有企业发展所需资金。股份制改革采用将国有企业中较为优质的部门或者单位分离出来单独上市的方法，因此在改革后那些尚未上市的国有企业成了上市企业的控股股东，上市企业的股权主要集中于国有股东，导致国有股东“一股独大”。当大股东持有非流通股时市场的约束力可能无法发挥作用，因此大股东很可能从事不利于流通股股东的活动。

对于“一股独大”，国内理论界和企业界的主流意见普遍认为，国有股“一股独大”危害很大，是上市公司治理不平衡、不彻底、不完善

① 中国证券业协会：《证券市场基础知识》，中国金融出版社2012年版。

的主要根源，甚至是一大天敌，也是中国证券市场资源配置效率低下等诸多弊端的源头。因为股权结构是决定公司控制权和现金流量所有权安排的基础，其他公司治理机制作用的发挥都取决于股权结构特征，因此有效改善上市公司治理的必经之路就是“国有股减持”。特别是 Claessens 等（1999）关于亚洲地区家族通过复杂的金字塔股权结构控制上市公司、剥削小股东的大样本实证研究报告受到中国证券监管部门的高度评价。

另外一些学者对此并不认同。林毅夫（2003）认为，中国公司治理的主要症结在于企业的自生能力，而非公司治理结构不完善导致的“一股独大”问题。李华振和张昕（2005）也认为，中国股市的真正病根并非“一股独大”本身，而在于它是一种在股权分置的制度背景之下异化了的“一股独大”，并以德日为例，认为两国正是凭借以“一股独大”为精髓的公司治理模式，才实现了其后发优势，为两国的经济提供了长期发展的驱动力。更有学者指出国有大股东持有绝对控制股份是依照以往政策法律下形成的事实和客观且合法的状态，在此情况下，若强迫大股东转让其股权，有侵犯“私权”的嫌疑。同时，“一股独大”也无法解释 A 股和 H 股公司在保护中小股东利益方面的差异。A 股公司和 H 股公司，同样是在大陆注册经营的企业，同样是“一股独大”结构，仅仅因为 A 股在大陆证券市场上市交易，而 H 股在香港证券市场上市交易，两者在保护外部中小股东权益方面却迥然不同。国内 A 股公司大股东通过自我交易掏空上市公司的报道屡见报端，而期间 100 多家 H 股公司却鲜有此类报道。

一个不可否认的事实是：“一股独大”并非中国独有，在西方市场经济发达国家，以及新加坡等国家，也不同程度存在“一股独大”现象，而且其中也有公司治理规范的代表，如新加坡的淡马锡公司。而且在国内上市公司中，不同的股权结构均有优质和劣质公司。例如，在竞争比较激烈的家电行业，股权高度集中的公司中，既有青岛海尔等优质企业，也有水仙电器等绩差企业。而股权分散的公司中，如 ST 粤金曼、ST 幸福以及郑百文等，其公司治理都不比国有控股的上市公司好。更具有讽刺意味的是，尽管大部分人将公司治理问题归罪于“一股独大”，但当国家提出“国有股减持”改革讨论时，股票市场却视为重大利空，股指出现暴跌。

三、终极控制人多为政府

中国上市企业绝大多数因为具有国有企业分离上市的历史背景，其主要控股股东由那些尚未上市国有企业控制，所以终极控股股东为政府所控制，刘芍佳等（2003）发现，我国 84% 的上市公司最终仍由政府控制，而非政府控制的比例仅为 16%，因此，目前上市公司的股本结构仍然是国家主导型①。在 2005 年 4 月 29 日经国务院批准，中国证券监督委员会发布《关于上市公司股权分置改革试点有关问题的通知》，正式启动股权分置改革试点，2005 年 9 月 4 日，中国证券会发布《上市公司股权分置改革管理办法》，中国的股权分置改革进入全面铺开阶段。截至 2006 年 12 月，上海与深圳交易所已完成股权分置改革的达到 1116 家。具体股改情况如表 2－1 所示。

表 2－1　　中国股改情况分析　　单位：家

市场	应股改总数	已完成股改	未完成数	非流通股平均	2005 股改数	2006 股改数
上海	802	691（86.2%）	111（13.8%）	63.90%	124	567
深圳	526	425（80.8%）	101（19.2%）	60.90%	109	316
合计	1328	1116（84%）	212（16%）	—	233	883

资料来源：根据国泰安数据库整理。

① 对于股权结构，我国的实际情形与美国有较大的差异，尤其是在国有控股上市公司中，情形更为特殊。因此，在分析问题时，必须考虑到我国企业股权结构的特殊性和制度环境。但相关的理论研究成果仍然具有借鉴意义。

在经过股权分置等多项股票市场改革政策以后，政府控制的国有企业比重仍然高达61%（在上海、深圳交易所终极控制人为政府的上市企业则有68%），身为最终控制人的政府，通常以金字塔股权结构通过建立一定的控股层级以实施控制（Wu，Wu，Zhou and Wu，2011）。为了加强监督与管理，中国证监会在2004年12月31日所发布的《公开发行证券的公司信息披露内容与格式准则第2号》文件规定，上市公司必须对外披露公司的实际控制人情况，并以方框图的形式披露公司与实际控制人之间的产权和控制关系。为了更好地理解中国上市企业的代理问题，现就控股股东与实际控制人的相关定义与规定详细说明如下：

1. 控股股东。

中国证监会1999年修订的《公开发行证券的公司信息披露内容与格式准则第2号：年度报告的内容与格式》，定义公司的控股股东为公司的第一大股东或者按照股权比例、公司章程或经营协议或其他法律安排能够控制公司董事会组成、左右公司重大决策的股东。由此推断，控股股东一定会出现在企业股东名册中。根据中国2005年10月27日颁布（2006年1月1日实施）《公司法》第217条：控股股东是指其出资额占有限责任公司资本总额50%以上或者其所持股份占股份有限公司股本总额50%以上的股东。此外，出资额或者持有股份的比例虽然不足50%，但依据其出资额或者持有的股份所享有的表决权已足以对股东会、股东大会的决议产生重大影响的股东，也属于控股股东。根据这一定义，必须具备以下条件之一的股东才称为控股股东：

（1）此人单独或者与他人一致行动时①，可以选出半数以上的董事；

---

① 所谓一致的行动指两个或者两个以上的人以协定的方式（不论是口头或者书面）达成一致，通过其中任何一人取得公司的投票权，以达到或者强化控制公司目的的行为。《上市公司股东持股变动信息披露管理办法》定义一致行动指通过协议、合作、关联方关系等合法途径扩大其对一个上市公司股份的控制比例，或者巩固其对上市公司的控制地位，在行使公司表决权采取相同意思表示的两个以上的自然人、法人或者其他组织。

（2）此人单独或者与他人一致行动时，可以行使公司30%以上的表决权或者可以控制公司30%以上表决权的行使；

（3）此人单独或者与他人一致行动时，持有公司30%以上的股份；

（4）此人单独或者与他人一致行动时，可以以其他方式在事实上控制公司。

基于控股股东能对公司运作产生重大的影响，因此《上市公司治理准则》（2002年施行）的第15条至第21条具体规范控股股东的行为：

（1）控股股东对拟上市公司改制重组时应遵循先改制、后上市的原则，并注重建立合理制衡的股权结构；

（2）控股股东对拟上市公司改制重组时应分离其社会职能，剥离非经营性资产，非经营性机构、福利性机构及其设施不得进入上市公司；

（3）控股股东为上市公司主业服务的存续企业或机构可以按照专业化、市场化的原则改组为专业化公司，并根据商业原则与上市公司签订协定，从事其他业务的存续企业应增强其独立发展的能力，无继续经营能力的存续企业，应按照有关法律、法规的规定，通过实施破产等途径退出市场，企业重组时具备一定条件的，可以一次性分离其社会职能及分离富余人员，不保留存续企业；

（4）控股股东应支持上市公司深化劳动、人事、分配制度改革，转换经营管理机制，建立管理人员竞聘上岗、能上能下，职工择优录用、能进能出，收入分配能增能减、有效激励的各项制度；

（5）控股股东对上市公司及其他股东负有诚信义务，控股股东对其所控股的上市公司应严格依法行使出资人的权利，控股股东不得利用资产重组等方式损害上市公司和其他股东的合法权益，不得利用其特殊地位谋取额外的利益；

（6）控股股东对上市公司董事、监事候选人的提名，应严格遵循法律、法规和公司章程规定的条件和程式，控股股东提名的董事、监事候选人应当具备相当专业知识和决策、监督能力，控股股东不得对股东大会认识选择权决议和董事会人事聘任决议履行任何批准手续，不得越过股东大会、董事会任免上市公司的高级管理人员；

（7）上市公司的重大决策应由股东大会和董事会依法作出，控股股东不得直接或间接干预公司的决策及依法开展的生产经营活动，损害公司及其他股东的权益。

2. 实际控制人。

2002 年《上市公司股东持股变动信息披露管理办法》第 8 条定义股份控制人为：股份未登记在其名下，通过在证券交易所股份转让活动以外的股权控制关系、协议或者其他安排等合法途径，控制由他人持有的上市公司股份的自然人、法人或者其他组织。事实上，在该办法中的股份控制人就是公司法所定义的实际控制人。中国《公司法》第 217 条规定实际控制人指不是公司的股东但通过投资关系、协议或者其他安排能够实际支配公司行为的人。实际控制人可能是实际控制上市公司的自然人、法人或者其他组织（如国资委）。有别于公司法的实际控制人，中国财政部与商务部在《关于做好 2007 年度对外经济技术合作专项资金申报工作的通知》中则用最终控制方的概念。在该通知中要求企业应提供最终控制方证明的信息，其中，企业为私营企业者，最终控制方应为个人，而企业为地方国有企业者，最终控制方应为地方国资委统一管理下的一级公司。根据上市公司收购管理办法（2002 年 9 月 28 日），如果收购人有下列情形之一者，即构成一个上市公司的实际控制人：

（1）股东名册中持股数量最多者（但是有相反证据者除外）；

（2）能够行使、控制一个上市公司的表决权超过该公司股东名册中持股数量最多的股东者；

（3）持有、控制一个上市公司股份、表决权的比例达到或者超过 30% 者（但是有相反证据的除外）；

（4）通过行使表决权能够决定一个上市公司董事会半数以上成员当选者；

（5）中国证券监督管理委员会认定的其他情形。

综上所述，文章以2007年深圳能源集团有限公司与华能国际电力股份有限公司年报为例，具体说明上市公司财务报告所披露的控股股东和实际控制人，如图2－1所示。

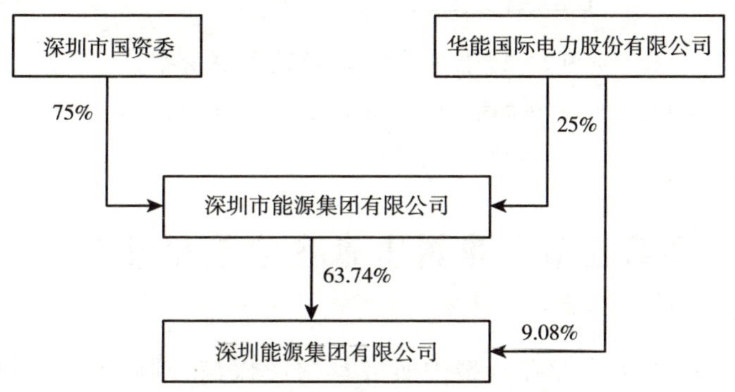

图2－1　控股股东与实际控制人分布

资料来源：根据2007年深圳能源集团有限公司年报整理。

由图2－1可知，深圳市能源集团有限公司的控股股东为深圳能源集团有限公司（深圳能源），深圳市能源集团有限公司为深圳市国资委和华能国际电力股份有限公司共同持有的公司，持股比例分别为75%和25%。由于深圳市能源集团有限公司为深圳市国资委统一管理下的一级公司，因此，深能源的最终控股股东为深圳市国资委，表明该公司属于地方国有企业。

由图2－2可知，华能国际的控股股东为华能国际电力开发公司（华能开发），华能开发控股股东为中国华能集团公司（该企业隶属于国务院国资委统一管理下的中央国有企业），因此，华能国际的终极控制人为国务院国资委。

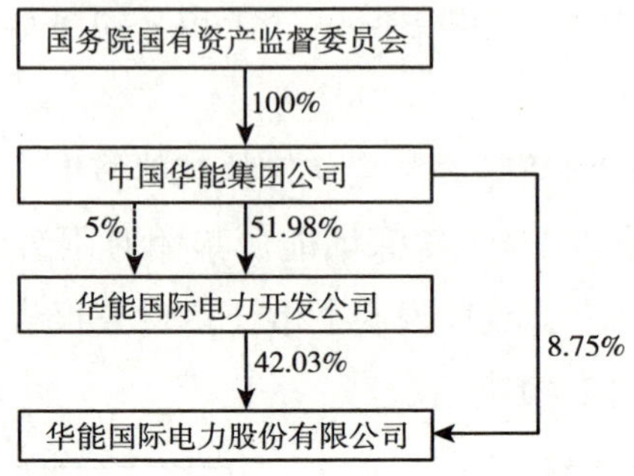

图 2-2　控股股东与实际控制人分布

资料来源：根据 2007 年华能国际电力股份有限公司年报整理。

第二节　中国上市企业控制形态

根据中国上市企业在年报中所披露的产权与控制关系，可以通过最终控制人判断上市公司是否为国有企业或者民营企业。虽然中国证监会 2004 年起要求上市企业必须揭露控制链，但是笔者在收集资料的过程中发现，2004～2006 年公开揭示产权与控制关系等相关信息的上市企业并不多。本书主要以 2007～2010 年的数据来进行分析。国有企业与民营企业年度数量分布情况如表 2-2 所示。

表 2-2　国有企业与民营企业年度分布

年度	终极控制形态				合计
	民营企业		国有企业		
	数量	占比（%）	数量	占比（%）	
2007	624	38.17	1011	61.81	1635
2008	666	39.38	1025	60.62	1691
2009	801	43.23	1052	56.77	1853
2010	1033	49.31	1062	50.69	2095
合计	3124	42.95	4150	57.05	7274

资料来源：根据国泰安数据库收集整理。

表2－2中，上市公司（包括创业板）中主要的控制形态仍然是国有企业，占全部样本的57.05%，如果将创业板上市企业扣除，占比则高达68.08%，其中2007年比重最高达到61.83%，随后比重逐年下降，到2010年下降幅度达到6.08%，到2010年底国有企业与民营企业的相对比重接近1∶1。

国有企业进一步可分为中央国有企业与地方国有企业。在表2－3中，数据统计显示，平均而言，地方国有企业比重为66.7%明显大于中央国有企业的比重33.3%，而且年度的比重并无明显的差异。

表2－3　　　　中央国有企业与地方国有企业年度分布

年度	终极控制形态				合计
	中央国有企业		地方国有企业		
	数量	占比（%）	数量	占比（%）	
2007	320	31.65	691	68.35	1011
2008	339	33.07	686	66.93	1025
2009	358	34.03	694	65.97	1052
2010	365	34.37	697	65.63	1062
合计	1382	33.3	2768	66.7	4150

资料来源：根据国泰安数据库收集整理。

一、国有企业的控制形态

国有企业可分为中央国有企业与地方国有企业。前者的终极控制人为国务院国资委、中央政府部门或机构，后者的终极控制人则为地方国资委（省级政府国资委、地市级政府国资委）或地方政府机构。

二、民营企业的控制形态

若上市企业终极控制人为非政府部门或单位，如自然人、外资、集体企业或社会团体等，则属于非国有企业，亦就是民营企业。民营企业依照控股资金来源可分为内资股东、港澳台股东以及外资股东；依据控股形态可再区分为家族控股、经理人共同控股，职工持股会控股、社会团体控股及集体所有制企业控股。其中，职工持股会控股、社会团体控股以及集体所有制企业控股为中国内资股东中特有的控制形态。以下就民营企业的控制形态逐一进行说明与分析。

1. 家族控制。

当上市企业的终极控制人为自然人且自然人之间属于家族关系时，此时企业的控制形态即属于家族控股。如山西美锦能源股份有限公司（000723），公司共有七名自然人控制，而且这七名自然人之间存在显著关联关系（子女、兄妹、兄弟关系）。公司终极控制人为自然人且为家族关系，因此，该公司的控股形态为家族控制。

2. 高管共同控制。

该类型的企业，其最终控制者为自然人且具备影响专业技术背景，除自身担任公司董事外，还为公司实际经营管理的核心管理层人员。以深圳世纪星源股份有限公司（000005）为例，企业的实际控制人为自然人而且担任公司董事与高管，属于内资经理人。该企业的董事会由 Arran Profits 公司实质控制，而 Arran Profits 公司实际上由甲、乙、丙（隐去真名）三人最终控制。其中甲最近 5 年担任世纪星源董事会主席还兼任中国投资有限公司董事，乙最近 5 年担任世纪星源董事会董事、总裁并兼任中国投资有限公司董事，丙最近 5 年担任中国投资有限公司董事。从上述关系可以看出深圳世纪星源有限公司属于高管共同控制的企业。

3. 职工持股会控制。

职工持股会是国有企业产权改革下的产物，依据 1994 年当时国家外经贸部、国家体改委《外经贸股份有限公司内部职工持股企业试点暂行办法》规定，职工持股会是公司工会内设的专门从事公司内部职工股的管理组织，不必专门登记。职工持股会代表持有内部职工股的职工行使股东权利，如果上市企业的最终控制人是职工会，那么其控制形态为持股会控制。

以海南筑信投资股份有限公司为例，该公司2010年度报告所披露的产权关系表明，公司的控股股东为天津市大通建设发展集团有限公司，而海航置业控股集团有限公司为天津大通的控股股东，同时海航置业实际控制人为海南航空股份有限公司工会委员会，因此，该公司的控股形态为持股会控制。

4. 社会团体控制。

根据中华人民共和国国务院颁布《社会团体登记管理条例》规定，中国的社会团体也是非营利性的社会组织，具备法人资格，可依法支配资产投资股份有限公司的非流通股。若上市企业的终极控制人为社会团体，那么这种形态就属于社会团体控股。以横店集团东磁股份有限公司（002056）为例，企业的实际控制人——横店社团经济企业联合会即为社会团体。

5. 集体所有制企业控制。

集体所有制企业包括城镇集体所有制企业与乡村集体所有制企业两类，是中国社会主义公有制经济的组成部分。其中，城镇集体所有制企业是指财产权属于劳动群众集体所有、实行共同劳动、再分配方式上按劳分配为主体的社会主义经济组织，依据《城镇集体所有制企业条例》第14条规定，取得法人资格后设立；乡村集体所有制企业是指由乡（含镇）村（含村民小组）农民集体举办，实行自主经营、独立核算、自负盈亏的企业，并依据《乡村集体所有制企业条例》第14条规定，取得企业法人营业执照或者营业执照后设立。如果城镇或者乡村集体所有制企业以自身法人身份投资上市企业且为最终控制人时，企业的控制形态为集体所有制控制。以北京福星晓程电子科技股份有限公司（00139）为例，企业的实际控制人为湖北汉川市钢丝绳厂，该厂是一家集体所有制企业，因此，晓程电子的控制形态为集体所有制企业控股。

表2-4为民营企业控股形态的年度分布情况，统计数据显示，民营企业中主要的控股资金来源为内资，控制形态为家族，即所谓的“内资—家族”形态。在2010年比重最高达到78.8%，外资控股的比重最低仅为2.89%（2.50%+0.26%+0.13%）。

表 2－4　　　　　　　　民营企业控股性质年度分布

年度		资金来源										合计
		内资					外资			港澳台地区		
		社会团体	家族	集团所有制企业	高管控制	职工持股会	家族	高管控制	政府	家族	高管控制	
2007	家数	3	482	23	58	16	16	2	1	20	3	624
	比例（%）	0.48	77.24	3.69	9.29	2.56	2.56	0.32	0.16	3.21	0.48	
2008	家数	3	511	23	68	15	19	2	1	22	3	666
	比例（%）	0.45	76.73	3.3	10.21	2.25	2.85	0.3	0.15	3.3	0.45	
2009	家数	3	617	18	87	17	21	2	1	32	3	801
	比例（%）	0.37	77.03	2.25	10.86	2.12	2.62	0.25	0.12	4	0.37	
2010	家数	3	814	18	113	16	22	2	1	40	4	1033
	比例（%）	0.29	78.8	1.74	10.94	1.55	2.13	0.19	0.1	3.87	0.39	
合计	家数	12	2424	81	326	64	78	8	4	114	13	3124
	比例（%）	0.38	77.59	2.59	10.44	2.05	2.5	0.26	0.13	3.65	0.42	

资料来源：根据国泰安数据库与企业历年年报收集整理。

第三节　中国上市企业控制层级

所谓控制层级是指产权与控制方框图中的上市企业与其股东间所属投资架构的层级，每条控制链的最终投资人为第一层级，最终投资人的被投资人为第二层，以此类推。依据中国证监会发布的《公开发行证券的公司信息披露内容与格式准则》第 2 号年度报告的内容与格式，中国上市公司的控制链方框图需要揭示达到一定持股比例的第一层级的直接控股股东或控制人，如果存在一个或者一个以上的控制人，再往上追溯第一层级控制人的控股股东或者控制人，以此类推，直到某一层级的控制人不再为其他股东所控制即为上市企业的最终控制人。一般而言，上市企业往往习惯于自下而上地揭示控制关系，在控制层级中上市企业常常处于最底层的被控制企业而最终控制人通过控制链对其进行支配。

在国有企业中，一般最终控制者多为政府机构或部门，这些终极控制人通常透过金字塔层级的设计对上市企业的生产或者经营活动进行有效的干预，如果控制层级越多，那么意味着控制金字塔底端上市企业的控制成本越高，对上市企业的决策活动就越不容易产生影响。在中国上市企业中，最常见的控制链结构分为金字塔结构与交叉持股结构，具体举例说明如下。

一、金字塔结构

以深圳中华自行车股份有限公司 2008 年的年报为例，如图 2－3 所示，企业实际控制人为深圳市国民投资有限公司，实际控制人的控股股东为张××（持股 44%）、纪××（持股 20%）与黄××（持股 36%），其中，张××、纪××和黄××为最终控制人位于控制的第一层级；深圳市国民投资发展有限公司位于控制的第二层级，对深圳国晟能源投资发展有限公司持有 100% 股份；而深圳市国晟能源投资发展公司位于第三层，对中华自行车集团股份有限公司持股 13.58%；在控制链条最底层的为深圳中华自行车集团股份公司。

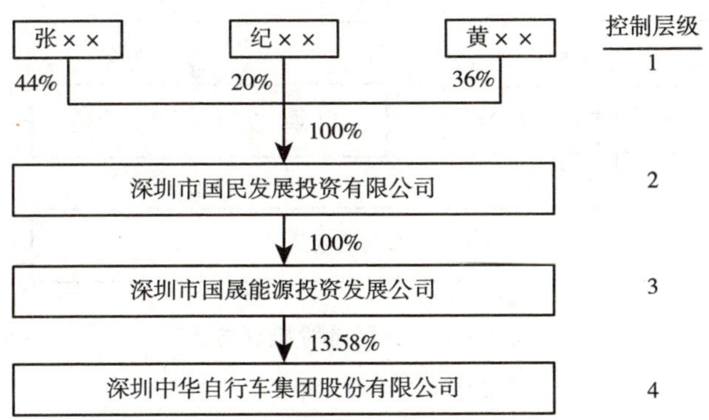

图 2－3　金字塔控制方式分布

资料来源：根据深圳中华自行车股份有限公司 2008 年的年报收集整理。

二、交叉持股

以华东医药股份有限公司2007年年报为例，如图2－4所示，在图中存在两条控制链，因年报披露中国远大集团有限责任公司为实际控制人，所以以右侧控制链来分析控制层级。首先在该控制链中股东之间存在循环持股的关系，远大集团持有远大（香港）发展有限公司90%的股份，而同时远大香港持有北京炎黄置业有限公司80%的股份，北京炎黄置业有限公司则100%持股中国远大集团有限责任公司的股份，这三个公司相互交叉持股。此时，实际控制人中国远大集团有限责任公司虽同为投资人与被投资人，但是仍是第一层级，远大香港位于第二层级而北京炎黄置业有限公司则处于第三层级。

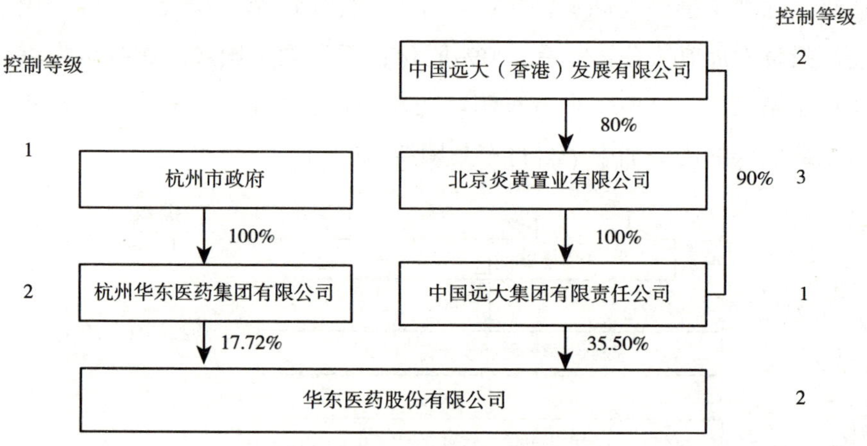

图2－4　交叉持股控制方式

资料来源：根据华东医药股份有限公司2007年年报收集整理。

三、同一最终控制人

以厦门旭飞投资股份有限公司 2007 年报为例，如图 2－5 所示，根据 2007 年年报所披露的信息，公司的实际控制人为黄××，但是黄★★与黄××、林××及 ANNA 为亲属关系而非投资关系，因此均为控制链条的第一层，加拿大 TONGLIN 投资有限责任公司为控制的第二层级，佳怡投资发展有限公司为第三层级，深圳椰林湾投资策划有限公司为第四层级，深圳市达润投资策划有限公司与厦门旭飞投资股份有限公司同为第五层级。

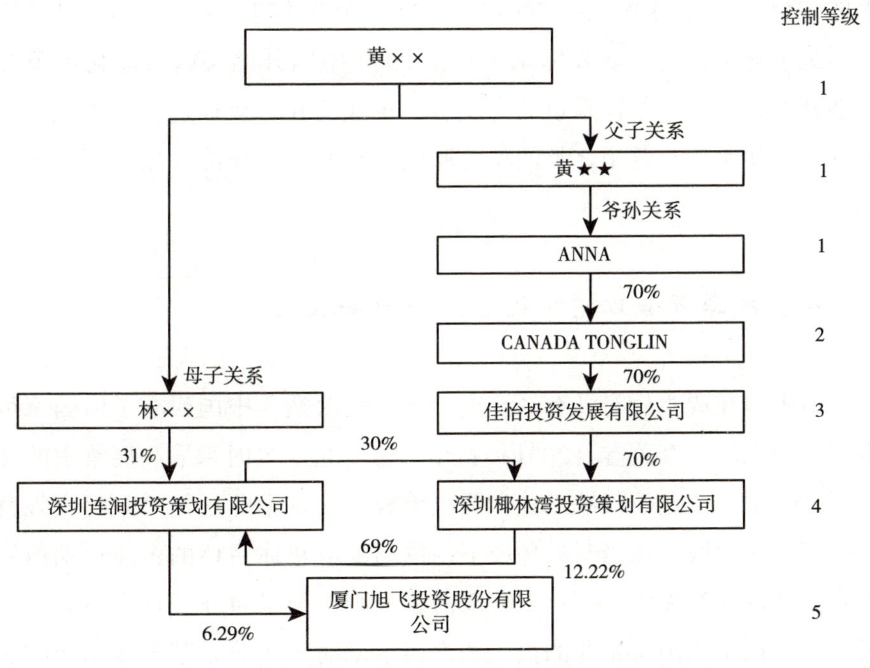

图 2－5　交叉持股控制方式

资料来源：根据厦门旭飞投资股份有限公司 2007 年报收集整理。

第四节 中国上市企业创新发展历程

熊彼特认为创新过程需要把创新引进到市场，而企业在这方面起到最重要的作用。但是，长久以来中国的企业却一直是创新体系中的薄弱环节。在以前的计划经济体制下，企业基本上是研发投入和产出都很低的工厂。在引导以任务为导向和企业需求为主的研发项目中，公共研究机构在创新过程中发挥了主导作用。中国创新体系的创新产出效率低下，并且公共研究机构所研究的项目与企业的研发需求之间也存在着巨大的差距（Liu and White，2001）。因此，企业不得不依赖于对国外的技术引进来解决自身的研发需求。自 1978 年中国开始实施市场化改革和经济开发以来，创新体系也随之发生了迅速变化。企业进行了重组，开始获得诸如研发与营销之类的相关职能，它们的创新能力也得到了显著提升。

一、改革开放以前中国企业的创新状况

新中国在成立后对私有经济进行国有化改造，中国建立了由国家负责经营的工厂。李茂鑫（2001）指出，这些企业当时采取高度集中的计划管理体制，企业不仅缺乏独立的决策权，而且企业还作为政府宏观目标的工具和手段。在当时的环境下，偏离政府整体目标的企业行动被视为企业经理人的失职，而计划完成的程度则为衡量企业经理人绩效的主要指标。在协调国有企业的投入和产出活动时，政府是基于实物产品的信号（短缺或者过剩）而非价格信号作为制定政策的基准，而且国有企业对职工的福利承担无限责任。在这种经营环境下企业缺乏自主权，而且企业职工也缺乏积极的工作诱因。

从20世纪50～70年代末期，中国的创新活动主要由公共机构来实施，最重要的研究机构，如中国科学院，处于国家层级并主要专注于基础研究。在各个工业部的下属设有数以百计的工业科研院所，它们侧重于应用研究和开发研究。地区的公共研究机构从事于区域层次的研发任务。在此期间，企业主要任务是制造工厂，大部分不进行研发，只有一些国有企业设有独立的研发实验室。然而这些实验室也仅仅侧重于实验研究。企业以产出为基础，很少有动力去提升效率和利润，也不关注知识和创新。

二、改革开放以后中国企业的创新状况

1978～1986年：1978年以前，中国几乎所有的企业都是国有或集体所有，企业在投资方面没有自由决策权。生产什么、为谁生产以及产品定位等都由政府管制。1978年的经济改革引起了巨大的变化。以权力交换效率的放权让利改革应运而生，放权让利是指国家向企业下放权力与受让利益，国家给予企业对收益的部分支配权利来提供激励企业经营者和生产者努力投入的动机，以提高劳动积极性、提升资源运用效率和增加财政收入的目标（林毅夫等，2000）。国有企业的管理人员拥有了更多的决策自主权，财产所有权与企业的运营也相互分离。对管理人员的奖励建立在对企业的业绩和贡献的基础上。私营企业作为国有企业的补充而设立。从1979年开始，与外商的合资企业被允许在有限的几个地区成立。这一时期国有企业新产品试制费按利润总额的1%～2%计算，另外科研经费和职工技术培训费按国家实际拨款数计算。由于放权让利并未从根本上改变企业的经营机制，企业一旦亏损，国家仍会对企业进行弥补，而没有采用市场推出机制，因而无法有效缓解企业的机会主义行为，为确保政府的财政收入并划清政府财政收入和企业可支配收入的界限，中国分别于1983年和1984年实行了利改税政策，期望进一

步推动国有企业的改革（林毅夫和李志赟，2003）。

1987～1992 年：为了转换企业经营机制促进政企分开，实现企业的自主经营、自负盈亏、自我发展和自我约束，开启新的融资渠道，筹集建设资金并引导消费基金转化为生产建设资金以及提高资金使用效率，促进生产要素的合理流动，实现社会资源的优化配置以提高国有资产的运营效率，实现国有资产的保值增值，许多国有企业转变为股份公司。管理人员与政府之间以合同为基础的体系成为政府用来管理国有企业运营的新治理机制。1988 年 5 月，国务院批准并成立了北京市高新技术产业开发试验区，并制定了大量的优惠政策，同年 8 月实施了火炬计划。

1993～1996 年：1993 年国有企业面临第三次改革浪潮，即建立现代企业制度。新制度意味着政府机构将不能直接参与国有企业的运营，并限制政府作为国有企业股东对企业施加影响。政府还采用了“抓大（企业）放小（企业）”的战略。众多大型国有企业成为以权益为基础的股份公司。外商投资政策迅速改善，大型跨国企业是主导的投资者。现代企业制度促进了企业技术创新制度化、强化了现代企业的资本集聚和积累机制。企业创新的制度化主要包括创新机构的建立、创新资源的投入、创新的组织管理、创新的利益机制与激励机制、创新的绩效评价等。实行法人企业制度，资金来源的多元化，产权的高度社会化，企业有了雄厚的资本，便于实现规模经济与加大科技投入，促进科技资源的优化配置和研发支出的内部化，进而提升技术创新能力（万君康，2013）。

1997 年至今：在 1999 年中国政府作了关于国有企业的第四次重大决策，即国有企业应侧重于核心行业，如电力、石油、钢铁、电信、银行、采矿等。这些行业通常是自然垄断行业，而其他行业的国有企业可以转让给私人投资者或转型为新的以权益为基础的股份公司。2006 年中国加入世界贸易组织的后过渡期将结束，诸多领域的市场准入进一步放开。一方面，跨国公司大举进入中国市场，国内竞争日趋白热化、国际化；另一方面，中国企业实施“走出去”战略，要在国际市场上直接与外国企业竞争，由于经济实力、技术进步、品牌战略等方面亟须提升，在2006年中国科技部、国资委、全国总工会联合实施创新型企业建设试点，建立以企业为主体、产学研相结合的技术创新体系，以应对世界科技发展和竞争态势的战略选择，是实施技术创新战略的当务之急，是转变经济增长方式、体征经济结构的必然要求，确立了企业技术创新主体是提高中国技术创新能力的根本途径的精神。首先，通过深化体制改革，为企业提供良好的体制机制保障，建立公平的市场竞争秩序，规范行政管理与市场之间的关系，加快建立规范的现代企业制度和公司法人治理结构；其次，构建有利于企业技术创新的政策体系，强化利益各方的协调机制、联动机制和督促检查机制；再次，运用引导创新资源对企业技术创新活动予以支持；最后，加强企业研发条件和人才，提升企业技术创新能力，并构建完整的技术创新链条。总之，积极营造良好环境，大力推进创新型企业建设①。

与全社会研发投入是衡量国家创新能力的指标一样，企业的研发投入水平是衡量企业创新能力的传统指标。如图2－6所示，全社会的研发投入已经从2002年的1287.6亿元上升到2011年的8687亿元，平均每年增加822亿元，全社会研究与发展支出占国家的GDP的比重由2002年的1.1%提升到2011年的1.8%。数据表明，随着中国经济的高速发展，中国社会加大了对创新投入的力度，但是与发达国家全社会研发投入占GDP比重为2.5%～4%的水平相比较，中国创新水平还有很大的上升空间。企业研发投入金额由787.6亿元提高到2011年的6579.3亿元，数据说明企业研发部门的研发投入已经居于全社会的主要部分，企业研发投入年平均增加644亿元，企业研发经费占GDP的比例

① 资料来源：中华人民共和国科学技术部，http：//www.most.gov.cn/kjbgz/200702/t20070227_41530.htm。

从2002年的1.7%增加到2011年的3.3%。与此同时，中国企业研发经费与发达国家相比仍然较低，2003年中国企业研发经费是116亿美元，不及美国企业研发经费的6%，2005年中国企业的研发经费上升到268亿美元，大约是美国的11%①。

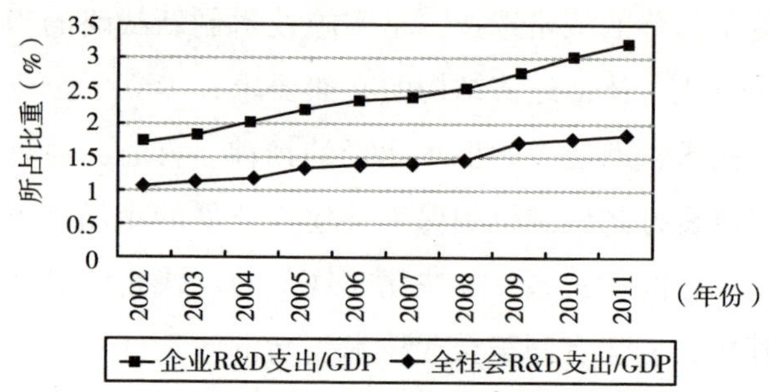

图2-6 中国研发投入水平分布

资料来源：由导论中表0-1相关数据整理。

在过去30年间，中国创新体系日益充满活力，并且发生巨大变化。改革开放以来，国有企业经历了数次改革，逐步形成了以企业为中心的创新体系，但是与发达国家相比，在基础研究投入、企业研发投入占销售收入比例以及全社会研发投入占GDP的比重还有待于进一步的提高，而且中国商业部门的创新能力依然很薄弱，并且中国企业大部分创新都是渐进式的产品创新，很少有突破性创新。

三、政府技术创新政策

回顾过去几十年间中国科技政策的几次关键性改革，描绘中国科技政策的演变轨迹，并试图揭示这种演变背后的推动力。要理解中国的制度改革和政策发展，首先要对其所基于的意识形态有所了解。马克思主

① OECD：《中国创新政策研究报告》，科学出版社2005年版，第102页。

义的科学技术论是中国共产党科技政策的理论基础①。

自改革开放以来，邓小平的科学技术论一直是中国科技政策的理论基础和意识形态基础。其技术论可以归纳为“一个中心，两个基本点”。“一个中心”是指科学技术是第一生产力。“两个基本点”是指知识分子是工人阶级的一部分，应该受到尊重；经济体制和科技体制这两方面的改革都是为了解放生产力。新的经济体制应该是有利于技术进步的体制，新的科技体制应该是有利于经济发展的体制（刘立，2004）。中国企业技术创新政策的历史演变大体划分为四个阶段：

1978 年 3 月召开的国家科技大会，邓小平论证了科学技术是第一生产力，知识分子，包括科学和技术工作者，是脑力劳动者，是工人阶级一部分（邓小平，1978）。该论述改变了人们关于科学技术本性以及知识分子阶级属性的传统认识，科学技术不再属于上层建筑，而是一种生产力，这些论述从政治上、思想上解放了科学技术活动及科学技术工作者。

1979 ~ 1994 年，全面改革。中国所处的外部因素和国内经济背景引发了技术创新政策和科技体制的改革。在国际环境方面，全球科学技术迅猛发展，日本以及新兴工业化国家纷纷崛起，迫使中国领导人意识到必须依靠科学技术加强自身的能力来吸收引进技术，开始重视市场激励在企业技术创新体制内的重要作用。20 世纪 80 年代，中国社会研发功能与生产过程分离，研发经费和人员高度集中在公共研究机构，企业缺乏工程研究设施和研发机构。另外，研究成果被视为“免费的公共产品”。没有技术市场存在，研究人员缺乏动力将自身的研究成果转化为商业化应用，同时也不鼓励企业管理者进行创新。在这种情况下，1985 年 3 月，中共中央发布了《关于科学技术体制改革的决定》，即经济建设必须依靠科学技术，科学技术必须面向经济建设。这一期间政府对科

① 龚育之：《对自然辩证法研究的一点意见》，人民日报，1962 年 9 月 9 日。

技体制还启动了运行机制、组织结构及科技人员管理三大领域的改革。

1995~2005年，深化改革。在中国经济迅猛发展的同时，国家工业结构效率不佳、企业技术水平不高、企业员工素质低下、国家经济增长质量差。鉴于此，政府在经济增长模式上进行了战略性调整，从粗放型经济增长向依靠科学技术、高素质劳动力和技术创新的高效率增长模式转变。中国在2001年加入世界贸易组织，知识经济和国际贸易组织成员国为中国的进一步发展提供了机遇与挑战。在这种背景下，于20世纪90年代，中共中央和国务院出台了两部政策文件：一是1995年《关于加速科学技术进步的决定》（1995年5月5日），提出了科教兴国战略；二是1999年《关于加强技术创新、发展高科技、实现产业化的决定》。这两个决定鼓励企业建立研发机构，增加研发投入。促进企业研发投入占中国公司销售收入的比重增加，此外，外国企业也在中国设立了更多的研发中心。

2006~2020年，建设创新型企业、迈进创新型国家。中国经济增长面临着可持续发展的障碍表现为：（1）社会发展落后于经济发展；（2）经济发展失衡，城乡差距加大，西部、东北地区与繁荣的沿海地区差距加大，不同社会群体之间收入差距悬殊；（3）经济增长带来了巨大的环境方面的负面效应；（4）经济增长并没有创造必要的新的就业机会；（5）制造业锁定在价值链低端；（6）追赶过分依赖工业化国家的先进技术，但是前沿高技术非常昂贵，也很难买到。在这一背景下，2006年国务院出台《国家中长期科学和技术发展规划纲要（2006-2020）》，中共中央和国务院联合发布《关于实施科技规划纲要、增强技术创新能力的决定》。这两份文件标志着中国将采纳创新驱动的发展模式。到2020年，中国要进入创新型国家，关键是企业真正成为创新主体，因此，在2006年科技部等部门提出建立创新型企业。所谓创新型企业是指拥有自主知识产权的核心技术、知名品牌，具有良好的创新管理和文化，整体技术水平在同行业居于先进地位，在市场竞争中具有优势和持续发展能力的企业。正如徐建培和徐建国（2011）在《2011 中国创新型企业发展报告》所指出，加快转变经济发展方式是中国企业肩负的重要使命，增强技术创新能力是中国企业持续发展的客观要求，提升国际竞争力是中国企业成长壮大的迫切要求。

第五节 本章小结

本章旨在厘清代理问题与企业技术创新的基本理论。一是从管理学的视角出发，依据资源基础理论、能力基础理论分析两类不同的代理问题对企业技术创新的作用机理；二是从经济学的视角出发，运用交易成本理论与产权理论，数理推演不同代理问题对企业技术创新的作用机理。通过本章的规范分析与数理推导，构建了代理问题与企业技术创新的理论基础，为后续章节进行实证分析提供理论基础。

第三章　代理问题与企业技术创新的理论分析

第一节　代理问题对企业技术创新作用机理的管理学分析

一、资源基础理论的视角

资源基础理论（resource-based theory）是战略管理领域的重要理论之一，之所以受到战略管理学界的重视，主要是因为两方面的原因：其一，外部环境面的分析（如五力分析）。在20世纪80年代，经过多位学者研究之后，在解释环境对公司绩效关系方面已经取得相当成就。其二，在信息科技以及全球化的带动下，公司的竞争变得更加快速而激烈，公司对于外在环境的动态分析与掌控更加困难，相比之下，公司的内部资源与能力反而能为企业管理、支配，更适合作为规划与制定企业战略方向的参考依据。资源基础理论充分解释了两个在战略管理学领域中的基本问题：第一，为何各个企业之间存在差异？第二，为何有些企业能够领先同行业其他竞争对手并能够维持自身竞争优势？

（一）资源的定义

关于资源的定义与分类，学者分别提出以下见解：Penrose（1959）

最先将资源视为影响企业行为的最重要因素，将企业看作是不同资源组合的系统，厂商可以通过有效运用组织内部的资源来追求企业成长。Coyne（1986）以“拥有”和“使用”两类能力来描述组织资源。拥有能力在地位上为过去行动的结果，不仅充满竞争优势而且具有防御性地位功能，在法律上则包含法律实体的所有权（如知识产权）；使用能力指在功能上包含知识、技术、员工经验及其他业务相关人员或组织（供应商）。而 Hamel 和 Prahalad（1994）从核心专长的角度指出：对于企业短期而言，核心专长源于目前的价格、绩效属性；长期而言，核心能力则来自比竞争者更快速、成本更低的能力。企业未来的竞争将是核心专长的取得，所以企业必须注重核心专长的发展、获取与部署，在战略方面侧重于长期优势的积累。Grant（1991）则认为“资源”既是公司获利的基础，又是形成组织能力的核心或独特资源。Hill 和 Jones（1992）认为，在企业采用差异化、成本化的战略基础上，运用资源以提升企业效率、品质、创新与销售的特异能力（主要源自组织资源和运用资源的潜能）并最终创造企业价值。综上所述，可以发现，资源是企业维持竞争优势的基础，核心资源会给企业创造价值并带来丰厚的利润。在核心资源的重要性方面，资源是资源基础理论的核心，而核心资源对特定企业而言具有与众不同的价值性以阻止竞争或协助提升公司的效率和效能进而取得优势，因此企业应辨明、培植、发展核心资源来维系企业竞争优势。

（二）资源基础理论的回顾与演变

Hoskisson 认为 Barnard 于 1938 年在《管理者的功能》（The functions of the executive）一书中通过管理功能和流程的观点来探究公司组织及其运作机制，开创了战略管理研究的先河，过去几十年来战略管理的研究大致可以分为四个时期：早期发展时期、产业组织经济学时期、组织经济学时期和资源基础观点（resource-based view）时期。随着学科研究方法的不断进步与企业竞争环境的变迁，战略管理的研究方向亦不断地从由内而外进行战略分析的“公司面”视角（主要代表人物有 Penrose，1959；Wernerfelt，1984；Barnard，1986）向由外而内战略考量的“产业面”视角转化（主要代表人物为 Michael Porter，1990）。进入 20 世纪 90 年代后，即位于资源基础观点时期，战略管理探讨的内涵着重于以公司内在的视角探索公司竞争优势的取得。最早提出资源基础观点可追溯到 1957 年 P. Selanick 提出组织的独特能力的概念，Penrose（1959）在《企业的成长理论》一书中提出企业为获取利润，不仅需要拥有优质的资源，更要发挥有效利用这些资源的“独特能力”，Penrose 赋予资源基础观点经济学上的理论基础，是最先探讨资源基础理论的先驱。战略学者 Wernerfelt（1984）以 Penrose 的研究为基础，在《企业的资源基础观点》一文中首先提出资源基础观点一词，认为资源和产品好比是一枚硬币的正反两面，大部分产品的完成必须要借助于资源的投入及服务，而大部分资源也被使用于产品上，换言之，公司的主要任务即是创造和把握资源的优势，使其所拥有的资源地位是其他企业无法直接或间接予以取得的。并指出以“资源观点”取代“产品观点”来分析企业，提议企业妥善利用资源，在管理方面强化资源效率，促进企业储存和积累其他竞争者无法拥有的资源优势。Hamel（1990）则提出企业必须拥有核心能力（core competence）才能创造出核心产品。上述研究可知，企业必须认清核心能力是企业最主要的资产与资源，Grant（1991）是首先以资源基础理论来替代资源基础观点的学者，激发了后续学者的研究兴趣与广泛讨论，资源基础观点终于由一个观点发展成为一个理论，资源基础理论集合了战略管理过去 40 年来研究成果的精髓（Hoskisson et al.，1999），并获得学者的肯定。

Grant（1991）指出，过去战略分析过度重视组织与环境的配合而忽视了资源与战略的连接，近年来，资源在企业战略上所扮演的角色开始受到关注，并且在战略管理研究领域上获得两方面的发展：在公司战略方面，地理经济学与交易成本理论研究的重心已转移至企业资源在决定企业活动或地理疆域上所扮演的角色；在事业战略方面，探讨资源、竞争与获利绩效之间的关系，包括了竞争模仿的分析、创新、信息不完全导致公司获利性差异、累计资源的程序与方法来获取持续性竞争优势。资源基础理论的分析架构建立在两大基本假设的前提下：一是在同一产业或战略群中，各个公司所掌握的策略性资源是不同的，而且这些相异的资源将导致各公司之间的差距；二是这些差异性会因为这些战略性资源不容易被其他企业模仿而延续下来。

资源基础理论强调以资源为企业决策的中心，以持续构建和运用企业本身的优势条件，来对抗外部环境的变化。主张战略管理在于分析企业内部的有形资源、无形资源及组织能力。对于企业内部资源和能力的辨识、培植和运用，有助于创造长期的竞争优势。在高度竞争的环境中，企业应专注于产生竞争优势的资源，妥善处理与竞争优势无关的资源。当机构辨别出自身资源缺口后，企业可能会具有由外部取得关键资源的战略倾向。如果企业无法通过内部发展或者外部购买，那么一般会寻找外部的合作伙伴来满足这种缺口以创造或者维持本身的竞争优势，强化企业长期存活的能力。资源基础理论认为，公司的超额利润——“租”是来自于其竞争优势，而竞争优势是由公司的异质性资源所产生的，理论强调竞争优势的持续性而非短期的竞争优势。总之，这种经济租取决于企业是否能运用自身资源和能力构建起持久性竞争优势，企业获取利润的程度在于建立竞争优势的能力、维持竞争优势的能力以及利用这种竞争优势获取报酬的能力这三项因素。资源基础理论认为，企业竞争力的提升虽然可以在短时间内通过内部研发制造或者外部购买资源等方式来建立，但是任何利用这些可轻易获得的资源所发展出的竞争力，无论效用如何巨大都将因竞争者可以方便取得并快速地加以仿效以至于竞争力无法长久。总之，资源基础理论强调如何构建持久性的竞争优势，理论的框架如图 3 - 1 所示。

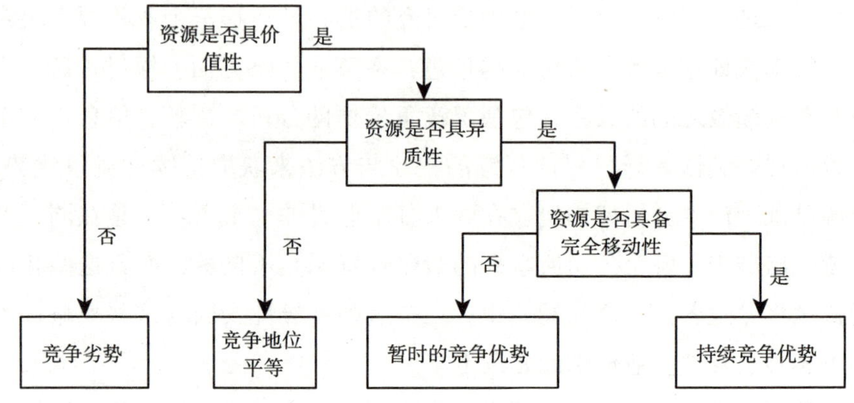

图 3－1　构建持续竞争优势

资料来源：Barney，J. B. Firm resources and sustained competitive advantage. Jouraal of Managemeat，1991，17（1）：99－120.

Barney（1991）提出竞争优势之所以能够持久，是因为在企业所拥有的异质性（heterogeneity）及不可移动性（immobility）资源中，资源具有价值性、稀有性、不可模仿性和不可替代性等特性，并认为资源是否具备持续性竞争优势的潜力，取决于这四项特质，称为资源基础模式。

（三）运用资源基础理论分析代理问题对企业技术创新的作用机理

随着科学技术日新月异的发展，新知识经济已成为当今社会的主流，企业的核心目标就是为顾客创造并提供价值，随着企业竞争国际化、全球化的加剧，市场结构也趋于复杂，面对日益激烈的竞争环境，能否不断为顾客提供新的价值以满足其需求是企业经营成败的决定因素，因此，企业的创新活动特别是技术创新活动的持续与扩展已成为企业维持竞争力、创造企业价值的重要环节（Kalafut and Low，2001）。

尽管技术创新活动日益重要，但是却具有长期投资、高风险、无法预期、劳动密集与特异性（idiosyncratic）五种特性（Holmstrom，1989），研发过程中的不确定性和风险性也决定了结果的不确定性（顾群、翟淑萍，2012）。因为企业进行技术创新活动只有耗费高成本才有可能达成创新的目标，所以企业对于技术创新的投资较为谨慎，往往需要经过详细的论证和评估后才开始执行。企业的控制者制定和执行企业技术创新活动的战略决策，以影响企业创新活动的方向、行动和结果。由于股东与管理者彼此因为信息不对称及利益不一致所引发的权益代理问题（第一类代理问题）必然会对企业技术创新投资策略产生影响。自1997年亚洲金融危机发生后，公司治理获得东亚各国的重视，La Porta等（1999）发现许多国家存在终极控制股东剥夺中小股东的核心代理问题（第二类代理问题），Claessens等（2000）通过数据说明这种现象在东亚国家更为明显。在这种情况下，终极控制人及其代理人同样亦会对企业技术创新活动产生重要的作用。为了详细论证代理问题对企业技术创新的作用机理，本书将依据资源基础理论，通过图3－2分别探析两类不同性质的代理问题对技术创新的影响机理。

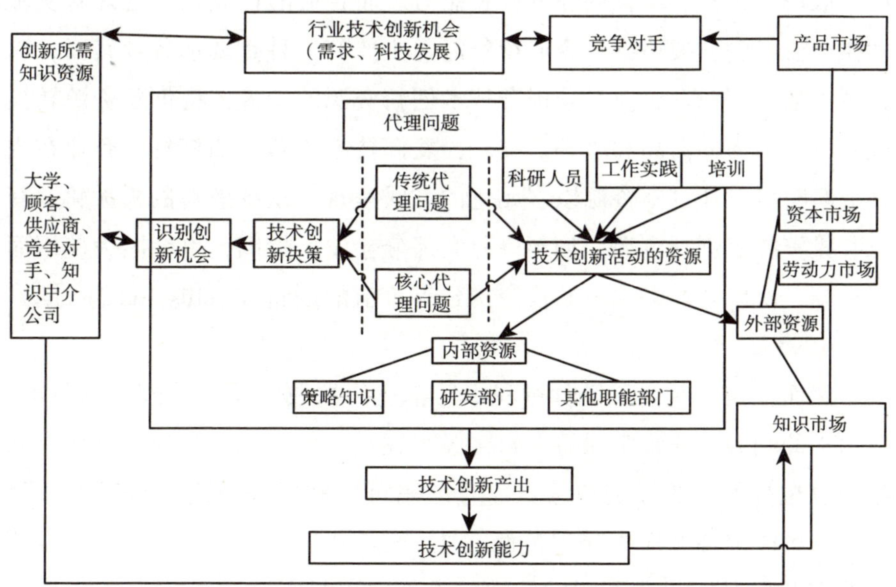

图3－2　代理问题对企业技术创新作用机理

1. 传统的权益代理问题对企业技术创新的作用机理分析。

公司若想创新成功，不仅需要企业对拥有的互补性资产进行有效管理，还需建立一套与创新科技和创新经济环境相匹配的整合系统。该系统内不仅包括有效的激励机制，还包含创新内外部资源的重新配置机制。企业创新所属行业经济、科技发展所提供战略机遇与外部资源（如供应商、顾客、大学、竞争者等）及企业自身变革与超越现状的能力，这些因素相互影响共同作用于企业未来的创新效率（Cosh et al.，2006）。在企业实际技术创新过程中，创新的创造者、所有者、使用者与投资者，在绝大多数情况下他们并不是同一个利益体，所有者、管理者与生产部门、财务部门、销售部门以及研发部门的共同投入和努力才有可能取得创新活动的成功。

资源基础理论的目的在于为企业的资源寻求最佳的利用途径以建立竞争优势，强调企业必须建立良好的专长以有效开发并运用内部资源发展、取得、积累、培育内在资源和能力。而企业的控制人、管理者实施和执行技术创新战略维持企业竞争能力主要有三种重要途径：其一，提升技术创新资源。企业必须提升技术创新资源的价值，将创新资源转换成具有吸引力的商品和服务。其二，发挥技术创新资源杠杆。企业在规划战略时可以让创新资源以多元化的方式呈现，发挥效益的极大化。其三，投资技术创新资源。创新资源大部分会发生折旧，也会因为使用而消耗掉，所以企业必须不断投资构建有价值的创新（Collis and Montgonery，1995）。

然而，在企业实际经营过程中，企业的控股股东与管理者的目标、所追求的利益并非常常保持一致，股东通常偏好长期、高风险，但是回报率也相对丰厚的投资决策，而且股东可以利用投资组合分散投资风险，将可能出现的损失降到最低（Hay and Morris，1979）。而经营企业的管理者则面临截然不同的状况，管理者以员工的角色隶属于企业组织，企业所面对的市场风险、经营风险、财务风险等也是管理者所应承担的风险，而对管理者的薪酬制度往往注重于企业短期的经营绩效，管理者为了极大化自身的利益，常常将自己的工作方向与努力程度倾向于偏好短期对企业有利的投资决策，长期而言可能与公司股东及企业本身利益最大化相背离。企业的创新活动具有高风险、长期投入等属性，在创新活动中如果管理者追求自身利益最大化会导致代理问题、搭便车及额外的交易成本发生（Aghion and Tirole，1994）。图 3 -2 描绘了代理问题与企业创新系统的各个构成要素之间的互动关系。考虑到创新活动高度的不确定性与失败率，想要协调与管理企业创新各个系统取得成功，企业控制人、管理者均必须进行果断且富有成效的管理。如果股东特别是控股股东与管理者发生权益代理问题，那么管理者在识别创新机会，作出创新决策时往往会考虑自身的利益，管理者偏好短期可产生报酬而且可以衡量的投资方案，而非长期且可能有损本期财务利润的创新投资策略（Baysinger and Hoskisson，1989），必然会削弱企业运用与创新有关的无形或有形资源的能力，因而无法形成企业发展所需求的独特能力和资产等战略性资源，导致企业在竞争中处于不利地位。当管理者与股东（控股股东）的利益发生严重冲突时，管理者为了自己的私利可能更不会积极协调生产部门、财务部门、销售部门以及研发部门的利益致使创新失败。

由于权益代理问题涉及股东特别是控股股东与管理者（管理层）之间的博弈，因此本书在第一类代理问题的框架内，以资源基础理论的视角为切入点具体分析控股股东对企业技术创新活动的作用机理与管理者对企业技术创新活动的作用机理。

（1）控股股东对企业技术创新的作用机理分析。

第一，控股股东对企业技术创新的利益收敛效应。一般而言，控股股东会通过自身的控制能力来支配管理者的决策，而控股股东的持股比例和整个企业股权结构的组成会影响管理者接受长期创新的投资策略。当股权适度集中时会提升控股股东在企业所拥有的影响力，控股股东容易与管理者沟通，而且还会降低两者之间信息不对称的程度，面对控股股东更换管理者能力的提高，管理者必须协调与股东之间的利益，与管理者相比，控股股东会偏好研发支出的创新投资，如果由控股股东主导企业的决策活动，那么其会更偏向于具有创新层面的战略（Hill and Snell，1989）。Francis 和 Smith（1995）在美国股权分散的制度背景下，检验了控股股东（如机构投资者、管理者等）持股比例相对集中则会推动企业的创新活动（更多的专利权产出，更专注于内部研发与长期研发投入)，持股分散小股东关注公司的短期收益不愿意进行研发投入，而持股适当集中大股东专注于企业的长期投资收益。

总之，在控股股东与管理者关于企业技术创新活动的博弈过程中，控股股东持股比例的适度增加或者股权结构的适当集中，有利于增加控股股东对管理者的影响力。具体表现为：一是促使管理者形成一定的压力，督促其认真评估企业在市场竞争中的优势或者劣势并且判断企业利用创新资源的最佳时机；二是促使管理者判断企业能力的资源投入与复杂度使其更具有效率，提高企业的能力；三是促进管理者认真评估创新资源与能力产生收益的潜力以形成竞争优势；四是鼓励管理者选择最能充分利用企业创新资源与能力的战略；五是推动管理者进行创新投资以弥补、增加和提升企业的创新资源基础。

第二，控股股东对企业技术创新的利益掠夺效应。在发展中国家的企业中股权集中比较明显（La Porta et al.，1999)，与股东分散持有而公司的经营权控制权落在管理者手里截然不同，相当多的上市企业拥有绝对控制权（单一股东持股比例超过 51%）的大股东（Holderness and Sheehan，1988)。在中国，随着控股股东持股比例的上升，其对上市企业的控制能力越强（雷光勇和刘慧龙，2006)，而且控股股东存在掏空行为（李增泉、孙铮和王志伟，2004)。当控股股东持股比例升高并且超过某一程度时，控股股东持股比例的增加会阻碍企业技术创新活动（毛良虎，2008)。而冯根福和温军（2008）则发现国有持股比例（包括国有股和国有法人股持股）对企业技术创新具有掠夺效应，而且随着国有股持股比例的上升，这种掠夺效应越明显从而导致企业创新能力越低下。

总之，在股权集中度高的国家，随着控股股东持股比例的增加对上市企业的控制越强，越有动机去操纵上市企业的经营活动以谋取利益，此时控股股东进行技术创新活动的动力不足，不会整合企业创新活动所需要的资源，也不会创造有价值性、异质性、不完全移动性的资源，因此不能保证能为企业带来持久性的竞争优势。控股股东既无动机提升创新资源的价值，也无动力进行技术创新活动将这些资源转换成具有吸引力的商品和服务，更不会投资构建有价值的创新资源。控股股东对企业技术创新活动存在利益掠夺效应不仅导致企业创新产出的下降，还因为没能创造出有价值的创新资源而导致创新效率的低下。

（2）管理者对企业技术创新的作用机理分析。熊彼特在《经济发展理论》一书中，主要强调企业家的作用，他认为，"每个人只有当他实际上实现新结合时才是一个企业家"。即企业家是指有效运用资本和技术等生产要素从事创新活动的人，而非泛指资本家。他在经济体系中，引进新组合，其动机在于获得利润，追求成功，并表明自己出类拔萃的意志力，企业家要具备三个条件：其一是战略眼光，能看到潜在利润的机遇；其二是胆识，敢于冒险，抓住要素重组的机会；其三是组织能力，能动员社会资金来实现生产要素的重新组合。由于研发投资的高失败率使得管理者缺乏创新的意愿（Mansield，1968），管理者如果没有足够的诱因会产生机会主义行为（Williamson，1975），更加深了代理问题在公司治理与创新中的影响力。在关于管理者对企业技术创新的利益趋同效应与利益盘踞效应的研究中，将管理者主要细分为管理者能力、管理者激励这两种类型来分析与企业技术创新活动的关系。

第一，管理者对企业技术创新的利益趋同效应。首先，从管理者的能力进行分析，既然管理者存在私利等机会主义行为，为什么企业的所有者还要雇用管理者从事经营活动（包括技术创新活动）而不是自己进行呢？这是为了充分利用和发挥管理者的才能或专用性人力资本，以便于更好地完成企业技术创新等活动。已有研究表明管理者能力对技术创新很重要，如管理者能力会影响对创新种类的选择（Ester，2000），还有学者认为管理者能力的不足会成为企业创新的障碍，而管理者的优秀才能对企业技术创新至关重要（Sounder，1999）。实际上，企业技术创新活动具有高风险性、长期投入等特性，没有既定的规律可循，因此，企业创新活动对经营者的专用性人力资本有较高的要求。由于掌握专用性人力资本的难度远远大于掌握通用性性人力资本的难度，一般而言，管理者人员的专用性人力资本对于企业技术创新具有稀缺性。依据边际递减规律，越是对于稀缺的资源，其资源投入的边际增长越是能够促进收益增加。从企业管理者在配置企业技术创新的作用看，创新活动需要各种创新资源的长期投入，而管理者在企业技术创新中居于创新资源配置的中心地位，是企业技术创新的核心主体，管理者的能力能够整合企业创新过程中的各种资源，协调各个创新参与者之间的利益关系，并创造出企业具有异质性与不可模仿性的战略资源，最终维持和提升企业的核心竞争力，因此，管理者的能力自然对企业技术创新有较大影响。夏冬（2005）通过对企业调查问卷将管理者能力具体分为 10 项指标进行因子分析，研究结果发现管理者能力对企业技术创新活动有积极影响。

其次，从管理者激励（主要是管理者持股）的视角来分析，经营者对企业技术创新有非常大的影响（Nakahara，2007）。当管理者持股比例愈高时，管理层持股将所有者与管理者的利益联系在一起，企业若有损失亦会损及自身的利益，因而有较大的诱因提高企业的经营绩效，产生了利益趋同效应，可以降低代理问题，会促使管理层在研发项目中（如项目决策、资源配置、创新管理）付出更多的努力（Jensen and Mecking，1976）。在股权分散的美国上市企业中，管理层持股适度集中有利于推动企业的创新活动（Francis and Smith，1995），管理者控制的企业比分散持股的企业更能进行研发投入活动，而且增加管理层的持股数量，会促使其获得源于公司长期绩效的财富，这种诱因会激励管理层为了公司的长远利益与核心竞争力而更加积极地支持创新活动（Zahra et al.，2000）。管理层持股在某一程度内，其与公司利益趋于一致，自然希望极大化公司利润，以获取高报酬。此时管理层的利益与企业所有者的利益产生趋同效应（Fama and Jensen，1983），管理层持股会促使其有诱因去维护和构建企业在竞争中所需要的核心资源，并能够主动辨识、培育、发展和保护企业内部的独特创新资源，促进企业提高生产效率并将创新资源转换成更有吸引力的产品或者服务，从而运用差异化、成本化的战略以创造企业的价值。总之，管理者持股更能够协调、整合、构建、提升企业内外部的创新资源以推动企业技术创新活动。

第二，管理者对企业技术创新的利益盘踞效应。首先，从管理者的能力进行分析，创新活动具有异质性和劳动密集型等特征，技术创新活动需要可持续的人力资源支持，管理者作为技术创新活动的核心主体，在技术创新活动中发挥着配资、整合、提升各种创新资源的关键作用，是技术创新各个部门、组织之间利益协调人。企业为了在未来竞争中取得优势地位，必然要求管理者自身也必须掌握各种技能，能够制订科学而合理的技术创新规划。然而，技术创新也会给管理者带来无形压力，督促其必须进行持续改进和学习以适应创新环境的需要。此时，管理者则存在利益盘踞的动机，为了维护自身的利益，一方面不愿意付出辛苦的劳动来提升自己的能力以促进企业创新的发展，而自身并未享受到创新所带来的好处；另一方面技术创新活动具有长期、多阶段的特征，并具有高失败率和不可预见性，对于管理者而言更关注短期利益。总之，管理者缺乏能力加之技术创新的高风险性会更容易产生利益盘踞效应，管理者既不愿意作出合理的创新决策，也不愿意整合技术创新所需的内部和外部资源，必然导致企业创新投入不够，即使进行创新活动也会因为创新效率低下而导致创新产出不足。

其次，从管理者激励（主要是管理者持股）的视角来分析，创新需要持续的研发投入以维持创新技术处于科技前沿，创新所研制的新产品成功率尚不到20%，因而需要考虑创新活动的风险（Crawford，1987），而创新项目在最初几年没有盈利可言，仅有极少数项目能够存活下来，当管理层持股比例超过某一程度时，因其有足够的控制权或工作保障从而会产生懈怠的情形，同时管理层有权让自身免于外部监管与内部监督机制的压力，还会产生一些反接管的行为，甚至为了追求自身私利的目标不惜发生侵占企业利益的行为，盘踞掠夺效应随之产生（Jensen and Mecking，1976）。在高度竞争的环境中，企业应专注于产生竞争优势的创新资源，妥善处理与竞争优势无关的创新资源，如果管理层拥有较高的持股比例，则意味着管理层在识别创新机会，作出创新决策时，会更加注重自身利益，并不能准确分析企业内部有形或无形的创新资源及组织能力，而这些企业内部创新资源和能力的辨识、培植和运用，正是企业创造长期的竞争优势所需要的。当管理层与企业目标不一致时，可能侵害公司利益，管理层会选择更加激进的投资方式（Joseph and Richardson，2002）。

2. 核心代理问题对企业技术创新的作用机理分析。

股东的权利虽然包含了得以投票表决的股份控制权以及收取盈余分配的现金流量权，但是有学者研究发现最终控制人的股份控制权与现金流量权存在股权的偏离现象，主要是由于终极控股股东通过多层次的持股结构持有公司的股份，而股份的控制权会取这一控制链中最小的持股比例，现金流量权则是控制链中所有持股比例的乘积，会产生两权偏离的情况。东亚国家超过2/3的企业是由单一的股东所控制（Claessens et al.，2000），要形成对企业的控制并不需要拥有绝对超过50%的股份，单一终极控股股东20%以上的持股比例就已经可以实现对企业的控制权。股权集中度高的公司，代理问题最直接的诱因就是终极控股股东的控制权与现金流量权的分离。企业技术创新是企业利用自身资源投入至研发创新之中，以期企业在短期与长期均能有所成长的一种经营活动。由于企业创新涉及公司内部的决策活动，必然会受到终极控股股东与中小股东之间核心代理问题（第二类代理问题）的影响，在股权高度集中、普遍存在终极控制人的背景下，核心代理问题（第二类代理问题）毫无疑问会对企业技术创新产生重要的影响。

（1）两权分离对企业技术创新的正诱因效应。与代理理论认为股权结构是解决经营者代理行为的重要制度安排（Jensen and Mecking，1976）一样，终极控制人的控制权与现金流量权的配置结构亦是解决终极控制人及其控股股东与中小股东的重要制度安排。根据利益收敛假说（Jensen and Meckling，1976），当公司终极控制人的现金流量权愈高，其与公司利益愈趋于一致，因其对公司有较高投资，自然希望极大化公司利润，以获取高报酬。Claessens 等（2002）在股东的诱因效果与侵占效果的研究中亦发现，对东亚国家的上市公司而言，公司的价值随着终极控股股东的现金流量权的增加而上升，当终极控制股东的现金量权逐渐与股份控制权趋于一致时，其利益愈会与企业的利益捆绑在一起，增加对企业有利决策的诱因，公司绩效愈高。因此，终极控制人会有诱因作出科学合理的技术创新决策并积极地积累企业发展所需要的创新资源，特别是那些具有不可逆转性和异质性的创新资源，而这些特有的创新资源通过技术创新活动转换成新的产品或服务使得公司竞争对手很难加以模仿，从而增强了企业的竞争能力，形成了企业的领先优势并能有效延迟和阻止对手的侵入，最终能够获得超额利润并极大化自身利益。此时，终极控制人的利益与中小股东的利益产生趋同效应，终极控制人及其控股股东会由诱因去控制或监督管理者整合创新所必需的内部与外部的创新资源和能力以激励企业技术创新活动。

（2）两权分离对企业技术创新的负侵占效应。股权集中度高的公司，代理问题最直接的诱因就是两权分离。终极控股股东持股超过特定比率，使其掌握控制权与现金流量请求权发生分离，这样的偏离现象使得终极控股股东不但拥有重大的决策控制权，还会因为现金流量权相对小而降低自身所需要承担的决策风险，终极控股股东缺乏动机去考量其他少数股东的权益，反而会随着偏离程度的提升而增加从公司谋取私利的概率，当股份控制权达到某一程度时，终极控制股东对公司几乎拥有完全的控制权，此时终极控制股东并未受到其他大股东的监督，有极大诱因作出不利于中小股东的决策，会有强烈动机去追求自身效用的最大化，而不顾小股东权益存在负侵占效果，特别是当终极控股股东持有的股份控制权愈高而现金流量请求权愈低时，更会采取侵占中小股东的行为以实现其控制权私利。具体表现在两方面：其一，如果终极控制人拥有的现金流量权偏少，即表明终极控制人实际向上市企业投入的货币资本份额（或所有权）越少，则意味着终极控制人更多的是在拿中小股东的资本作决策，会侵害公司利益，终极控制人及其管理层会有更加激进的投资方式（Joseph and Richardson，2002）；其二，董事会中终极控制人的持股比例大于某一程度时或者现金流量权小于某一程度时，终极控制股东（人）董事自身利益与公司利益发生冲突，会侵占外部股东的利益，此时终极控制人的利益与中小股东的利益产生负侵占效应。在东亚地区，企业的代理问题主要为终极控制股东与小股东的利益矛盾，而传统的公司治理机制（如董事会与接管）无法缓和这一冲突。金成隆和陈俞如（2005）以台湾地区上市企业为研究对象，探讨终极控股股东的控制权与现金流量权的偏离程度及董事会组成对公司创新活动的影响，研究结果发现，终极控股股东的控制权偏离现金流量权愈大，公司进行创新的活动愈少，显示终极控股股东存在负侵占效果，终极控股股东涉入公司经营管理对企业创新的影响，会随着两权偏离程度增加，而出现越来越大的负面效果。在中国，公司治理中监事会治理和经理层治理两种治理机制对于大股东控制私利并没有起到明显作用（曹延求、王倩和钱先航，2009）。此时，终极控制人及其控股股东可能会选择风险更高、短期利益更明显的投资项目，而不是那些更符合公司长远发展的创新投资项目。

二、动态能力理论的视角

面对动态环境的变化，资源基础理论无法解释企业在动态环境下，如何获取竞争优势以及为何有些企业仍具有持续竞争优势？在企业面对快速变化的环境中，如果专注于核心资源会造成僵化而成为阻碍企业调整自身资源以适应新的竞争环境（Lepnard，1992），学者扩展了资源基础理论，逐渐形成了动态能力理论。动态能力理论强调企业能力的核心角色为整合、建立与重建内部和外部的能力，因此企业必须有改变自身能力的能力，以适应快速变化的环境（Teece et al.，1997）。

（一）动态能力定义

Teece 等（1997）将动态能力定义为组织整合、建立、重组内外竞争力以应对环境快速变化的能力。该定义说明企业为了适应环境的变动，需要培育新的竞争力，强调适应、整合和重新配置组织内外部资源、技能以切合环境变动所需求的能力。其中动态是指能力的更新以符合企业环境快速变化的需求，当技术变化非常迅速且未来竞争与市场难以预测而又需要决定进入市场的时机时，要求企业具备特定的创新反应；能力是指适应、整合以及重新配置组织内部与外部资源、技能以配合环境变动所需求的实力。蓝泳舜（2005）认为，动态能力是企业配合市场结构变动以组织内部或者外部的资源或能力调整资源形态的能力，并促成战略的实行及竞争优势的获得。吴冠仪（2008）将动态能力理论定义为组织、企业或产业应有创新的反应、迅速的科技变化等以适时配置新的竞争力并修正、重新整合其资源以切合环境变动，创造竞争优势。虽然动态能力的概念受到关注并有众多学者加以探讨（Winter，2003），但是对于动态能力的概念尚未能建立统一的研究架构（Winter，

2003)，目前各种有关动态能力的定义与研究框架或多或少与 Teece 等（1997）的研究接近。

综上学者关于动态能力概念的描述（见表 3－1），虽然关于动态能力定义的表述不尽相同，但其基本点是共同的。本书融合已见，作如下归纳：

（1）动态能力强调对企业现有能力的改变以提升内部的适应、创新、协调能力；

（2）动态能力是一种应变能力，企业能够感知并分析环境的变化从而作出自身定位，并通过重组、整合、重新配置程序和架构来学习以适应环境变化的需要；

（3）动态能力的最终目的是为了维持竞争优势，企业在不断变化的市场竞争环境中，需要培育新的核心竞争力以维持竞争优势。

表 3－1　动态能力定义

学者	定　义
Iansiti and Clark（1994）	通过持续适应环境以累积知识基础，在此基础上转换成有效行为的能力
Teece and Pisano（1994）	企业创造新产品、流程以回应市场变化的能力
Teece et al.（1997）	组织整合、建立及重新配置内部与外部能力以适应快速变动环境的能力
Eisenhardt and Martin（2000）	为企业适应市场变化而进行整合、重组、取得、释放资源等流程发展新能力以满足市场需求，甚至创造市场机会
Luo（2000）	为符合环境变动，创造、配置或更新能力以产生新的市场机会与变动
Zollo and Winter（2002）	一种学习和集体活动的模式，通过组织有系统地产生与修正例规追求效能的改善
Zott（2003）	镶嵌在组织例规上的过程，引导厂商资源配置与营运例规的发展
Zahra（2006）	为顺应环境变化而改变企业现有能力的一种能力

续表

学者	定　义
Wang and Ahmed（2007）	为适应变动环境和保持竞争优势，组织持续整合、重组、更新、创造组织资源和一般的能力并且提升和重新构建组织的核心能力
Teece（2007）	企业有效部署资源并用以创造、保护及支持长期经营业绩的无形资产

资料来源：根据本研究整理。

Teece 等（1997）认为，动态能力分为程序、定位和路径三种类型，并提出各种类型下动态能力的构成要素；而 Eisenhardt 和 Martin（2000）从学习的视角来探讨动态能力，并指出分四部分来考察和衡量动态能力；Luo（2000）和 Wang 及 Ahmed（2007）则从能力的视角分别提出构成动态能力的各种因素和能力；最后 Teece（2007）则将动态能力分为三项能力并指出各种能力的构成要素。

Teece 等（1997）提出了动态能力的架构，试图分析在一个科学技术迅速变化的环境中，企业获取和创造利润的来源与方法。动态能力的架构结合了演化理论（Nelson and Winter，1982）、组织学（Levitt and March，1988）与资源基础理论（Penrose，1959；Barney，1991），提出企业运营的重要本质，以一种整合性的概念提供更符合现状的分析架构。并认为动态能力主要由程序、定位和路径三个构面所组成，企业的能力存在于程序之中，而通过改变定位和路径促使程序更新进而产生新的企业能力。因此，在快速变化的时代中，企业可由增强定位、改变路径或是改善程序来提升企业能力。

程序是指企业营运流程，也称为企业组织例规即处理业务的过程与方式。其中还包含组织学习方面，程序有三要素构成：一是协调/整合（为一种有效而且正确地协调与整合组织内外部行动与技术的静态概念）；二是学习（为一种通过互动方式来获取经验，并从经验中搜寻新的程序方法加以内化组织行为模式的动态概念）；三是重组与改造（为评估环境和市场后迅速而且适当地调整、重组组织的一种变型概念）。

定位为企业在市场中所拥有的特定资产，因其具有无法在市场上交易或传授的特性，所以可以作为市场竞争的优势筹码。企业本身所拥有的专用性资产（这些专用性资产是企业竞争优势的决定要素之一），分别为技术性资产（一种企业不愿泄露或难以转移而且不易被模仿的技术，而该技术所有权的保护与利用为一种差异所形成的优势）、互补性资产（企业为创新技术所具备的相关资产和能力）、财务资产（企业在短期内因某些战略目的所具有的现金和呈现的财务杠杆程度，也就是组织理财态度，而理财态度将会成为与其他资产及潜在投资者互动的基础）、信誉资产（是一种无形资产即企业通过信息塑造和发布所建立的形象，可以协助企业在市场中实现各项目标）、结构性资产（组织与外部联系的正式或非正式的结构，对于创新的速度和方向均有重大影响）、制度资产（企业进入比较有利的制度环境而形成一种制度差异的优势，制度包含营运和市场环境、公共政策、监管制度、知识产权制度、侵权法律等）、市场资产（为企业在产品市场的地位，也被称为市场结构资产，但在迅速变化的环境下容易产生变动）及组织边界（企业整合，如纵向、横向、水平等的程度，不仅能协助企业运用其他资产和科学技术，还可以增强内部协调性质，促使企业拥有动态改变的弹性）。

路径为企业在进行战略选择后移动到新状态的轨迹也就是企业的演化路径，可分为路径相依（强调企业过去所作的决策对未来会产生重大影响，现在企业的市场定位反映过去的演化路径，若企业懂得运用演化过程中所积累的知识将可获得更多报酬）和技术性机会（源自科技的演化与突破，指企业在新科技方面的突破将持续影响特定市场中的行为和表现）。企业的营运轨迹在某一时点所采取的策略或行动可能会受到上一时点所作决策或者当时技术机会的影响，进而形成最后的决定或是所采取的行动，而这个决定或行动也可能间接影响下一时点的行动或战略，因此提出路径相依性与技术性机会来解释厂商现有行为的限制以及所受到的影响。总之，Teece 等（1997）强调高效率组织例规镶嵌于程序和位置中，是企业竞争优势的主要来源，而路径相依以及技术机会则是能力发展的轨迹，因为资产具有专用性会导致这种独特的能力或能耐无法从市场交易中获取，而必须通过组织内部长期的积累来构建。动态能力的战略管理思想延续了资源基础理论对于组织内部的关注，也是一种由内而外的思考逻辑，但是与资源基础理论基本观点不同的是动态能力更强调组织内部能力会随着外部环境变动而发生变化，所以运用动态能力的三个构面可以描述企业动态能力的变化过程，能够更明确地指出组织竞争优势所在及其究竟如何形成。

Eisenhardt 和 Martin（2000）认为，管理者需要通过整合、重组、取得、释放等行动改变企业资源基础，以将企业资源进行重组来产生新的战略价值。而动态能力为一种演化、创造能力，同样也是重组上述其他资源的驱动程序，所以可看作新竞争优势的驱动因素。动态能力可以通过组织学习机制培育，并认为可以从四个部分来考察和衡量动态能力，分别为：组织和战略流程（包括同产业的发展战略、组织流程、战略性决策、学习规例、资源整合、资源重新分配、资源取得与释放）、最佳实务（选择标杆企业的流程作为参照物，将其整合到自身流程中以获取研发产品等能力）、市场动力（动态能力会随着市场动态性而有所差异，在一般变动市场环境中，动态能力可以由现存知识流程分析预测，是一种传统惯例概念，但是在高强变动市场环境中，动态能力具有模糊性、简单性和经验性等特性，依赖于快速建立的新知识、新信息才能适应变动的环境，然而建立的过程具有不稳定性和结果的不确定性）和学习机制（通过完善实施这种机制能促进企业能力的演进，进而促使动态能力的发展）。

Luo（2000）将动态能力分为能力持有/独特性资源（企业持有具独特性而且难以模仿的能力）、能力部署/资源分配（企业遭遇偶发事件时能发觉以前资源部署的危险性和机会，并能调整内外部资源和能力以降低市场劣势或产生更强的竞争优势）、能力提升/动态学习（通过动态学习不断获取新知识以积累知识和经验并运用知识与经验来提升企业核心能力的能力）。

Wang 和 Ahmed（2007）利用层次概念来解释动态能力，从零到三共有四个层次，其中第一层次为资源（企业的生存基础）；第二层次为能力（调整资源促使企业到达预期目标的能力）；第三层次为核心能力（在能力之中，代表企业重要战略和方向是企业在一定时期内维持竞争优势的能力）；第四层次为动态能力（适应环境变化而调整资源进而更新或改善核心能力以维持竞争优势的能力）。动态能力由适应能力（企业能识辨新兴市场和环境变化的机会，并及时调整资源和能力以适应环境的灵活性）、吸收能力（企业能将较新而且具有价值的外部信息与内部知识相结合并加以运用的能力）和创新能力（企业突破传统，创造性的行为与过程的能力）。

Teece（2007）认为，动态能力是通过组织学习以辨识外部环境的机会以及评估风险并在不断变动的环境中掌握技术与机会，而对有形或者无形资产进行整合以适应外在环境的变动。企业建立动态能力时必须考量如何将外部资源与知识转变为企业所掌握的独特能力和竞争优势。在此基础上 Teece（2007）将动态能力理论架构分为察觉机会、抓住机会、重新配置资产三大构面，而这三大构面又将动态能力分为辨识能力、掌握能力和整合能力三类。

察觉机会指组织持续地在其内外部技术与市场中进行扫描、搜寻与探索。组织所拥有的专用资产和生存利基，当组织处于竞争的市场中时需要衡量外在环境与自身的条件，找出适合的战略发展空间和市场作为企业生存的依靠。当机会刚出现的时候管理者必须要解释新事物及其发展、应该追求怎样技能、如何区分目标市场，必须评估机会如何演化，竞争者、供应商、顾客又如何反馈。一旦新的演化路径变得明显，组织就必须快速地采取回应措施。

察觉机会这一构面需要企业具备辨别能力，即企业注意内外部环境变化的能力，企业通常采用战略分析工具通过系统地收集资料并进行分析以辨识环境变化对企业内外部环境的机会或威胁。该项能力由四项要求构成：一是指引内部研发部门及选择新科技流程；二是关注供应商与替代者的流程；三是关注外部科技发展的流程；四是识别目标市场的差异、顾客需求的变化及开发新顾客的流程。

抓住机会指在不确定的情况下，组织通过投资惯例、信息收集和良好管理制度来作出正确的决策。如果管理者察觉到新的机会，就必须转换成新产品、流程或服务，一般需要企业投入研究与发展费用以及进行商品化支出。要满足机会必须维持并改善技术能耐与互补资产，在机会成熟时对特定技术进行大量投入以设计出被市场认可的产品。而管理者必须对已通过的投资决策程序是否有偏差要保持敏感度，动态能力很重要的一个环节就是管理者是否有能力对已建立的投资规则和资源配置程序发生不寻常的时候能够及时解决问题。该项能力具体由四部分构成：第一部分为描述客户解决方案及企业模式，包括选择技术和产品架构、设计获利体系、选择目标顾客、设计并建立一个能探究价值的机制；第二部分为选择企业运营范围以管理互补性资源和控制平台，包含校准资产特性、控制瓶颈财产、评估资产专用性、辨别和管理专用性；第三部分为选择决策制定准则，由避免决策错误产生抗拒变革的倾向构成；第四部分为建立忠诚和承诺，如管理者带头示范、有效沟通等。

重新配置资产指组织中管理层通过资产间的调和及企业革新来维持动态能力。组织可以从成功辨别技术与市场机会、选择产品特性、事业模式的设计、投资机会的资源承诺等方式取得发展和获取利润。但是能持久性获利成长的关键在于组织成长、技术或市场改变时重新配置资产及组织架构的能力。管理层在组织流程的时候能够重整内部的各项活动促使组织更具有效率，通过重新协调与合作企业（如供应商）之间的关系获得与竞争对手之间的优势。组织在成功时会产生某种程度的例规，这对企业的营运效率是必不可少的，除非组织文化可以接受，否则一旦变更例规将会产生新的组织结构，进而可能导致组织内部的紧张。组织拥有的固定资产会限制它对创新的投入，会倾向于狭隘地探索目前的技术，同时也会使组织丧失潜在的创新机会。

以上论述表明，虽然不同学者由于研究的视角与目的存在差异，而且动态能力理论尚处于不断完善之中，但是动态能力理论的基本分析架构都大同小异，因为动态能力强调重新配置资源（包括创新资源）以改变现有能力（包括协调、创新等能力）从而维持企业的竞争优势，所以动态能力理论对于企业创新的过程有着极其重要的影响。

（二）运用动态能力理论分析代理问题对企业技术创新的作用机理

当企业需要有效率地运用有限的资源适应内部或外部环境或产生的能力称为动态能力。动态能力对于企业技术创新的过程发挥着极其重要的影响，具体体现在三个方面：其一，企业在未来的竞争以及市场进入的决定时机和技术变化难以进行准确预测，需要企业具有特定的创新反应（包括技术创新的反应）；其二，为了适应不断变化的外部动态环境，企业需要适应、整合和重新配置企业内外部的创新资源、技能以切合日趋激烈的环境需求；其三，为企业突破传统，需要创造出新的行为与过程（包含产品创新、创新型市场、发现新机遇等）。

现代企业普遍实行所有者与管理者分离的方式进行包括创新在内的经营活动，然而管理者可能会基于自利的动机而违背企业的经营目标以及采取损害企业利益极大化的行为。由于创新的高失败率、高风险性以及不可预测性，所有者和管理者在对待创新的态度方面存在明显区别，尤其在日趋激烈的动态市场环境下，企业必须要适应外部环境的变化并及时作出反应。然而，所有者与管理者之间的代理问题必然会影响到企业的动态应变能力，最终降低企业的技术创新能力。在中国等东亚国家由于股权集中度高，而且多存在终极控制人，将导致少数股东与终极控制人之间的利益冲突，当控制权与现金流量权的偏离愈大时，愈加深终极控制人的侵权动机，在股权集中度高的企业最终控制股东所获得的利益在低度开发、资产所有权较不明确以及相关法规保护较不完备的国家会较大。此时，终极控股股东与中小股东之间的代理问题也会影响到企业的动态应变能力而致使企业创新能力不足。在动态能力理论的视角下，图3-3反映了两类不同代理问题对企业技术创新活动的作用机理。

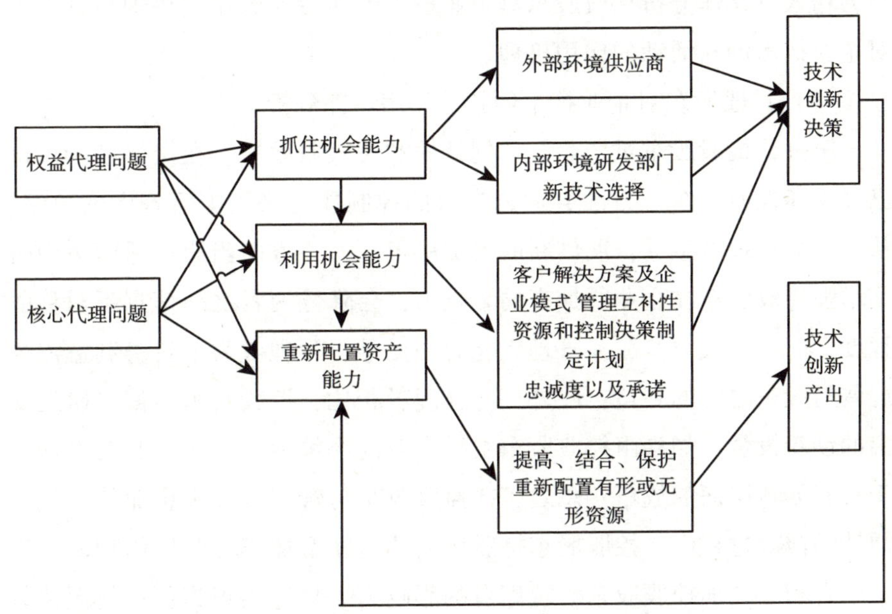

图3-3 代理问题对企业技术创新作用机理

1. 传统的权益代理问题对企业技术创新的作用机理分析。

由于所有者与管理者的利益不一致，因而产生了权益代理问题，而权益代理问题发生的主要来源是由于过度的特权消费、风险诱因问题、投资诱因问题、破产问题以及信息不对称。在对企业技术创新的态度上，所有者与管理者具有完全不同的偏好，在西方股权分散的国家中，股东通常喜好企业利益最大化的长期、高风险的创新投资项目，而管理者为了自身利益偏好短期、低风险的投资项目。特别是在动态变化的市场竞争中，经营者与管理者的代理问题会影响企业顺应环境以调整资源的能力，更进一步削弱更新或改善核心能力，可能使企业丧失竞争优势从而危及企业的生存和发展。

由于权益代理问题涉及股东特别是控股股东与管理者（管理层）之间的权衡，因此本书在第一类代理问题的框架内，以动态能力理论的视角为切入点具体分析控股股东对企业技术创新活动的作用机理与管理者对企业技术创新活动的作用机理。

（1）控股股东对企业技术创新的作用机理分析。

第一，控股股东对企业技术创新的利益收敛效应。在资源基础理论已经论述控股股东一方面会通过自身的控制能力来支配管理者的决策，从而影响管理者接受长期创新的投资决策；另一方面当股权适度集中时会增强控股股东在企业所拥有的影响力，会降低两者之间信息不对称的程度，面对控股股东替换管理者能力的提升，管理者为了自身利益需要协调与股东之间的利益；此外，与管理者相比，控股股东会偏好研发支出的创新投资，如果由控股股东主导企业的决策活动，那么其会更偏向于具有创新层面的战略。总之，在控股股东与管理者关于企业技术创新活动的博弈过程中，控股股东持股比例的适度增加或者股权结构的适当集中有利于增加控股股东对管理者的影响力。具体表现为：一是促使管理者通过组织学习以辨识外部环境的机会，进行准确的风险评估；二是促使管理者在不断变动的环境中掌握技术和科学发展机会；三是促进管理者进行有形或无形资产的整合以适应外在环境的变动；四是鼓励管理者将资源与知识转换为公司所能掌握的独特能力和竞争优势；五是推动管理者适应市场需求而发展新技术核心产品，提升企业包含创新能力在内的动态能力。

第二，控股股东对企业技术创新的利益掠夺效应。在发展中国家的企业中股权集中度较高，相当多的上市企业拥有绝对控制权的大股东。在中国，随着控股股东持股比例的上升，其对上市企业的控制能力也越强，而且控股股东存在利益输送等掏空行为。当控股股东持股比例升高并且超过某一程度时，控股股东持股比例的增加会阻碍企业技术创新活动。总之，在股权集中度高的国家，随着控股股东持股比例的增加对上市企业的控制越强，越有动机去操纵上市企业的经营活动以谋取利益，此时控股股东进行技术创新活动的动力不足。依据演化经济学的观点，动态能力无法从外部获取，只能从内部慢慢演化建立，而且动态能力蕴含在由企业的资产定位和过去的演化路径所塑造而成的组织流程之中。控股股东如果存在控制权私利则无动机去建立和再造组织流程，这样会慢慢侵蚀蕴含在组织流程中的能力（包括创新能力），进而使企业既不能应对外部环境的变动，又不能对内部流程进行改进，最终会无法整合企业有形或无形的创新资源进行技术创新活动，也无法将资源和知识转换成市场所需要的新产品和新服务，从而无法形成企业的竞争优势。

（2）管理者对企业技术创新的作用机理分析。由于研发投资的高风险性、高失败率使得管理者缺乏创新的意愿，管理者如果没有足够的诱因会产生机会主义行为，更加深了代理问题在公司治理与创新中的影响力。在管理者对企业技术创新的利益趋同效应与利益盘踞效应的研究中，将管理者主要细分为管理者能力、管理者激励这两种类型来分析与企业技术创新活动的关系。

第一，管理者对企业技术创新的利益趋同效应。首先，从管理者的能力进行分析，一般来说管理者的能力既包括自身特质（如专业水平、性格特征、学历等）决定，又取决于企业内部的产权安排（马健，2000）。企业技术创新活动对管理者能力的影响特别强调创新活动的五个特点：高风险及高回报性、长期投入而且多阶段性、创新结果的不可预见性、可持续的专用性人力资源或特异性人力资源的支持、不可能和其他创新项目进行比较的异质性。因此创新活动具有高失败率，一旦创新失败会造成很大的财力、物力、时机等的损失，但是如果技术创新一旦成功，企业可取得较高收益，在某一段时间内获取一定竞争优势。因此，为了赢得技术创新活动的成功，减少创新失败的概念，必然对位于创新主体地位的管理者提出更高的要求。在企业技术创新活动中，管理者需具备发现产品或服务市场的能力、熟悉和利用生产要素市场的能力、说服和树立个人威信的能力、组合生产资料的能力、调整生产要素组合的能力、鉴别和承受风险的能力等（王诚，1993）。这些能力能够有助于企业整合外部与内部创新资源并将资源与知识转换成新产品和新服务，在动态的市场竞争环境中为企业获得竞争优势，提升企业的核心竞争力。因此，管理者的能力毋庸置疑对企业技术创新活动具有促进作用。

其次，从管理者激励（主要是管理者持股）的视角来分析，委托代理理论认为所有者与管理者相互分离，两者之间的目标可能存在差异，缺少股权激励的管理者不太愿承担风险支持创新活动或者使创新活动顺利进行，当管理者持股比例愈高时，管理层持股将所有者与管理者的利益联系在一起，企业若有损失亦会损及自身的利益，因而有较大的诱因提高企业的经营绩效，产生了利益趋同效应，可以降低代理问题，会促使管理层在研发项目中（如项目决策、资源配置、创新管理）付出更多的努力（Jensen and Mecking，1976）。刘伟和刘星（2007）以 2002～2004 年 495 家上市企业为研究对象，考察了管理层持股对企业研发投入的影响，结果显示，管理层持股会促进企业的研发投入，但这种激励效应仅仅存在于高科技类的上市企业。熊艳和梁莱歆（2009）利用 2006 年及 2007 年共 102 个数据，考察了管理层持股对企业技术创新活动的关系，结果认为，管理层持股有助于推动企业技术创新活动的进行。解维敏和唐清泉（2013）以 2002～2006 年上市企业数据为研究样本，考察了管理层持股对企业技术创新的治理效应，结果显示，管理层持股能促进企业技术创新的投资，但这种激励只体现在私有产权中。以上论述表明，管理层持股一方面会促使其根据过去所作的创新投资活动、采取的创新决策在未来进行了路径相依的创新活动；另一方面也会有利于管理者协调或整合组织内部和外部，提升组织的效率与效能，以快速回应动态变动，并通过不断地修正创新资源来创造其他企业所难以模仿的能力，使企业在市场中可持续获得竞争优势。

第二，管理者对企业技术创新的利益盘踞效应。首先，从管理者的能力进行分析，创新活动具有高风险等特征，技术创新活动需要可持续的专用性或特质性人力资源的支持，管理者在企业技术创新活动中处于整合、重组、取得、释放各种创新资源的核心地位，会根据市场变化通过创造市场机会来满足市场需求，从而提升企业创新和发展的能力，是技术创新创造者、所有者、财务部门、人力部门等各个部门或组织之间利益协调人。企业面对动态的环境，为了能在未来竞争中赢得核心竞争力，无疑会要求管理者自身应具备技术创新活动所需的基本能力，能够识别创新机会、作出创新决策，在技术创新活动中科学合理地配置创新资源、调和创新参与者的利益冲突，从而保证创新活动顺利进行。然而管理者具备的这种特质性或专用性人力资源并非固定不变，需要管理者在动态环境中不断学习新的技能、新的思维。这样，技术创新会给管理者带来无形的压力，如果没有适当的激励机制，管理者很容易产生利益盘踞的动机以维护自身的既得利益。一方面由于管理者在创新活动所付出的努力程度并未享受到创新产出所带来的高额报酬；另一方面在于技术创新活动具有高风险性，面对动态的环境，而创新活动的高失败率很容易让管理者承受声誉以及自身利益的损失，因此，对于管理者而言更关注短期利益，并无诱因去从事技术创新活动。总之，管理者缺乏能力，加之技术创新的高风险性会更容易产生利益盘踞效应，既不愿意重新配置资源（包括创新资源），也不愿意改变现有能力（包括协调、创新等能力），从而造成企业竞争优势的流失。

其次，从管理者激励（主要是管理者持股）的视角来分析，创新所研制的新产品失败率高达80%，创新活动具有高度的风险性。因此，企业如要成功进行创新活动需要强有力的管理层支持（Nam and Tatum,

1997)，管理层对战胜竞争者的承诺、对待创新的态度以及愿意承担风险的勇气均影响企业的战略决策（Papadakis and Barwise，2002）。如果管理层拥有较高的持股比例，则意味着管理层在作出创新决策时，会更加注重自身利益，当管理层与企业目标不一致时，可能侵害公司利益，管理层会选择更加激进的投资方式（Joseph and Richardson，2002）。当企业经营业绩较差时管理层持股及稀缺资源会对管理层的创新决策产生影响，管理层更高的持股比例会减少创新投入，而稀缺资源的可利用性同样降低了创新投资的比例，具有更多稀缺资源及管理层持有更高比例股权的企业在经济不景气时会减少创新活动（Latham and Braun，2009）。此时，管理者既不会主动辨识新兴市场和环境变化的机会，也不能及时调整资源和能力以适应环境的灵活性，导致企业不能将较新而且具有价值的外部信息与内部知识相结合并加以运用，企业很难突破传统的束缚从而降低企业的创新能力。

2. 核心代理问题对企业技术创新的作用机理分析。

在高度集中的股权结构中，终极控股股东的控制形态取代经理人的控制形态，大股东可利用自身相对优势地位，掌握公司董事会和管理层，从而获得实质控制权，然后参与决策制定和管理的过程，使得终极控股股东成为具有信息优势的企业内部人，在内部人控制体系中，来自资本市场及法律制度之外治理力量往往不足以抗衡内部人权力，而承担监督责任的外部董事亦大多由终极控股股东聘任或取代，因此外部小股东的利益完全取决于终极控股股东的行为。由于企业技术创新涉及公司内部的决策活动，必然会受到终极控股股东与中小股东之间核心代理问题（第二类代理问题）的影响，在股权高度集中、普遍存在终极控制人的背景下，核心代理问题（第二类代理问题）毫无疑问会对企业技术创新产生重要的影响。

（1）两权分离对企业技术创新的正诱因效应。终极控制人的控制权与现金流量权的配置结构亦是解决终极控制人及其控股股东与中小股东的重要制度安排。两权分离的正诱因效应具体体现在两方面：其一，董事会被视为约束与监督终极控制人及高管的重要治理机制（Fama，1980；Fama and Jensen，1983），在股权高度集中的股权结构中，终极控制人常利用自身相对优势地位，掌握企业董事会，在董事会中终极控制人及内部人担任董事，保护外部小股东的利益完全依赖于终极控制股东的行为，而大股东控制的治理效率则取决于大股东的激励动机，依据利益收敛假说，董事会中终极控制人的持股比例在某一程度内时或者现金流量权超过某一比例时，终极控制股东（人）董事自身利益与公司利益相一致，会提高企业治理绩效并保护外部股东的利益。此时终极控制人的利益与中小股东的利益产生趋同效应，终极控制人及其控股股东会有诱因去控制或监督管理者整合创新所必需的内部与外部的资源和能力以激励企业技术创新。其二，当终极控制股东持股比例并未达到绝对控股时可能会导致其他股东的股权制衡效应，此时，终极控股股东的行为会受到其他股东的监督与约束，能够保证技术创新活动的顺利进行。具体体现在三个方面：第一，有利于组织持续地在其内外部技术与市场中进行扫描、搜寻与探索；第二，在企业创新不确定的情况下，组织通过投资惯例、信息收集和良好管理制度来作出正确的决策；第三，能激励管理层通过资产间的调和及企业革新来维持包括创新能力在内的动态能力。

（2）两权分离对企业技术创新的负侵占效应。股权集中度高的公司，代理问题最直接的诱因就是两权分离。终极控股股东持股超过特定比率，使其掌握控制权与现金流量请求权发生分离，此时终极控制股东并未受到其他大股东的监督，有极大诱因作出不利于中小股东的决策，会有强烈动机去追求自身效用的最大化，而不顾小股东权益存在负侵占效果，特别是当终极控股股东持有的股份控制权愈高而现金流量请求权愈低时，会采取侵占中小股东的行为实现其控制权私利。具体表现在三方面：其一，董事会中终极控制人的持股比例超过某一程度或者现金流量权低于某一程度时，终极控制股东（人）董事自身利益与公司利益发生冲突，会侵占外部股东的利益，此时终极控制人的利益与中小股东的利益产生负侵占效应。在东亚地区，企业的代理问题主要为终极控制股东与小股东的利益矛盾，而传统的公司治理机制（如董事会与接管）无法缓和这一冲突。其二，在中国，公司治理中监事会治理和经理层治理两种治理机制对于大股东控制私利并没有起到明显作用（曹延求、王倩和钱先航，2009）。其三，在股权集中度高而且当终极控制人（或股东）处于绝对控股地位时，其他股东的股权制衡效应将失灵，此时，终极控制人及其控股股东对企业技术创新活动可产生侵占效应。具体体现在以下三方面：第一，不利于组织持续地在其内外部技术与市场中进行扫描、搜寻与探索；第二，在企业创新不确定的情况下，组织不能通过投资惯例、信息收集和良好管理制度来作出正确的决策；第三，阻碍管理层通过资产间的调和及企业革新来维持包括创新能力在内的动态能力。

第二节　代理问题对企业技术创新作用机理的经济学分析

一、权益代理问题对企业技术创新的函数分析

对于国家、企业、投资者而言，企业创新（包括企业技术创新）已成为当前社会最受关注的热点问题。由于科学技术变化的步伐不断加快，导致产品寿命的缩短以及服务升级的加快，为避免产品遭到淘汰及服务转型的需要，企业面临着前所未有的挑战。在这样的情形下，企业纷纷针对创新管理制定新的策略，例如，企业积极建立新的创新体系，培育具有激励作用的创新文化，赋予管理者或者员工更多自由来进行新的尝试，并放宽对创新失败的容忍度。

(一) 技术创新的激励维度

众所周知，技术创新决策是投资决策中资金分配问题的一部分。虽然现代财务管理理论在研发投资的管理问题上能提供有用的建议，但现有理论所提供的答案只是基于一个程式化的概念问题，并没有人们所期望的启发性建议。企业从理论上进行投资决策应基于一个简单的净现值计算，其中项目的预期未来现金流用反映其固有社会风险的资金成本来折现。但该方法最主要的问题在于并未考虑到企业投资组合或资本约束的情形。

然而在具体实践中，企业并没有遵循这些简单的原则。企业的经营往往更关注特殊风险，如受到资本约束的限制等，在每一个年度分配给所有项目的资金总和是有限的。一般而言，企业对资金的需求远远超过了这一年预留给投资的数额，在普遍采用所有者与经营者分离的企业中，通过建立内部资本成本计划仍旧不能解决资金供需的不平衡，而这一困境或多或少是通过一些带有集中审查性质的特殊规则来应对的。至于财务指标方面，企业主要依靠内部收益率（大大高于资本市场利率所反映的资本成本的最低预期回报率），以及采用比净现值更常见的投资回报的标准（Holmstrom，1989）。同样，企业在资本市场分配资金时亦不会按照净现值理论所提供的方法来分配。资本配给是较常见的方式，资金成本与资金来源具有很强关联性。

标准理论与企业实践之间存在差异。资本市场的股权再分配与向企业提供新的资金有明显区别。一家企业少许股份的转让对其经营活动的影响有限，但是新的资金供给来源却能够改变公司的生产形式。资金的来源、资金的数额和资金使用条款都会影响公司及其成员的行为和前景。这也意味着各种引导资金从市场到企业的中介机构，在监督和管理企业资金使用的动机方面是有效的。由于技术创新的过程就是将金融资本及其组织的人力资本相匹配的过程，因此，可依据这一视角来分析创新的比较优势。

缔结激励契约可以减少代理双方因信息不对称所引起的代理问题。在正常情况下，代理人具有超强信息优势，而委托人是拥有资金的一方。在涉及创新投资动机时，存在这样一个问题：为什么代理人不希望按照委托人的最佳利益行事？假设代理人仅提供投资建议不参与技术创新活动，而委托人对该创新投资建议支付一笔固定的费用，那么代理人与委托人之间，将不会发生信息不对称的问题。例如，审计师对财务报表的真实性作出判断，其获得的报酬是固定的，并没有额外的成功薪酬，而项目成功的薪酬会扭曲观察者如实报告其所观察事物的动机。可是这种代理双方固定的薪酬契约又不足以评估、反映代理人的能力，在代理双方缔结契约时还需要考量双方利益偏好存在不协调性的三种可能：其一，由于代理人研发投入的努力程度具有不可观测性，为了激励代理人，委托人有必要依据投资项目的产出（如创新产出）来约定成功薪酬①，这一激励计划必然引起代理人对待风险的偏好，通常是假设代理人属于风险厌恶型或者没有足够的财力买通委托人；其二，代理人持有该项目的一部分利益，由于代理人比潜在的资金提供者（股东）更清楚该项目的价值，虽然代理双方在确定最合理的薪酬方面存在问题，但是成功薪酬可以作为一种减少事前信息不对称的手段；其三，尽管存在额外的成功薪酬，代理人的市场价值将取决于正在进行的创新项目及其结果，代理人在项目中存在直接的利益关系，从这一视角分析可见，代理人的技术创新投资不仅会得到经济回报，还能获取人力资本的回报，因此，代理双方需要缔结某种契约使激励目标更具一致性。

上述这三方面的激励维度均与技术创新的管理相关。而事实上，与企业技术创新相关的代理成本会更高，因为创新项目具有（1）风险性：失败的可能性高，同时亦有非凡的回报；（2）不可预知性：未来面临的

---

① 成功薪酬：创新项目成功或者达到委托人要求后支付给代理人的费用。

诸多或有事项不可能预见；(3）长期性和多阶段性：项目分为开发、发展和完成这几个阶段，并可能在任一阶段出现终止；（4）劳动密集型：各阶段均需大量的人力付出；（5）特质性：不易与其他项目进行比较。在这种情况下签订恰当的契约尤为不易。

（二）代理问题对企业技术创新的影响分析

本书借鉴 Holmstrom 和 Milgrom（1987，1989），以及 Holmstrom（1989）的模型来具体分析第一类代理问题与企业技术创新之间的关系。

假设存在一个创新项目，将产生一个不确定的回报 x，而且代理人的报酬依赖于其在技术创新活动中的行为，尽管并非完全反映代理人在创新活动中的作用，还是建立这一特定关系式：

$$x = e + \eta \text{（标准误差项）} \tag{3-1}$$

其中，e 代表代理人的行为（付出），η 代表标准误差项。

假设委托人和代理人对技术创新项目回报的随机性具有相同理解，双方均认为，正常误差项的平均值和方差分别为 μ 和 σ^2。在这种情况下，在创新活动开始前代理人对该项目回报没有任何信息优势。在这一设定的回报下，代理人实际上是在选择一个正态分布的均值，如果代理人的行为是 e，那么均值为 $e + \mu$，此外，方差则不受代理人的控制。

由于委托人无法直接观察代理人的行为，引起对代理人的激励问题。假设 x 是可验证的，即在代理人执行的合同中可对其进行指定，即当回报为 x 时，委托人向代理人支付 $s(x)$，则委托人剩余为 $x - s(x)$。

假设委托人是风险中性型的，而代理人是风险厌恶型的，其风险偏好用指数效用函数 $\exp\{-r(s(x)-c(e))\}$ 来描述。r 是绝对风险厌恶的系数，$c(e)$ 为代理人的成本函数，成本主要为机会成本，即从事某一项目会限制其他来源产生的收入。

现在要对委托人的支付函数 s 作出选择，使其能够促进代理人在技术创新活动中付出努力，且不用过度承担风险。在适当的假设下，次优契约（即在现有模型的信息约束下的最优契约）采取线性形式：$s(x) = ax + b$。α 的最佳值是通过最大化委托人和代理人的共同盈余得到的，在线性条件下共同盈余为 $\mu + e - (1/2)r\alpha^2\sigma^2 - c(e)$，限制条件为，代理人的一阶条件 $c'(e) = a$。为了便于理解，假设 $c(e) = k/2$，那么最佳风险分摊比例为：

$$\alpha = (1 + kr\sigma^2)^{-1} \tag{3-2}$$

该比例也是代理人对其付出的选择，工资部分 β 将被设定为能够使代理人愿意参与该技术创新项目，其只是利益在委托人和代理人之间的转移。式（3－2）符合本书的理论预期：代理人（管理者）的份额（持股）越高，其对风险的厌恶程度就越低（更低的 r），风险（方差）和代理人行为的成本就越低，即如果管理层持股在某一范围内时，管理层对于技术创新的风险保持一定警惕性，代理人侵占行为的成本会相对较高，因此有利于企业的技术创新活动，但是当管理者持股高达一定程度后，为了维护自身的利益对创新风险的厌恶程度较低，而此时代理人如果进行利益侵占行为的成本较低，所以会产生利益盘踞效应。式(3－2)还体现了风险分摊和努力付出之间的权衡，要进行最优投入，则应该选择 $\alpha = 1$，要获得最优的风险分摊，则 $\alpha = 0$。只有当风险不可获知或者代理人属于风险中立性时，才能因不可观测性而省去代理成本。共同盈余（在最佳契约下）实际是 $\mu + 1/2k^{-1}(1 + rk\sigma^2)^{-1}$，少于最优盈余 $\mu + 1/2k^{-1}$，而福利会随着 α 呈正向变化。

1. 委托人监督与控制。

上述模型还可以通过引入监控变量进行丰富，本书假设监控变量为 y，即它是能够反映代理人行为而非结果的信息，可能是委托人对代理人的活动进行监控，也可能是在相关活动中观察代理人行为而取得的信息。假设 $y = e + a$（a 为标准误差项），x 和 y 这两个变量的最优契约表达式：$s(x,y)=\alpha x+\gamma y+\beta$。总的来说，项目的风险越高，额外的监控就越密集，较高的项目风险会带来系数 α 的降低，即代理人盈余份额的降低，这必然会降低代理人的努力程度。依据这个视角可以推理出如果控股股东（委托人）持股超过一定比例且不存在任何私利行为时，为了自身利益及企业利益，在技术创新活动过程中对代理人加强监督与控制，必然会引起代理人收益的降低，最终可能不利于企业创新活动；但如果控股股东（委托人）为了自身利益，对代理人监控不力甚至于产生合谋并利用技术创新活动进行利益输送，此时，也不利于企业的技术创新活动。由于代理人付出的边际成本已经下降（凸成本函数），监控变量的激励系数 γ 会被提高，但监控系数的增加会提高监控误差导致的风险，因此，为了降低监控误差，委托人通过对监控投入更多成本是值得的。因此当控股股东（委托人）持股比例在一定范围内时，对企业代理人进行适度监控提升 γ 并且适度降低 α，促使代理人的收益略微上升。此时，委托人会促进企业技术创新活动的发展。

与其他标准化的投资项目相比，技术创新活动更不具有规律性，且在本质上具有高度的风险性。因此，创新激励机制必须得到委托人更多的宽容，但同时委托人还必须对代理人的活动进行直接而密切的监控以补偿较弱的产出报酬。

2. 技术创新项目的选择。

代理问题究竟如何影响技术创新项目的选择呢？继续沿用上述模型，一个技术创新项目可以表述为(μ,σ^2,k)，最好的（单个）技术创新项目最大化净盈余为：$\mu+1/2k^{-1}(1+rk\sigma^2)^{-1}$，由于创新项目员工承担着没有分散化的风险，即使委托人保持风险中立，依然会体现其对于风险的关注。因此，该项目并不是由标准净现值方法来确定的。

在某一程度上，技术上的优势（高 μ）将会因激励因素而抵消掉。从激励的视角来看，带有不确定性因素的技术成本更高，因此，尽管这些技术所带来的收益较低，水平一般而且风险低，但往往会更容易受到代理人的青睐。沿用上述监督机制的逻辑，选择彼此相关的创新项目也是存在价值的。尽管在技术上可能产生重复浪费，但由于这些项目会降低激励成本，因此，重叠甚至于竞争的创新项目也都可能具有一定的意义。这可解释为什么在同一家企业内开展许多项目做支撑。然而，在创新的情况下，由于各个项目的风险迥异，代理双方不会期望从这样的整合中获得显著收益。

考虑到成本函数 c(e)，低成本的技术可能会比高成本的技术更具劣势。即使对每一个 e 来说 $c_1(e) < c_2(e)$，会首选后者的成本函数。例如，假定 $c_1(e) = e_2/2$，最优激励契约使得代理人选择 $e_2 = 1/2$（通过适度的选择风险厌恶和方差）。与以下成本函数进行比较：$c_2(e) = 1/8$，其中 $e < 1/2$。由于 $c_1(1/2) = 1/8$，前者的成本函数均大于后者的成本函数。然而在这种情况下代理人会选择 1/2 且不承担任何风险，因此，代理人将会选择高成本的技术。

在上述例子中隐含着一个重要的一般性观点，即某些时点通过改变代理人的机会成本来提供激励比提供财务奖励更有效；而且这是一种极具价值的额外激励手段。那么接下来应如何改变代理人的机会成本呢？委托人可以通过控制代理人在替代活动上花费的时间和精力来进行选择。上述情况至少可用这一观点来进行解释，第一个成本函数适用于当代理人可将时间分配于委托人的工作以及私人项目，在此情况下，机会成本应理解为需要更多的时间投入到为委托人工作上时，代理人在私人项目上花费的时间就偏少了。在这种成本函数下，如果将代理人的私人选择项目消除，那么剩余花费在私人项目的时间所带来的好处被排除在考虑之外，会导致代理人的成本上升，随着私人选择性项目被废除，委托人便不需提供进一步的激励手段以迫使代理人将更多时间用于工作上，实际上，固定薪酬更适用于代理人的委托项目。

上述讨论表明，对给定任务提供奖励的成本在很大程度上依赖于代理人在委托项目或者私人项目方面被允许从事的其他活动。简言之，代理人越具有灵活性，引导其从事于某一给定项目的成本就会越高。因此，减少代理人的灵活性最好是通过消除边际任务来达到，这些边际任务并没有显著增加净现金流入，也没能抵消委托人赋予代理人更重要任务时所提供激励而增加的成本（Holmstrom and Milgrom，1989）。

委托人赋予代理人灵活性时，需要考量的一个很重要的因素在于衡量代理人任务表现时的准确程度。本书将对上述例子稍作延伸，假设代理人可以抽出一些精力（e'）用于外部活动，且会产生非随机回报 $f(e')$，这些付出没有相应的成本，但代理人总的付出为 $e+e'$，不能够超过1（即 $e+e'\leqslant 1$ 时，$c(e+e')=0$，当 $e+e'>1$ 时，$c(e+e')\to\infty$）。假设 $e'\leqslant n<1$ 时，$f(e')=\lambda_1 e'$，而 $e'>n$ 且 $\lambda_1>1>\lambda_2>0$ 时，存在 $\lambda_1 n+\lambda_2(e'-n)$，f 是分段线性函数，拐点为 $e'=n$。从数理上分析，代理人应投入时间 n 用于外部活动，剩余时间用于委托人的项目，但假如委托人所提供的激励 $\alpha<\lambda_2$，则代理人只会将时间全部用于私人的外部活动。因此，如果存在第二种选择项目并且希望代理人为委托人工作，此时 α 至少应大于等于 λ_2，使 $f(1)<1$ 可以确保代理人为委托人工作。

当创新项目回报 x 存在很少的噪音时（即 σ^2 很小），最佳的方法便是选择 α 仅大于 λ_2 的创新项目，代理人此时风险的成本为 $(r/2)(\lambda_2)^2\sigma^2$，低于放弃外部回报的机会成本 $(\lambda_1-\lambda_2)n$，但随着 σ^2 的增加，要保证使 α 高于 λ_2 会促使代理人的成本上升，当 $\sigma^2>(\lambda_1-\lambda_2)n\{(r/2)(\lambda_2)^2\}^{-1}$ 时，假定 $\alpha=0$ 以便于将代理人的外部活动完全排除在外。

上述推理意味着一个普遍的行为逻辑原则，即随着风险的增加，代理人的外部活动将被省去，当绩效衡量指标对主要任务的评估效度越差时，代理人的灵活性就越受到限制。总之，责任和权力必须保持平衡，这种控制原则将在支持企业创新活动和改善所有者与代理者利益冲突方面发挥核心作用。

3. 技术创新项目的分配。

在技术创新活动中，第二个重要行为原则是保持任务的统一性。假设存在若干项目在两个相同的代理人之间分配，而且假定代理人只关心付出的总成本，而这些创新项目的风险特征各不相同，但预期回报却是相似的，让项目 i 的报酬 $x_i = f(e_i) + \theta$（θ 为标准误差项），其中 f 是凹函数，且误差项是 θ 独立的（线性结果很容易扩展到这种情况），假设委托人只关注每个代理人的总产出，那么以下论述成立：项目在最佳配置情况下，分配给一个代理人的项目都比分配给另一个代理人的项目风险大。

委托人可以将两个项目在代理人之间随时进行转换，而不会影响项目产出（因为项目具有相同的回报率函数 f），因此，唯一重要的是创新项目的风险因素，委托人会让具有较低激励系数的代理人分配方差高于分界点的项目（由成本函数内生决定），而给具有较高激励系数的代理人分配所有风险较低的项目，这样能最小化分散风险（如果两个代理人的激励系数是相同的，则任务如何分配就不重要，但这种情况极少出现）。

如果给一个代理人同时提供高方差的项目和低方差的项目（相对于另一个代理人来说），投资组合中的高方差项目将迫使激励系数下降，导致放弃给低方差项目提供更强激励的机会。另外，如果项目是根据风险来分组的，两个代理人之一能够获得有力的激励，而另一个因为风险则只能获得较少的激励（由于项目是独立的且效用函数指数化，多样化的问题将不会出现）。

因此，如果创新项目是统一而非多元化的，则能降低代理双方的代理成本。当代理人在同质创新项目之间作出选择时，与代理人的贡献分配相关的激励问题便可被忽略，而只与总的贡献水平相关，意味着，企业的创新活动与日常经营活动可能并不协调（即使该组织是分层的，但这一问题依然存在，在某一层次上应关注项目之间该如何进行分配）。

对不同创新项目活动的激励需要保持某种平衡，当代理人之间合作共赢时，必须降低代理人的激励（Lazear，1989）。出于这种原因，委托人可能会将需要代理人合作的任务与有利于个人激励的任务分离，至少在一个规模较小的组织中，合作与竞争并不能很好地共存。

在模型中，对代理人所付出的贡献的激励是至关重要的，而且不存在信息不对称的问题，与那些忽略了贡献的模型相比，在签订契约时如果假设代理人能更好地获取创新项目回报的信息，那么会得出截然不同的结论（在签订契约和分配项目后产生的信息不会造成任何实质性的改变）。

二、核心代理问题对企业技术创新的数理分析

本部分结合 La Porta 等（1999，2002）、Claessens 等（2002）、Johnson 等（200b）和俞红海等（2010）的理论研究成果，通过建立数理模型，分析终极控股股东与中小股东之间的代理问题与企业技术创新之间的关系。其中终极控股股东的控制权与现金流量权的概念沿用 La Porta 等（1999）和 Claessens 等（2002）的解释，股东的权利虽然包含了得以投票表决的股份控制权以及收取盈余分配的现金流量权，但是有学者研究发现，最终控制人的股份控制权与现金流量权存在股权的偏离现象，主要是由于终极控股股东通过多层次的持股结构持有公司的股份，股份的控制权会取这一控制链中最小的持股比例，而现金流量权则是控制链中所有持股比例的乘积，会产生两权偏离的情况，控制权系数为控制权比例与现金流量权比例的差。

（一）基本假设

（1）终极控股股东为风险中性偏好者。

（2）技术创新项目投资报酬存在两种情形：一是高额回报，概率为

p，对应的投资报酬为 R_h；另一种为低回报，概率是 1 - p，对应的报酬为 R_l。

（3）终极控股股东控制权为 β，对应的控制权为 θβ，控制权与现金流量权的计算是依据 Claessens 等（2002）的研究。其中 θ 为控制权系数，是控制权与现金流量权的差，θ≥1。

（4）终极控股股东对技术创新活动的侵占比例为 m，剩余用于股利分配的部分为(1 - m)R，其中 $R = R_h$ 或者 $R = R_l$。

（5）终极控股股东的侵占成本函数为 $C = C(m, g, \theta\beta)$，其中，m 表示对创新活动的侵占比例；g 表示监督、股权制衡治理机制，包括外部治理环境、机构投资者等，g 越大意味着治理机制越好；θβ 则表示控制权的大小。侵占成本与变量之间存在以下关系：

$$C_m < 0, C_{mm} > 0$$
$$C_g > 0$$
$$C_{\theta\beta} < 0 \qquad (3-3)$$

式（3-3）表示，终极控股股东对技术创新活动的侵占成本随着侵占比例的增加而上升，且边际成本递增；内外部治理机制越完善，终极控股股东对技术创新活动的侵占成本会越高；而控制权越大，则相应的侵占成本会越低。

（6）不同终极控股股东的性质对私人利益产生影响，而对侵占成本没有影响，私人利益为 nmR，n 随着终极控股股东的不同而不同。当终极控股股东为民营企业时，由于民营企业产权更明晰，受资金约束，对资金利用效率会更高。终极控股股东侵占相同的份额，相对于政府可以更有利于创新活动。

（二）终极控股股东对技术创新活动的最优侵占决策

$$Max_m F = Max_m [\theta(1 - m)R + nmR - C(m, g, \theta\beta)R] \qquad (3-4)$$

其中，F 表示终极控股股东决策的目标函数，由股利分配收益和侵占净收益两部分组成，而侵占净收益由侵占获得的私人收益和侵占成本函数共同决定。

终极控股股东进行最优侵占决策：

$$\frac{\partial C}{\partial m^*} = n - \beta \tag{3-5}$$

其中，式（3-5）左边表示终极控股股东对技术创新活动的侵占成本，右边则为侵占净收益，由侵占获得的私人利益和减少的股利分配共同决定。

为进一步分析各因素对侵占比例的影响，本书基于 Johnson 等（2000）设置终极控股股东侵占成本具体的函数形式为：

$$C(m, g, \theta\beta) = \frac{gm^2}{2\theta\beta} \tag{3-6}$$

结合式（3-3），可以计算出：

$$m^* = \frac{\theta\beta(n - \beta)}{g} \tag{3-7}$$

根据式（3-7）终极控股股东对企业技术创新活动的最佳侵占比例，可以得出如下命题：

（1）控制权系数越大，终极控股股东对企业技术创新活动的侵占越多。

（2）终极控股股东私人利益越大，其对企业技术创新活动的侵占越多。

（3）当终极控制人控制权在某一程度且存在股权制衡效应或者外部治理环境越好时，终极控股股东对企业技术创新活动的侵占会越少。

（4）终极控股股东的现金流量权对企业技术创新的侵占比例的影响是非线性的，随着现金流量权的增加，终极控股股东对企业技术创新的侵占比例先增加后较少。

第三节　本章小结

本章旨在厘清代理问题与企业技术创新的基本理论。一是从管理学的视角出发，依据资源基础理论、能力基础理论分析两类不同的代理问题对企业技术创新的作用机理；二是从经济学的视角出发，运用交易成本理论与产权理论，数理推演不同代理问题对企业技术创新的作用机理。通过本章的规范分析与数理推导，构建了代理问题与企业技术创新的理论基础，为后续章节进行实证分析提供了理论基础。

第四章　研发投入、创新产出与企业价值的经验研究

第一节　问题提出

管理学巨擘 Peter F. Drucker 于 1995 年的 *Managing in a Time of Great Change* 一书中明确提出当前社会已经进入知识社会，Paul Romer 与 Robert Lucas 提出的“新经济增长理论”也认为知识技术已经取代资本和劳动力成为新时代经济增长的主要动力，内生的技术进步克服了资本对产出的边际报酬递减带来的影响，为经济寻求到新的增长点。

在企业这一微观经济主体中，获得知识技术的手段通常是收购及企业创新活动，究其根本，企业创新活动是企业获得先进生产技术的源泉。但企业活动的最终目标是企业价值最大化，企业的一切活动都围绕企业价值最大化的目标展开。经济理论认为，企业从事研发创新会提高生产力或降低成本，增强企业竞争力，提高企业利润，从而提高企业价值。但是企业创新活动是否真的能够提高企业价值，其具体作用机制是什么？这些亟待解决的问题必须依赖于相关的实证证据来加以解释。同时，该问题的解决对于处于转型经济的制度背景下正在贯彻创新驱动发展战略的中国也具有很重要的现实意义。

Hall（2000）在对创新活动与市场价值的相关研究综述中发现，通

常用来计量创新活动的替代变量是全要素生产率，但是由于其作用机制通常具有很长且并不确定的时滞，所以许多研究也采用 R&D 费用、专利活动及其他变量来替代。但是，Schutzer（1994）指出，大量的 R&D 费用投入可能并不能带来能够创造价值的专利。实际上，创新活动的成功概率较低，具有很高的风险性和不确定性，甚至可能给企业带来负面影响。因此，直接将 R&D 费用或专利权作为创新活动的替代变量来研究 R&D 费用与企业价值之间的关系过于模糊和武断。本书认为，R&D 费用的增加不能直接提高企业价值，而是必须通过影响企业专利权的增长，最终才能影响企业价值。

因此本书以 2002 ~ 2012 年在深圳和上海证券交易所主板上市的企业为样本，研究了企业创新投入和产出与企业价值之间的关系，主要探究了：(1) 企业创新投入与产出之间是否有关系？(2) 是创新投入还是产出对企业价值有直接贡献？(3) 创新活动对企业价值的影响机制。

本书的贡献主要体现在区别于以往的国内文献的做法，考虑到 R&D 费用与专利权的滞后性和累积性，创新地采用了存量方法来衡量这两个变量，讨论这两者与企业价值的关系。同时，不同于国内外文献中单一讨论 R&D 费用或专利权对企业价值的影响，发现了这三者之间存在一定的内部作用机制和逻辑关系，认为 R&D 费用只能通过对专利权的影响才能间接对企业价值产生一定的影响。

第二节　理论分析与假设提出

一、企业技术创新与企业价值的研究方法

在对企业创新活动与企业价值关系的相关研究中，作为创新活动最直接的体现，R&D 费用被大多数的相关研究作为创新活动的替代变量以

测度创新活动对企业价值提升的贡献度。Griliches（1980）首先将 R&D 费用引入柯布道格拉斯生产函数来测定 R&D 投入对企业产出的贡献。于 1981 年 Griliches 又提出了新模型，首次以 Tobin's Q 来衡量 R&D 费用与企业市场价值的关系，发现企业价值的无形资产部分主要受到企业 R&D 的影响。该模型随后被不断修正，先后引入了创新环境（Cockburn and Griliches，1988）及竞争对手的无形资产（Megna P. and M. Klock，1993）等新的解释变量，使得该模型与现实拟合度更好。同时仍旧有许多研究采用不同于 Griliches 的模型，如以企业股票报酬率作为企业价值的代理变量的计量模型（Lev B. and Sougiannis T，1991）或剩余收益模型（Sougiannis，1994）。而 Griliches（1990）认为，专利与企业价值的相关性更高，因此国内外也有很多研究采用专利权作为创新活动的替代变量。同时，纵观国外相关文献可以发现，R&D 费用及专利权这两个解释变量在数据选择上有两种方法，一种是选用一般流量数据，另一种是以存量来衡量。Griliches（1988）与 Megna P. 和 M. Klock（1993）均采用专利或研发存量当期及落后几期来衡量，但其滞后期的选择有所不同。可是反观国内文献，柯忠义、韩兆洲（2007）与徐欣、唐清泉（2010，2012）在对 R&D 费用、专利权与企业价值相关问题进行讨论时，均采用 R&D 费用及专利权的流量数据来说明和验证 Griliches 的相关结论。由于 R&D 费用或专利权对公司价值的影响具有滞后性及累积性，因此采用流量的方法来衡量并不符合 R&D 费用或专利权的特征及价值创造过程，并不具备强有力的说服力。本书采用存量来衡量 R&D 费用及专利权，体现了 R&D 费用及专利权的累积作用和滞后现象，对于客观现实更具解释说明作用。

二、控股股研发费用、专利权与企业价值

如前所述，国外许多研究结果（Griliches，1980，1981；Megna

P. and M. Klock，1993）表明，企业 R&D 费用与企业价值之间存在正相关关系。而我国学者对于 R&D 与企业价值的相关性研究也做了大量工作。罗婷等（2009）与徐欣等（2010）的实证研究表明，R&D 费用与公司股价存在正相关关系，且前者证明这种影响具有 1 年的时滞。周亚虹（2012）则在中国工业企业这一特定背景下验证了两者的正相关关系。以上文献均提出并验证了 R&D 费用与企业价值存在显著的正相关关系，企业增加在 R&D 方面的投入会提升企业的整体价值。

但是，也有部分研究表明，R&D 与企业价值之间的正相关关系并不完全成立。实证结果表明，在计算机行业中 R&D 投资对企业贡献度很低（Rouse and Boff，1998），甚至出现显著的负相关关系（Mank and Nystrom，2001）。同时，R&D 与企业价值之间的关系可能受到其他很多因素的影响。Aboody 与 Lev（1999）指出，经理人的机会主义行为可能造成其利用 R&D 投资的信息不对称现象来进行内部交易攫取公司价值。而 ShiC（2003）则指出，R&D 投入可能会由于损害其他利益相关者的权益来降低企业的整体价值。以上文献认为，R&D 费用与企业价值的关系仅仅以正相关作为结论略显武断。因此，对于 R&D 费用的增加能够为企业带来更多的价值这一观点并没有在学术界形成统一的看法。

实际上，早于 1990 年 Griliches 就已经提出，在与企业价值的相关性方面，专利的表现要好于 R&D 费用，因此在讨论企业价值时应该同时考虑 R&D 费用与专利权。Shail Pandit，Charles E. Wasley 和 Tzachi Zach（2009）也指出，以往研究往往假设 R&D 费用的边际生产率是固定的，但这一假设实际上与现实不符，因此应该采用专利数量和专利引文而不是 R&D 费用作为替代变量，并发现公司的业绩与其专利数量及质量呈正相关关系，其他很多研究也支持这一观点（Derek Bosworth and Mark Rogers，2001；Crépon B.，Duget E.，Mairesse J.，1998）。但直接采用专利权作为企业创新活动的代理变量这一做法在国外相关研究中并不常用，Bronwyn H. Hall（2000）指出，国外研究者的相关研究使用专利权而不是 R&D 费用主要是受到了公司专利权数据获取的困难的限制。实际上，专利权甚至能够比 R&D 费用提供更多的信息，因为它们所代表的是成功创新活动的结果。国内相关研究也大多认为，专利权的拥有量能够提高价值，但是不同类型的专利权对企业价值的贡献程度不同（徐欣，唐清泉，2010；王征，潘阳阳，2012）。因此，国内外文献以实证数据支撑了专利权越多，企业价值越大这一结论。

通过已有文献的相关研究，我们可以看出，大多数的研究结果都表明并验证了 R&D 费用、专利权及企业价值之间存在一定的相关关系。通常认为，R&D 费用越高，或者专利权越高，企业价值越大。但在 R&D 费用与企业价值之间的正相关关系也受到了一定的质疑。那么，究竟为企业创造价值的部分到底是 R&D 费用还是专利权，他们之间的作用机制是如何的，这些重要问题并不能在以往文献中得到令人满意的解答。

但实际上，大量实证结果表明，R&D 费用与专利权之间也存在正相关关系。Pakes 与 Griliches（1980）的研究可以说在这一问题的探索过程中具有开创性意义。他们通过对 1968～1975 年美国的 121 家公司的实证研究发现，R&D 支出与专利权之间呈现显著的正相关关系，并具有一定的时滞性。随后的学者在不断修正和完善该研究的计量模型后同样得到了显著的结果（Hausman J.，B. Hall and Griliches Z.，1984），并且认为这种时滞性受到国别的影响（Igor Prodan，2005）。我国学者则基于中国的数据在大样本（柯忠义、韩兆洲，2007；徐欣、唐清泉，2012）及高技术产业（张小蒂、王中兴，2008）中也验证了该结论。因此可以看出，R&D 费用与专利权之间应该存在某种影响机制，这种情况下单独讨论 R&D 费用或专利权与企业价值之间的关系显然是存在理论缺陷的。

而本书认为，R&D 费用、专利权及企业价值之间应该存在某种投入与产出间的作用机制，而不是简单的两个变量之间的相关关系。实际上，如果将 R&D 费用视为创新投入，那么专利就可视为企业投入创新活动的产出和成果。由于对于公司而言创新投入是一种沉没成本，而企业创新活动具有很强的不确定性，因此研发投资一旦失败，那么之前的投入对公司不具备任何效益。因此在研究企业价值创造方面，应该更多地关注产出面（专利权）而非投入面（R&D 费用）。价值创造的过程应该是投入资源，进而有所产出，而这些产出能够对企业的价值有一定的贡献。

三、理论分析与假设提出

在古典管理理论中，经济人假设假定人的思考和行为都是完全理性的，都希望以最小的付出获得最大限度的补偿。因此经济学认为，人的行为本质上是在衡量了该行为的投入和产出后选择能够收益最大化的行为。而企业作为经济活动中最重要的微观主体，由经济人构成，显然也符合经济人假设。新经济增长理论指出，现代社会的经济增长重心应该建立在内生技术进步上，即自主研发。同时，无形资产作为创新活动结果，具有规模报酬递增性，这是由其巨额的固定成本和小额的边际成本决定的。因此技术进步也是企业价值增长的核心论题。但是，创新活动是一个“投入—研发—产出”的动态过程，其主要依赖于研发人员的智力活动，具有很强的不确定性和风险性。并不能认为创新活动的投入产出比是一定的，投入必然产生一定价值的产出，但实际上这个数值的变动很大且难以预测。因此此前学者们直接以 R&D 费用作为创新活动的代理变量以讨论创新活动与企业价值之间的关系显然是不甚恰当的。

从本质来看，R&D 费用是创新活动的投入面数据，而专利权才是创新活动成功后可以为企业带来价值增长的产出，是产出面数据。亚当·斯密的古典经济学就已经提出，经济学的使命就是研究经济效率问题。何为效率？效率即是考察投入与产出的关系，究其根本则是最小——最大原则。因此，单一地考察一个经济行为的投入与产出都是不符合经济学研究方法的。对于一个企业来说，所需要关注的不仅是投入面数据，更需要关注创新活动的产出面。普华永道就鉴于企业自身特点提出了“产出评估”的概念，其认为产出评估是直接对最终取得的效益进行评价，更具价值。因此，本书认为，R&D 费用、专利权与企业价值之间应该存在如图 4－1 中实线所表示的内在作用机制，而不是虚线所表示的 R&D 费用直接对企业价值产生影响。

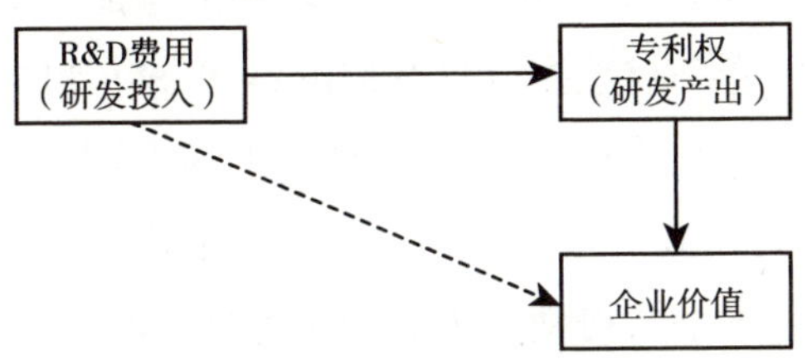

图 4－1 R&D 费用、专利权与企业价值内在作用机制示意

R&D 费用作为创新活动的投入面，面对极大的不确定性和风险性，与企业的一般生产活动不同，并不能一直以相对固定的投入产出比产生相对稳定的产出，因此不能直接对企业价值产生影响。实际上，R&D 费用需要先产生创新活动的产出——专利权，只有专利权才能够体现 R&D 活动的成果，才确定能够为企业带来一定的利益。同时，企业的创新活动往往需要持续一个较长的时间，在这一期间中 R&D 费用可能会受到更多的因素影响从而导致创新活动的无效率。因此专利权才是企业价值提升的直接动因。而 R&D 费用只能够通过影响专利权才能够间接影响企业价值。因此，本书据此作出如下假设：

假设 1：企业对创新投入会影响企业创新产出。

假设 2：企业的创新投入不会直接影响企业价值。

假设 3：企业的创新活动会通过其产出来影响企业价值。

第三节　研究样本与数据

一、数据来源

本书全样本包含2002～2012年在深圳和上海证券交易所主板上市的企业，样本企业的专利权数据取自WEBPAT全球专利咨询网中的中国专利与中国知识产权局知识产权出版社的《中国专利数据库》。该数据库收录了1985年9月以来的所有专利，通过手工收集中国上市企业历年所拥有的专利数量，本书共得到13291个专利权数据。

在2002～2006年由于我国现有会计制度并未强制要求上市企业对外披露研发支出的详细信息，因此本书这部分的数据为对2002～2006年上市公司的财务报表进行详细分析后获得。在2007年新会计准则实施以前，对R&D投入一般作为期间费用直接记入当期损益，主要在财务报告附注“支付其他与经营活动有关的现金流量”这一项目中披露，通常的名称包括：研发费、研究开发费、技术研究费、科研费、咨询及技术开发费等。本书手工收集整理了上市企业的R&D支出的数据。2007年起，新会计准则开始实施，增设“开发支出”科目核算企业内部研究和开发阶段的支出，故在“开发支出”科目中披露研发支出的公司入选。剔除部分相关数据缺失的样本，总共形成了1689个样本。

二、变量选择

（一）被解释变量

本书主要研究了企业创新活动与企业价值的关系。企业创新活动分为两个维度：一是创新投入，用企业的R&D费用存量的对数来衡量，记为 SLogrd；二是创新产出，用企业的专利权数量存量表示，记为 SPatent。而企业价值则用企业市场价值的对数来表示，记为 Value。

考虑到我国专利权的使用情况以及数据特征，本书将专利权存量的计算使用当期和落后三期的数据。同时考虑到2002～2012 年我国物价水平强烈波动，本书在模型中剔除了各年物价水平波动的影响，计算某年的专利权存量时，每年的专利权数量均采用当年的 GDP 平减指数来平减。同时，参考资本存量的一般处理方法及专利权的特征，本书以一定的折旧率给每年的专利权数量赋予不同的权重后再进行加总，最终得到专利权的存量计算式：

$$SPatent_t = \frac{P_t}{P_t}Patent_t + (1-\mu)\frac{P_t}{P_{t-1}}Patent_{t-1} + (1-\mu)^2\frac{P_t}{P_{t-2}}Patent_{t-2} + (1-\mu)^3\frac{P_t}{P_{t-3}}Patent_{t-3} \quad (4-1)$$

（二）解释变量

本书同理也可以获得 R&D 费用的存量数据计算方法，最终 R&D 费用存量记作 SLogrd，其计算式为：

$$SLogrd_t = \frac{P_t}{P_t}Logrd_t + (1-\mu)\frac{P_t}{P_{t-1}}Logrd_{t-1} + (1-\mu)^2\frac{P_t}{P_{t-2}}Logrd_{t-2} \quad (4-2)$$

其中，P_t 是 t 期的 GDP 平减指数；$Patent_t$ 是企业 t 年的专利权数量；$Logrd_t$ 是企业 t 年的 R&D 费用的对数值；μ 是专利权或 R&D 费用的折旧率，按照我国的实际情况，本书设定为 20%。

（三）控制变量

一是公司规模指标，本书以企业总资产的对数衡量企业规模，以

SIZE 表示。Schumpeter（1950）就认为大型的企业才比较有能力从事创新活动，因为大型企业有大规模的生产能力与设备，而且有比较强的研发能力、营销能力、财务资源以及产品研发经验等。二是盈利能力指标，用企业资产报酬率衡量，以 ROE 表示（温军和冯根福，2012）。三是融资成本指标，用企业资产负债率表示，记为 LEV（Sanders，2001）。四是股权结构指标，根据“利益侵占假说”，股权集中度越高对企业创新活动产生负效应（Choi et al.，2011），因此本书用赫芬达尔指数衡量，记为 HERFINDAHL。此外，我们还纳入了最终控制人性质，是否为国有企业，记为 STATE。李春涛和宋敏（2010）、温军和冯根福（2012）、解维敏和唐清泉（2013）均发现企业性质对创新活动有影响。

三、模型构建

为了验证三个假设的正确性与合理性，探究企业创新投入与产出对企业价值的影响，本书建立如下模型：

$$SPatent_{i,t} = \alpha_0 + \alpha_1 SLogrd_{i,t} + \alpha_2 Size_{i,t} + \alpha_3 Roe_{i,t} + \alpha_4 Lev_{i,t} + \sum_{n=1}^{11} \beta_n Industry_n + \sum_{m=2002}^{2012} \gamma_m Year_m + \varepsilon_{i,t} \quad (4-3)$$

$$Value_{i,t} = \alpha_0 + \alpha_1 SLogrd_{i,t} + \alpha_2 Size_{i,t} + \alpha_3 Roe_{i,t} + \alpha_4 Lev_{i,t} + \alpha_5 Cov_{i,t} + \alpha_6 Z_{i,t} + \alpha_7 Herfindahl_{i,t} + \alpha_8 Nprofit_{i,t} + \alpha_9 Operincome_{i,t} + \sum_{n=1}^{11} \beta_n Industry_n + \sum_{m=2002}^{2012} \gamma_m Year_m + \varepsilon_{i,t} \quad (4-4)$$

$$Value_{i,t} = \alpha_0 + \alpha_1 SPatent_{i,t-2} + \alpha_2 Size_{i,t} + \alpha_3 Roe_{i,t} + \alpha_4 Lev_{i,t} + \alpha_5 Cov_{i,t} + \alpha_6 Z_{i,t} + \alpha_7 Herfindahl_{i,t} + \alpha_8 Nprofit_{i,t} + \alpha_9 Operincome_{i,t} + \sum_{n=1}^{11} \beta_n Industry_n + \sum_{m=2002}^{2012} \gamma_m Year_m + \varepsilon_{i,t} \quad (4-5)$$

四、描述性统计

表4－1列示了各个变量的描述性统计结果。作为创新活动的产出，上市企业的专利权数量的最大值为6581，而其平均值仅为9.425，标准差达到116.4，说明中国各上市公司的专利权数量之间差距很大，大多数企业的专利权都较少。反观创新投入，上市公司的R&D费用的最大值为79.3，平均值为0.476，各公司之间也出现了很大的差异。各公司创新投入和产出差异很大，一旦创新活动会对企业价值产生一定的影响，那么本书的研究结果就能为企业制定创新战略提供一定的理论支撑。同时也可以看出，我国企业没有足够的创新活动的投入和产出。其他变量的描述性统计结果与现实情况基本一致，因此不再一一赘述。

表4－1 描述性统计

变量	观测值	均值	标准差	最小值	最大值
Value	15256	－0.402	0.522	－9.596	3.028
Patent	18490	9.425	116.4	0	6581
Logrd	1908	15.836	1.784	7.496	22.794
SPatent	20438	3.501	9.297	0	65.61
SLogrd	20438	21.92	271.9	0	16121
Rdexpense	1908	0.476	2.80	0.000	79.3
Cov	15462	1.159	1.422	0	5.394
Size	17539	21.54	1.407	10.84	30.50
Roe	17038	0.0135	2.292	－250.7	33.83
Lev	17538	0.659	7.030	0	877.3
Z	13374	24.10	69.69	－97	1344
Nprofit	15427	5.040	51.50	－140.0	208.0
Operincome	15185	51.50	447.0	－0.036	25100
Herfindahl	13374	－0.191	6.108	－97	0.977

本书在表 4 –2 中列示了部分重要变量的 Pearson 与 Spearman 相关系数情况。在 Pearson 分析中，R&D 费用与企业价值呈现负相关关系，且这种关系并不显著，但在 Spearman 分析中显著；而企业专利权与企业的 R&D 费用及企业价值之间都呈现显著的相关关系，这与本书的假设相符合，初步说明只有专利权才是企业价值提升的直接动因，R&D 费用只能够通过影响专利权才能够间接影响企业价值。

表 4 –2　　　　Pearson 与 Spearman 相关系数

	1	2	3	4	5	6	7	8	9
1. Value	1	–0. 109 *	–0. 218 *	–0. 372 *	0. 219 *	–0. 281 *	0. 278 *	0. 113 *	0. 257 *
2. SLogrd	–0. 028	1	0. 317 *	0. 391 *	0. 406 *	0. 233 *	0. 0626 *	–0. 0126	–0. 0377
3. SPatent	0. 019 *	0. 155 *	1	0. 359 *	0. 112 *	0. 154 *	–0. 126 *	–0. 0306	–0. 0327
4. Cov	–0. 089 *	0. 386 *	0. 114 *	1	0. 369 *	0. 532 *	–0. 104 *	–0. 0648 *	0. 0202 *
5. Size	0. 401 *	0. 450 *	0. 118 *	0. 517 *	1	0. 191 *	0. 423 *	0. 191 *	0. 129 *
6. Roe	0. 018 *	0. 022	0. 003	0. 042 *	0. 040 *	1	–0. 129 *	–0. 0715 *	0. 136 *
7. Lev	–0. 209 *	0. 011	–0. 001	–0. 022 *	–0. 096 *	–0. 137 *	1	0. 102 *	–0. 0280
8. Z	0. 102 *	–0. 076 *	–0. 011	–0. 110 *	0. 040 *	0. 004	–0. 006	1	0. 515 *
9. Herfindahl	0. 008	0. 019	0. 005	0. 020 **	0. 019 *	0. 009	0. 002	0. 107 *	

注：* 表示在 5% 水平下显著；表格左下部分为 Pearson 相关系数分析结果，而表格右上部分为 Spearman 相关系数分析结果。

第四节　研究结果与分析

为了检验假设，本书分别从创新投入和创新产出两个角度，探讨企业技术创新活动的价值效应。首先研究了企业创新投入（R&D 费用）与创新产出（专利权）的关系，回归结果如表 4 –3 所示。

表 4－3　　技术创新投入与技术创新产出　（模型一）

SPatent	(1) 泊松回归 (当期)	(2) 泊松回归 (滞后一期)	(3) 泊松回归 (滞后两期)	(4) 负二项回归 (当期)	(5) 零膨胀泊松回归 (当期)
SLogrd	0. 205 ** (2. 64)			0. 307 *** (6. 02)	0. 265 ** (2. 87)
SLogrd_1		0. 245 *** (3. 98)			
SLogrd_2			0. 363 *** (4. 05)		
Size	0. 658 *** (4. 50)	0. 605 *** (3. 89)	0. 429 * (2. 45)	0. 589 *** (5. 03)	1. 031 *** (4. 86)
Roe	0. 0262 (0. 22)	－0. 348 * (－2. 33)	－0. 422 ** (－2. 64)	0. 0791 (0. 62)	0. 293 (0. 99)
Lev	0. 935 (0. 61)	1. 019 (0. 81)	0. 537 (0. 53)	－1. 341 * (－2. 38)	0. 166 (0. 20)
行业	控制	控制	控制	控制	控制
年份	控制	控制	控制	控制	控制
固定效应	控制	控制	控制	控制	控制
Cons	－19. 27 *** (－4. 24)	－18. 43 *** (－4. 17)	－15. 80 *** (－4. 08)	－17. 78 *** (－7. 00)	－25. 85 *** (－4. 97)
R^2	0. 648	0. 5439	0. 5379		
Wald chi2				275. 49	
N	1689	1515	1519	1689	1365

注：各模型的 R^2 均为组内最小值，限于本书篇幅未列出相关控制变量与其他的 R^2 值。* 表示 10% 显著，** 表示 5% 显著，*** 表示 1% 显著，表 4－4、表 4－5 同。Logrd_n 表示 Logrd 滞后 n 期的值。后文 Rdexpense_n 与 SPatent_n 同。

根据以前文献的研究成果及本书样本数据特征，本书采用泊松回归对模型一进行回归。考虑到研发过程的长期性与不确定性，因此本书分别采用了 R&D 费用对数的当期、滞后一期与滞后两期进行回归。回归结果表明，R&D 费用与专利权数量呈显著的正相关关系，即 R&D 费用越高，企业最终获得的专利权越多。同时，相较于对当期 R&D 费用的回归在 5% 水平上显著，滞后一期和两期的 R&D 费用在 1% 的水平上显著，说明企业创新活动的投入有滞后作用，滞后期大约为 1～2 年。随后，本书还采用了负二项回归和零膨胀泊松回归的方法对假设 1 进行检验，检验结果仍然显著，加强了结论的稳健性。

然后本书分析了企业创新投入（R&D 费用）与企业价值之间的关系，回归结果如表 4－4 所示。

表 4－4　企业技术创新投入与企业价值（模型二）

	(1) 对数（当期）	(2) 对数 （滞后一期）	(3) 实际数（当期）	(4) 实际数 （滞后一期）
SLogrd	0.00737 (0.93)			
SLogrd_1		0.00838 (0.91)		
Rdexpense			6.10e－11 (0.41)	
Rdexpense_1				2.03e－10 (1.53)
Cov	－0.0678*** (－6.49)	－0.0832*** (－6.98)	－0.0680*** (－6.50)	－0.0824*** (－6.95)
Size	0.265*** (7.76)	0.278*** (7.40)	0.268*** (7.90)	0.279*** (7.47)
Roe	－0.00727 (－1.43)	－0.00890* (－2.00)	－0.00733 (－1.44)	－0.00890* (－2.00)
Lev	－0.202 (－1.93)	－0.106 (－0.97)	－0.201 (－1.92)	－0.104 (－0.95)
Z	0.000109 (0.79)	－0.0000259 (－0.19)	0.000107 (0.78)	－0.0000217 (－0.16)

续表

	(1) 对数（当期）	(2) 对数 (滞后一期)	(3) 实际数（当期）	(4) 实际数 (滞后一期)
Nprofit	-6.24e-11*** (-3.74)	-4.20e-11* (-2.26)	-6.27e-11*** (-3.75)	-3.53e-11 (-1.84)
Operincome	8.79e-12*** (4.51)	7.37e-12*** (3.36)	8.53e-12*** (4.12)	5.90e-12* (2.45)
Herfindahl	0.0388 (0.21)	0.112 (0.55)	0.0321 (0.17)	0.0984 (0.48)
行业	控制	控制	控制	控制
年份	控制	控制	控制	控制
固定效应	控制	控制	控制	控制
Cons	-5.718*** (-8.20)	-6.512*** (-8.02)	-5.679*** (-8.07)	-6.413*** (-7.96)
R^2	0.6733	0.7026	0.6730	0.7034
N	1345	1203	1345	1203

考虑到创新活动对企业价值贡献的滞后性，本书先对 R&D 费用取对数值来对创新活动投入的当期及滞后一期的值进行回归，观察回归结果我们可以发现，创新投入与企业价值之间的线性相关关系并不显著，这一结论与假设 2 一致，但与多数相关国内外文献的结论不符。鉴于此，本书引入 R&D 费用的实际值而非对数值对当期和滞后一期的值进行回归，结果同样不显著。因此，本书认为，创新投入对企业价值并没有直接的贡献。

最后，本书探究了企业创新活动的产出（专利权）对企业价值的影响作用，回归结果如表 4-5 所示。

表 4-5　　企业技术创新产出与企业价值 （模型三）

Value	(1) 当期	(2) 滞后一期	(3) 滞后两期	(4) 滞后三期	(5) 滞后四期	(6) 滞后五期
SPatent	0.0000577 * (2.12)					
SPatent_1		0.0000790 * (2.46)				
SPatent_2			0.0000711 * (2.54)			
SPatent_3				0.0000527 (1.86)		
SPatent_4					0.0000512 (1.85)	
SPatent_5						0.0000481 (1.97)
Cov	-0.0866 *** (-28.55)	-0.0784 *** (-15.61)	-0.0755 *** (-14.77)	-0.0754 *** (-15.07)	-0.0699 *** (-14.16)	-0.0725 *** (-15.22)
Size	0.364 *** (60.88)	0.284 *** (20.61)	0.291 *** (21.14)	0.289 *** (21.35)	0.268 *** (20.19)	0.276 *** (21.40)
Roe	0.000424 (0.46)	0.00347 (0.54)	-0.0411 ** (-2.72)	-0.0554 *** (-3.43)	0.000489 (0.46)	0.000119 (0.12)
Lev	-0.00460 *** (-16.13)	-0.0124 (-0.26)	-0.0398 (-0.82)	-0.0244 (-0.52)	-0.0324 (-0.75)	-0.132 *** (-3.44)
Z	-0.0000380 (-0.95)	-0.000191 * (-2.35)	-0.0000480 (-0.55)	0.00000266 (0.03)	-0.0000477 (-0.65)	-0.0000479 (-0.70)
Nprofit	-1.45e-11 *** (-4.46)	-7.13e-12 (-1.81)	-9.91e-12 * (-2.21)	-7.68e-12 * (-2.02)	-6.32e-12 (-1.51)	-4.07e-12 (-1.12)
Operincome	6.89e-13 *** (4.03)	5.19e-13 ** (2.71)	7.22e-13 ** (3.26)	6.76e-13 ** (3.25)	7.53e-13 ** (3.25)	9.85e-13 *** (3.43)

续表

Value	(1) 当期	(2) 滞后一期	(3) 滞后两期	(4) 滞后三期	(5) 滞后四期	(6) 滞后五期
Herfindahl	0.000238 (0.21)	0.00730 ** (2.65)	0.00425 * (1.98)	0.00409 * (2.12)	0.00393 * (2.19)	0.00415 * (2.44)
行业	YES	YES	YES	YES	YES	YES
年份	YES	YES	YES	YES	YES	YES
Cons	-8.553 *** (-66.34)	-6.180 *** (-21.75)	-6.992 *** (-24.03)	-6.951 *** (-24.31)	-6.518 *** (-23.16)	-5.985 *** (-22.50)
R^2	0.6711	0.6635	0.6599	0.6577	0.6554	0.6482
N	12627	5022	5094	5186	5251	5304

回归发现，企业专利权存量与企业价值之间存在显著的正相关关系，说明企业的专利权越多，企业价值越大，专利权对企业价值有直接的贡献。同时，本书对专利权存量滞后1~5期的数值均进行了回归，结果表明专利权存量的当期、滞后一期及滞后两期的结果均显著，说明企业创新活动对企业价值的贡献具有滞后性，滞后期为1~2年。

综上可知，实证结果发现：创新投入并不能直接影响企业价值，创新投入与产出呈正相关关系，而创新产出对企业价值有直接的贡献。因此，创新投入对企业价值的影响必须通过创新产出，且这种影响具有滞后性。

第五节 本章小结

本章以2003~2013年在深圳和上海证券交易所主板上市的企业为样本，采用了与国内相关文献不同的存量研究方法，探究了企业创新投入、产出与企业价值之间的关系。实证结果发现，企业创新投入会影响企业创新产出，且这种影响具有1~2年的滞后期，这表明我国的创新活动持续时间很短，大多为短平快的项目，没有长期的研发过程；同时本书发现，企业的创新投入不会直接影响企业价值，但企业创新产出对企业价值有直接贡献，企业的创新活动必须通过其产出来影响企业价值。

为此本章作出以下建议：第一，我国的创新活动投入不足，企业创新成果较少，因此我国应该加大对创新活动的投入和鼓励，可以考虑加强对创新的税收、贸易及市场准入政策的优惠，应该相对减少短平快的研发项目而偏重于长期项目。第二，由于企业创新活动对企业价值的提升作用，且这种作用具有滞后性，因此企业在制定企业战略及高管激励政策时，应该加入更多的创新绩效指标和长期指标，统一企业高管与企业所有者目标，降低代理成本。第三，由于企业价值的直接影响因素是创新产出而不是创新投入，因此在企业管理过程中，不仅要加大创新投入，更需要关注企业创新活动的效率和产量，更多地关注企业创新的产出面。

作为对企业创新活动与企业价值影响路径的初步研究，受到数据的限制，本书只考察了 R&D 费用及专利权数量存量对企业价值的影响，尚未深入探讨不同类型的 R&D 费用及专利的价值贡献，也没有探究不同专利权的质量不同对企业价值的影响，这些都是未来深入研究的方向。

第五章　控股股东视角下的所有者与企业技术创新的经验证据

第一节　问题提出

党的十八大报告明确指出，中国经济未来的发展必须依靠创新驱动发展战略。这为我国经济持续、科学发展指明了方向，即实现从投资激励导向转向创新激励导向，加强知识产权保护，把政策重点放在鼓励企业通过创新来提高竞争力和全要素生产率上来。随着市场经济的不断发展，企业竞争也日趋激烈，产品周期也越来越短，技术创新直接关乎企业的生存和发展（Fujita，1997）。一方面，企业通过技术创新，可以研发新产品，降低成本，提高市场竞争力，从而提高企业的生产与经营能力（Stopford，1994）。大庆油田在连续 27 年高产 5000 万吨之后，又连续 10 年稳产超过 4000 万吨，三项国际领先的自主技术创新被认为是创造这一奇迹的法宝（汤湘希，2009）。另一方面，企业要适应整个环境的变化，要不断创新自己经营的理念、思路、模式和产品技术，如果一个企业不能够创新，就很难有持续发展的动力（李东生，2012；龙永图，2013）。“诺基亚”就是一个不进行技术创新而枯萎的例子，尽管它曾经是全球手机通信行业的顶尖企业。苹果公司 CEO 蒂姆·库克（Tim Cook）在谈及“诺基亚”时总结道：不创新，必然会带来消亡。在党的十八届三中全会布局深化企业改革的大背景下，转变企业发展方式，增强企业的技术创新能力，成为当前颇受关注的热点问题。因此，如何促进企业技术创新，或者说有哪些因素会影响企业的技术创新，成为学术界十分关注的重要问题。

关于企业技术创新的影响因素，学者们在经济学、管理学、社会学、哲学等领域都有较多论述。Tylecote 等（1999）认为，公司治理是企业技术创新的决定性因素。因此，本书主要从这一视角来考量影响企业技术创新的因素。现代企业往往两权分离——经营权和所有权分离，并且股权相当分散（Berle and Means，1932）。由此带来的所有权和控制权的分离导致所有者和经营者的利益差异和目标冲突，引起了代理问题和代理成本的增加（胡汝银，2010），从而影响企业技术创新。企业经营者的所有权比重上升，对企业创新具有积极影响（夏冬，2003），企业所有者和经营者的关系不适当将会对企业技术创新产生限制（Cantista and Tylecote，2008）。因此，学者开始从经营者、股权结构、持股比例等方面探寻企业技术创新影响的因素。经营者对企业技术创新有非常大的影响（Nakahara，2007），股权结构的差异也会对企业创新活动产生不同的影响（Hoskisson et al.，2002），压力抵抗型股东（如政府为股东的企业）往往对企业技术创新的支持力度最大，最愿意促进企业的技术创新（Brickley and Smith，1988），企业管理层的持股比例与企业技术创新活动显著正相关（Zahra，2008）。但目前仍缺少对控股股东持股比例与企业技术创新关系的研究。即便如美国如此分散的股票市场，仍然存在着控股股东（Holderness and Sheehan，1988），世界上绝大多数国家企业的股权实质上是集中的，都会存在一个具有控制性地位的股东（LaPorta，Lopez-De-Silanes and Shleifer，1999），他们对公司的控制权往往多于他们所拥有的现金流权（许海东，2009）。这个现象在我国尤为明显，终极控制人在我国上市公司中普遍存在，并能通过一系列的控制权，对企业的经营决策施加实际影响，是公司治理的核心（刘芍佳、孙霈和刘乃全，2003)，所以，在研究控股股东持股比例与企业技术创新关系的基础上，本书还将结合终极控制人的性质，进一步探讨控股股东持股比例与企业技术创新的关系会否因为终极控制人性质的变化而有所改变。

本书选择2002～2011年中国深圳与上海证券交易所主板上市的公司为研究样本，运用泊松概率模型与负二项概率模型探究控股股东（所有者）对企业技术创新活动的影响。研究发现：(1) 中国上市企业的控股股东与企业技术创新投入活动之间呈现U型动态特征，当控股股东在一定范围内随着持股比例的增加对技术创新投入具有负效应，而超过某一拐点时，随着控股股东持股比例的增加能促进企业的技术创新投入。与以往研究结论不同，这种双重效应主要由国有上市企业的控股股东引发，并未体现在非国有企业中。(2) 上市企业控股股东对企业技术创新产出活动具有侵占效应，随着控股股东持股比例的增加，这种掠夺效应会更显著。进一步对控股股东的性质研究结果显示，与以往结论有所不同，不论是在国有企业还是在非国有企业中，控股股东持股均对企业技术创新产出活动表现出抑制效应，而且在非国有企业中，不仅尚未发现控股股东持股对技术创新产出活动的利益趋同效应，反而发现与国有企业的控股股东持股相比，非国有企业的控股股东持股对技术创新效率更具递减效应。此外，本书采用ZIP模型与ZINB模型进行经验证明，研究结果保持不变，所得结论仍然稳健。

第二节 理论分析与假设提出

一、控股股东对企业技术创新的影响

(一) 控股股东对企业技术创新的利益收敛效应

一般而言，控股股东一方面会通过自身的控制能力来支配管理者的

决策，从而迫使管理者接受长期创新的投资策略；另一方面当股权适度集中时会提升控股股东在企业所拥有的影响力，控股股东更易与管理者沟通，而且还会降低两者之间信息不对称的程度，面对控股股东更换管理者能力的提高，管理者必须主动协调与股东之间的利益。此外，与管理者相比，控股股东会偏好研发支出的创新投资，如果由控股股东主导企业的决策活动，那么其会更偏向于具有创新层面的战略（Hill and Snell，1989）。Francis 和 Smith（1995）在美国股权分散的制度背景下，验证了控股股东（如机构投资者、管理者等）持股比例相对集中则会推动企业的创新活动（更多的专利权产出，更专注于内部研发与长期研发投入），持股分散小股东关注公司的短期收益不愿意进行研发投入，而持股适当集中的大股东则专注于企业的长期投资收益。

总之，在控股股东与管理者关于企业技术创新活动的博弈过程中，控股股东持股比例的适度增加或者股权结构的适当集中有利于增加控股股东对管理者的影响力，具体表现为：一是促使管理者形成一定的压力，督促其认真评估企业在市场竞争中的优势或者劣势并且判断企业利用创新资源的最佳时机，促进管理者通过组织学习以辨识外部环境的机会，进行准确的风险评估；二是促使管理者判断企业能力的资源投入与复杂度使其更具有效率，使管理者在不断变动的环境中掌握技术和科学发展机会，提高企业的能力；三是促进管理者认真评估创新资源与能力产生收益的潜力，并进行有形或无形资产的整合以适应外在环境的变动，形成竞争优势；四是鼓励管理者选择最能充分利用企业创新资源与能力的战略，将资源与知识转换为公司所能掌握的独特能力和竞争优势；五是推动管理者进行创新投资以弥补、增加和提升企业的创新资源基础，适应市场需求而发展新技术核心产品，提升企业包含创新能力在内的动态能力。

（二）控股股东对企业技术创新的利益掠夺效应

与股权分散而公司的经营权控制权落在管理者手中截然不同，发展中国家的企业中股权集中的情形比较明显（La Porta et al.，1999），相当多的上市企业具有拥有绝对控制权（单一股东持股比例超过51%）的大股东（Holderness and Sheehan，1988）。在中国，随着控股股东持股比例的上升，其对上市企业的控制能力越强（雷光勇和刘慧龙，2006），控股股东在运用其掌握的实际控制权为公司作出投资决策时，通常并不是以公司资源的最优配置为最终目标，其中总有一部分是为了满足其自身私有利益，加之企业内部的信息不对称，导致控股股东存在掏空行为（李增泉、孙铮和王志伟，2004）。控股股东通常利用自身与上市公司之间的关联交易进行外部套利，使得公司在投资过程中资源的有效配置效率降低（孙晓琳，2010；宫艳斐，2011），企业技术创新效率也由此降低。毛良虎（2008）就发现当控股股东持股比例升高并且超过某一程度时，控股股东持股比例的增加会阻碍企业技术创新活动。而冯根福和温军（2008）则发现国有持股比例（包括国有股和国有法人股）对企业技术创新具有掠夺效应，而且随着国有股持股比例的上升，这种掠夺效应越明显，从而导致企业创新能力越低下。

总之，在股权集中度高的国家，随着持股比例的增加，控股股东对上市企业的控制越强，其越有动机去操纵上市企业的经营活动以谋取利益，而非专注于高风险、周期长、收益不确定的创新活动获取收益，此时控股股东进行技术创新活动的动力不足。依据演化经济学的观点，控股股东如果存在控制权私利则无动机去建立和再造组织流程，并且会慢慢侵蚀蕴含在组织流程中的能力（包括创新能力），最终无法整合企业有形或无形的创新资源进行技术创新活动，也无法将资源和知识转换成市场所需要的新产品和新服务，从而无法形成企业持久性的竞争优势。由于控股股东对企业技术创新活动的利益掠夺效应，企业没能创造出有价值的创新资源，致使创新效率低下，进一步导致企业创新产出的下降。

基于上述分析，本书提出假设 1：

H1：控股股东对企业技术创新活动投入呈现出激励与抑制双重效应。

二、企业异质性质对企业技术创新的调节效应

目前大多数对股权性质与企业研发活动关系的研究都只是从研发投入的角度出发的，即研究股权性质对企业研发投入的影响，而并没有研究股权性质会如何影响企业创新活动产出。

股权性质是指企业的股权由国家操控还是由私人操控，主要分为国有和非国有两种。研究者认为国有企业与政府的关系密切，能得到政府的资源支持，但是，同时接受政府干预是国有企业经营的显著特点。因此股权性质对于企业技术创新活动可能产生两方面的影响。

大多数研究认为，国有股权性质对企业研发活动产生负向效应，并且国企的研发效率不如非国企。Anmingzhang（2003）通过对 8341 个中国企业的样本进行研究时发现，国企的研发效率要低于非国企。Andy Cosh 和 Xiaolan Fu（SLPTMD Working Paper Series No. 007）研究了中国产业在研发效率方面的企业影响，发现国有领域的研发效率明显比非国有领域的研发效率要低得多。在非国有领域里，外国投资公司和一些来自中国香港、澳门和台湾的投资者比中国大陆的集体企业和合股企业有更高的研发和生产效率，而且好的公共设施建设也被认为是对公司研发效率施加了一个正面的作用。Clark（2003）在研究中国公司治理时，认为由于国有企业本身的效率缺陷和所有者缺位及高管激励不足，以及身为国企所背负的政治使命，如发展地方经济、促进就业和社会稳定等，使得国有企业不能有效地使用资源，从而导致技术创新的产出效率下降。而非国有股份的产权主体多为营利性民营企业、集体企业或自然人，他

们的产权主体具有明晰性、不存在产权主体缺位问题，以追求利润最大化为主要出发点，这与技术创新的根本目的具有内在的一致性，因此为提升企业价值而进行研发活动的动力更大、效率更高。李丹蒙、夏立军（2008）的研究结果与此一致，非国有控股上市公司的研发强度显著高于国有控股上市公司，非国有控股上市公司从事研发活动的自我激励更强。

但也有研究者发现国有股权也存在一定的正面效应。一般来讲，只有那些实力比较强、融资较为便利的企业才更有意愿进行研发（曾方，2003）。国有股权因其融资约束弱、容易获得政府资助等使得国有企业具有比非国有企业更有利的研发环境，因此可能在一定程度上促进企业研发投入。除此之外，由于国有股权并不像私有股权一样存在强烈的利益侵占动机，大小股东之间代理问题对其企业创新的负面影响可能弱于非国有企业。

总体来说，国有企业中存在资源利用不合理、创新效率总体低下的问题，而非国有企业的代理问题较之国企更为严重。不同股权性质会加重还是减轻控股股东持股对企业创新活动的影响，要视上述两种情况中哪一种更为严重。由于大多数研究都支持国有股权的负向效应，基于以上分析，本书提出假设 2：

H2：与非国有企业相比，在国有企业中控股股东持股对企业创新效率更具负向效应。

第三节　研究样本与数据

一、数据来源

本书全样本包含 2002 ~ 2011 年在深圳和上海证券交易所主板上市的企业，样本企业的专利权数据取自 WEBPAT 全球专利咨询网中的中国专利与中国知识产权局知识产权出版社的《中国专利数据库》。该数据库收录了1985年9月以来的所有专利，通过手工收集中国上市企业历年所拥有的专利数量，本书共得到13291个专利权数据。

在2002～2006年，由于我国现有会计制度并未强制要求上市企业对外披露研发支出的详细信息，因此本书这部分的数据为对2002～2006年上市公司的财务报表进行详细分析后获得。在2007年新会计准则实施以前，对R&D投入一般作为期间费用直接计入当期损益，主要在财务报告附注“支付其他与经营活动有关的现金流量”这一项目中披露，通常的名称包括：研发费、研究开发费、技术研究费、科研费、咨询及技术开发费等。本书手工收集整理了上市企业的R&D支出的数据。2007年起，新会计准则开始实施，增设“开发支出”科目核算企业内部研究和开发阶段的支出，故在“开发支出”科目中披露研发支出的公司入选。剔除部分相关数据缺失的样本，总共形成了1350个样本。

二、变量选择

（一）被解释变量

本书按照温军和冯根福（2012）对企业技术创新采用的衡量方法，从企业创新活动产出的维度来度量企业的技术创新水平，用专利权核准数来衡量企业的技术创新产出活动，用INNOVATION表示，以使实证结果更全面和稳健。在分析企业研发活动的生产力时，专利权不失为一个良好的指标（Francis and Smith，1995）。专利权作为一种具有相关性的非财务补充信息，比研发支出提供了更充分的信息供投资者评估研发活动的市场价值（Hall，Jaffe and Trajtenberg，1998），实务中专利权数量较其他产出指标更容易取得且资料准确性高。

（二）解释变量

本书以控股股东持股、创新研发投入以及控股股东与研发投入的交互项作为解释变量。其中，控股股东是指其出资额占有限责任公司资本总额50%以上或者其所持股份占股份有限公司股本总额50%以上的股东。此外，出资额或者持有股份的比例虽然不足50%，但依据其出资额或者持有的股份所享有的表决权已足以对股东大会、股东大会的决议产生重大影响的股东，也属于控股股东，用HOLDER表示；企业创新投入指企业每年的研发支出，用EXPENSE表示；控股股东与研发投入的交乘项表示随着控股股东持股比例的上升每投入一单位的研发支出所导致的创新产出的变化，或者表示当研发投入处于平均水平时控股股东持股每变化一单位的比例所引起的创新产出的变化，记为RH。

（三）控制变量

一是公司规模指标，本书以企业总资产的对数衡量企业规模，以SIZE表示。Schumpeter（1950）就认为大型的企业才比较有能力从事创新活动，因为大型企业有大规模的生产能力与设备，而且有比较强的研发能力、营销能力、财务资源以及产品研发经验等。二是盈利能力指标，用企业资产报酬率衡量，以ROE表示（温军和冯根福，2012）。三是融资成本指标，用企业资产负债率表示，记为LEV（Sanders，2001）。四是股权结构指标，根据“利益侵占假说”，股权集中度越高对企业创新活动越产生负效应（Choi et al.，2011），因此本书用赫芬达尔指数衡量，记为HERFINDAHL。此外，我们还纳入了最终控制人性质，是否为国有企业，记为STATE。李春涛和宋敏（2010）、温军和冯根福（2012）、解维敏和唐清泉（2013）均发现企业性质对创新活动有影响。各变量说明如表5－1所示。

表 5－1　　　　　　　　　　主要变量定义

变量名称	变量符号	预期符号	变量的定义
企业创新能力	INNOVATION		企业当年核准的专利权数量
企业创新投入	RDEXPENSE		企业当年投入的研发费用
研发投入	LOGRD	?	企业当年投入的研发费用取对数
控股股东与研发交乘项	RH	－/＋	企业控股股东持股比例与研发投入的乘积
控股股东	HOLDER	－	控股股东持股比例
公司规模	SIZE	＋	年末总资产金额的自然对数
获利水平	ROE	?	企业当年的净资产收益率＝年末净利润除以平均股东权益
赫芬达尔指数	HERFINDAHL	?	前 5 大股东持股比例的平方和
债务率	LEV	?	年末负债总额除以年末资产总额
企业性质	STATE	?	终极控制人性质

三、描述性统计

表 5－2 为各个变量的描述性统计，样本每家企业平均拥有 21.72 个专利权，技术创新（INNOVATION）平均数都大于中位数，样本呈现出较高的右偏现象。因此在进一步分析时，本书除列出 Pearson product moment 相关外，也列出了 Spearman 秩相关系数。企业创新投入研发费用平均为 5.09e＋07（中位数为 7697066），为了平抑研发费用的标准差（2.93e＋08），本书将研发费用取自然对数后均值为 16.3368（中位数为 16.37），控股股东持股与研发费用的交互项平均为 609.3177（中位数为 556.2715）。样本公司规模取对数后均值为 14.0145（中位数为 13.95），公司的资产负债率平均值高达 72.43%（中位数为 51.66%），公司的净资产收益率平均为 0.0347（中位数为 0.0806），公司的股权集中度平均值为 0.1941（中位数为 0.1592）。

表 5－2　　描述性统计

变量	中位数	均值	标准差	最小值	最大值
INNOVATION	3	21.7204	170.6397	0	6581
RDEXPENSE	7697066	5.09e+07	2.93e+08	1800	7.93e+09
RH	556.2715	609.3177	275.1467	65.2352	1822.839
HOLDER	36.0300	38.0928	16.3610	0.1	99
LOGRD	16.3700	16.3368	1.4949	6.9078	22.9008
LEV	0.5166	0.7243	8.0748	0	877.2559
SIZE	13.9500	14.0145	1.4038	3.9318	20.7086
ROE	0.0806	0.0347	1.4905	－79.8885	33.8313
HERFINDAHL	0.1592	0.1941	0.1360	9.00e－10	0.9774

表 5－3 为本书主要变量的 Pearson 和 Spearman 相关的结果，矩阵对角线的右上方为 Pearson 相关，左下方为 Spearman 相关。结果显示，在 Pearson 级差相关系数中企业技术创新产出（INNOVATION）与研发费用（LOGRD）、交互项（RH）、公司规模（SIZE）、净资产收益率（ROE）、资产负债率（LEV）呈现显著相关的现象。而相比较 Spearman 等级相关系数，企业技术创新的变量与除控股股东持股（HOLDER）及股权集中度（HERFINDAHL）外的所有变量呈现高度相关的现象。表 5－3 同时也显示，部分自变量之间呈现出显著的相关，如公司规模与研发投入、盈利能力、资产负债率、股权集中度之间显著相关。因此，后面进行多变量分析时，需进一步了解这些相关关系对于分析的影响。

表 5－3　　相关系数

	INNOVATION	LOGRD	RH	HOLDER	SIZE	ROE	HERFIN	LEV
INNOVATION	1	0.3160 <0.0001	0.2980 <0.0001	－0.0330 0.223	0.1210 <0.0001	0.1510 <0.0001	－0.0330 0.2210	－0.1140 <0.0001
LOGRD	0.1410 <0.0001	1	0.9510 <0.0001	－0.0260 0.3440	0.4050 <0.0001	0.2310 <0.0001	－0.0370 0.1770	0.0660 0.0150

续表

	INNOVATION	LOGRD	RH	HOLDER	SIZE	ROE	HERFIN	LEV
RH	0. 0770 <0. 0001	0. 9720 <0. 0001	1	0. 2510 <0. 0001	0. 4320 <0. 0001	0. 2500 <0. 0001	0. 2300 <0. 0001	0. 0700 0. 0100
HOLDER	-0. 0090 0. 2450	0. 1260 <0. 0001	0. 1570 <0. 0001	1	0. 1660 <0. 0001	0. 1170 <0. 0001	0. 9630 <0. 0001	0. 0170 0. 5250
SIZE	0. 1880 <0. 0001	0. 3980 <0. 0001	0. 3470 <0. 0001	0. 1930 <0. 0001	1	0. 1680 <0. 0001	0. 1230 <0. 0001	0. 4110 <0. 0001
ROE	0. 0070 0. 3530	0. 0090 0. 2220	0. 0080 0. 280	0. 0320 <0. 0001	0. 0560 <0. 0001	1	0. 1430 <0. 0001	-0. 1140 <0. 0001
HERFINDAHL	-0. 0140 0. 0650	0. 1460 <0. 0001	0. 1860 <0. 0001	0. 9590 <0. 0001	0. 1780 <0. 0001	0. 0370 <0. 0001	1	-0. 0190 0. 4870
LEV	0. 0580 <0. 0001	0. 1210 <0. 0001	0. 0980 0. 0142	0. 0070 0. 3200	0. 3720 <0. 0001	-0. 1630 <0. 0001	-0. 0200 <0. 0001	1

第四节　研究结果与分析

为了检验假设，本书分别从创新投入和创新产出两个角度，探讨控股股东对企业技术创新活动的影响。本书参考冯根福和温军（2008）以及 Guadalupe 等（2012）的方法建立如下模型。

一、创新投入模型

$$\text{Logrd} = \alpha_0 + \alpha_1 \text{Holder} + \alpha_2 \text{Hh} + \sum_{j=1}^{4} \beta_{jt} \text{Control}_{jt} + \sum_{m=1}^{11} \gamma_m \text{Indstry}_m + \sum_{k=2002}^{2011} \delta_k \text{Year}_k + \varepsilon_{it} \quad (5-1)$$

在创新投入模型中，因变量企业技术创新活动以 Logrd 创新研发投入表示，解释变量中 Holder 为控股股东持股比例，Hh 为控股股东持股比例的二次项，控制变量由企业规模 Size、净资产收益率 Roe、股权集中度 Herfindahl、资产负债率 Lev 等指标构成，并控制行业效应与年度效应。以下所有回归均通过对企业代码进行 cluster 分析以及采用 robust 分析调整标准误。

控股股东持股比例对企业创新投入影响的回归结果（模型）如表 5－4 所示。

在全样本模型（1）中控股股东持股比例（Holder）回归系数为负，表明其对企业技术创新投入活动呈现负效应，但是却并不显著，而控股股东持股平方（Hh）的系数显著为正，说明此时控股股东对企业技术创新研发投入呈现 U 型动态特征，当控股股东在一定范围内随着持股比例的增加对技术创新投入具有负效应，而超过某一拐点时，控股股东持股比例的增加能促进企业的技术创新投入。本书进一步分析企业性质的差异是否会导致控股股东对企业技术创新投入影响的区别。

在模型（2）中，国有企业的控股股东与研发投入仍然呈现 U 型关系，而且此时控股股东（Holder）的系数显著为负，结果显示在某一范围内时，国有企业控股股东持股并未显著增加企业创新活动，当持股比例超过一定程度时，随着控股股东持股比例的增加，企业会显著增加更多的创新活动投入。

表 5－4　　控股股东持股对企业创新投入的影响

变量	全样本 (1)	国有 (2)	非国有 (3)
常数项	1.8617 (0.6300)	－2.1405 (－0.5600)	7.1423 (1.2000)
HOLDER1P	－0.0148 (－0.6900)	－0.0441 * (－1.8000)	0.0393 (0.8000)

续表

变量	全样本 (1)	国有 (2)	非国有 (3)
HH	0.0006** (2.4700)	0.0008*** (2.9000)	0.0014 (1.4000)
SIZE	0.6515*** (4.6200)	0.8928*** (4.9100)	0.3474 (1.2400)
ROE	-0.0083 (-0.3600)	-0.0240 (-1.0300)	0.0770 (0.1700)
HERFINDAHL	-5.5736*** (-3.2400)	-5.4752*** (-3.0900)	-16.8381* (-1.9800)
LEV	0.4443 (0.9600)	-0.4605 (-0.7800)	1.7494* (1.8600)
Industry	Yes	Yes	Yes
Year	Yes	Yes	Yes
Fixed-Effects	Controlled	Controlled	Controlled
N	1350	879	463
F value	8.6000***	7.8700***	2.0600**

模型（3）为非国有企业子样本，控股股东（Holder）的系数虽然为正但却并不显著，表明非国有企业控股股东对企业技术创新投入未呈现明显效应，而控股股东持股平方（Hh）的系数亦未见显著。

因此，综合上述情况，本书的研究结果与以往有所不同，控股股东对企业技术创新活动投入的双重效应主要由国有上市企业的控股股东引发，而在非国有企业中并未体现（假设 H1）。

二、创新产出与效率模型

$$Innovation_{i,t} = \alpha_0 + \alpha_1 Logrd + \alpha_2 Rh + \alpha_3 Holder + \sum_{j=1}^{4} \beta_{j,t} Control_{j,t}$$

$$+\sum_{m=1}^{11}\gamma_m Indstry_m+\sum_{k=2002}^{2011}\delta_k Year_k+\varepsilon_{i,t} \qquad (5-2)$$

在创新产出模型中，因变量企业技术创新活动以企业当年核准的专利权数量 Innovation 表示，解释变量中 Rh 为企业控股股东持股比例与研发投入的交乘项，控制变量与前式相同，并控制行业效应与年度效应。以下所有回归均通过对企业代码进行 cluster 分析以及采用 robust 分析调整标准误。

为了使经验结果更为可靠，研究结论更具说服力，本书除采用泊松（Poisson）模型与负二项（Nbreg）模型外，因为被解释变量还存在许多值为零的膨胀现象，所以还采取 Zip 模型 和 Zinb 模型进行稳健性分析。控股股东持股比例对企业创新产出影响的回归结果（模型）如表 5－5 所示。在模型（1）中企业创新投入（Logrd）的系数显著为正，表明在企业技术创新活动中研发投入对于促进创新活动产出具有显著激励效应；控股股东（Holder）对企业技术创新活动产出虽然呈现负效应，但是并不显著；而控股股东持股比例与研发投入的交互项（Rh）系数显著为负，说明控股股东持股比例本身并未直接影响企业的技术创新活动，而是通过控股股东的控制力影响企业的研发投入的利用效率以最终影响企业创新产出。控股股东持股呈现明显负面抑制效应，阐明控股股东可能存在对研发费用的利益侵占行为而导致创新效率的下降；此外，在控制变量中企业规模（Size）越大越有利于企业的创新，该结论与熊彼特提出的假说一致，公司的资产负债率（Lev）越高表明企业越存在较大的偿债压力，这类企业不太愿意将更多的资金投入到高风险而且高不确定性的研发项目中，因此创新产出也较低。表 5－5 中负二项模型回归结果如模型（2）中所示，基本与模型（1）一致，但是此时，控股股东持股直接对企业技术创新活动产生负效应，表示随着控股股东持股比例的增加，会进一步加剧其对创新活动的掠夺行为而造成创新产出的下降。

表 5-5　　控股股东持股比例对企业创新效率的影响

变量	POISSON (1)	NBREG (2)	ZIP (3)	ZINB (4)
常数项	-22.5504*** (-5.1700)	-12.6615*** (-4.4600)	-19.4307*** (-5.8900)	-15.5734*** (-5.0400)
LOGRD	6.54e-09** (2.2000)	8.60e-09** (2.4700)	5.30e-09*** (4.8900)	4.17e-09* (1.7100)
RH	-1.18e-10* (-1.8200)	-1.14e-10*** (-2.6800)	-7.62e-11*** (-5.3900)	-5.78e-11* (-1.8300)
HOLDER	-0.0182 (-0.6800)	-0.0312* (-1.6900)	-0.0010 (-0.0900)	-0.0052 (-0.7100)
SIZE	1.0247*** (5.4900)	0.6200*** (4.6200)	0.8638*** (6.1600)	0.7196*** (5.2500)
ROE	0.0698 (0.2900)	0.1526 (1.2300)	0.1212 (0.6900)	-0.3044 (-0.3800)
HERFINDAH	1.4260 (0.4700)	3.6472 (1.5900)	-1.7876 (-0.5400)	
LEV	-1.1959* (-1.7600)	-1.5415** (-2.5400)	-0.4141 (-0.6500)	-0.9245 (-1.5400)
Industry	Yes	Yes	Yes	Yes
Year	Yes	Yes	Yes	Yes
N	1352	1352	1682	1682
Log p	-31159.1260	-3215.0425	-31725.7000	-4207.3680
lnalpha		1.4963		1.2129 (7.9300)
Alpha		4.4653		3.3631

注：* 表示 10% 水平下显著，** 表示 5% 水平下显著，*** 表示 1% 水平下显著。

在以往研究中有学者发现，控股股东对企业技术创新活动可能存在激励效应与侵占效应双重属性，本书又将控股股东持股的平方（Hh）代入模型（1）和模型（2），发现其回归的系数分别为 -0.0010

和 -0.00009，但是两者均不显著，其他变量的显著情况均与未放入 Hh 的情况一致。上述研究显示，中国上市企业的控股股东目前尚未表现出对企业技术创新活动产出的正向促进作用，反而表现出利用企业的技术创新活动进行利益侵占的负面效应。为了更好地说明本书结论的可靠性，研究还采用 ZIP 模型和 ZINB 模型对结果的稳健性进行测试，结果如表 5-5 中模型（3）和模型（4）所示，两个模型中的检验结果与模型（1）和模型（2）基本保持一致，其效果甚至比模型（1）更好。根据以上各模型的结果可知，在中国，控股股东对企业技术创新活动产出并未表现出激励与抑制双重效应，其影响主要表现为堑沟效应，即控股股东持股比例越高，控股股东通过侵占企业创新活动的方式来追求控制权私有收益的动机就越强烈，进而企业创新活动的投入产出效率会受到负面影响。

在研究控股股东持股的基础上，有学者发现企业股权的异质性会影响企业的技术创新活动（温军和冯根福，2012）。本书亦根据企业终极控制人的不同性质，将全样本分为国有企业和非国有企业，探析企业性质对控股股东与企业技术创新的关系是否具有调节效应，回归结果（模型）如表 5-6 所示。模型（1）和模型（2）分别为国有企业和非国有企业的研究结果。控股股东持股比例与研发投入的交互项（Rh）系数均显著为负（-2.55e-11 和 -5.05e-10），表明国有企业与非国有企业控股股东对企业技术创新效率均存在负向影响，二者并未有实质性差异，仅仅存在对创新活动的侵占程度的差异。此外，非国有企业中控股股东持股（Holder）回归系数显著为负，而国有企业中这一结果并不显著，表明控股股东的直接抑制效应主要由非国有企业的控股股东持股所引起，也就是说相比于国有企业，非国有企业的控股股东持股越多，其似乎更不愿意进行技术创新活动，直接影响创新产出，而国有企业的控股股东则主要通过其控股比例来影响对创新投入的利用效率，采用间接的侵占方式对技术创新进行掠夺。有趣的是，虽然国有企业与非国有企业的控股股东均不同程度对企业技术创新活动产生负效应，但非国有企业中赫芬达尔指数（HERFINDAHL）的系数显著为正，表明与国有企业相比，非国有企业的股权集中度更有利于企业技术创新活动产出。因此，从股权集中度的角度而言，不同性质的企业存在显著差异，而这种区别最终会影响企业创新活动产出。

表 5－6　　　　不同终极控制人性质下控股股东持股比例对企业创新效率的影响

变量	POISSON		Nbreg		Zip		Zinb	
	国有 (1)	非国有 (2)	国有 (1)	非国有 (4)	国有 (5)	非国有 (6)	国有 (7)	非国有 (8)
常数项	-20.4020*** (-5.0800)	-14.4504** (-2.0400)	-17.6052*** (-5.6100)	-9.3083** (-1.9600)	-18.9549*** (-4.7800)	-22.0443 (-4.0800)	-17.5883*** (-5.8700)	-9.0853** (-2.290)
LOGRD	1.43e-09 (1.3100)	2.04e-08*** (4.7100)	5.21e-09 (1.5700)	2.80e-08*** (4.1500)	2.80e-09*** (3.0300)	2.04e-09 (1.5600)	3.35e-09 (1.2300)	5.05e-09* (1.9300)
RH	-2.55e-11* (-1.6600)	-5.05e-10*** (-5.6600)	-7.17e-11* (-1.7400)	-6.71e-10*** (-4.0400)	-4.46e-11*** (-3.5400)	-3.22e-11* (-1.8400)	-5.10e-11 (-1.5000)	-6.86e-11* (-2.0200)
HOLDER	0.0160 (0.8300)	-0.0501* (-1.7200)	0.0103 (0.4800)	-0.0722** (-2.1200)	-0.0008 (-0.0900)	-0.0107 (-0.6000)	0.0042 (0.5400)	0.0068 (0.7700)
SIZE	0.9619*** (5.5300)	0.6165** (2.0700)	0.8275*** (5.6800)	0.4147* (1.8900)	0.8840*** (5.8700)	1.1859*** 4.3700)	0.9489*** (6.5200)	0.5384*** (2.7300)
ROE	0.0463 (0.2200)	-0.3810 (-0.6200)	-0.0090 (-0.1200)	2.5361* (2.2200)	0.1538 (0.9600)	-2.4302* (-1.8700)	-0.0755 (-0.7500)	-1.5045* (-1.720)
HERFINDAHL	-2.8596 (-1.2100)	8.8926** (2.4100)	-0.8304 (-0.3100)	10.5365* (2.2500)				
LEV	-1.9347*** (-3.1500)	0.5936 (0.6600)	-2.2827*** (-3.8600)	0.5261 (0.5000)	-0.5763 (-0.9600)	-1.1919 (-1.3200)	-1.6674*** (-2.9800)	0.1268 (0.130)
Industry	Yes	Yes	Yes	Yes	Yes	Yes	Yes	Yes
Year	Yes	Yes	Yes	Yes	Yes	Yes	Yes	Yes
N	879	473	879	473	879	795	879	795
Log p	-14321.4890	-6982.3951	-2004.0484	-1138.4423	-9891.5380	-21726.4200	-1992.0550	-2186.590

注：* 表示 10% 水平下显著，** 表示 5% 水平下显著，*** 表示 1% 水平下显著。

为了检验上述结论的有效性，本书另外采用 ZIP 模型与 ZINB 模型来分析企业股权异质性对控股股东与企业技术创新关系的中介影响，结果如模型（3）和模型（4）所示。交乘项（Rh）系数为负显示，不论是国有控股股东还是非国有控股股东均存在研发活动中的私利行为，假如企业投入平均的研发支出，则企业的控股股东持股比例上升一单位，会在某一程度相应降低企业的创新产出。整体而言，ZIP 模型和 ZINB 模型与 POISSON 模型和 NBREG 模型的结论基本保持一致，尽管企业股权异质性对控股股东持股与企业技术创新效率关系的调节效应并不明显，假设 2 没有得到检验，但本书却发现非国有企业控股股东通过直接抑制效应和降低创新效率的间接抑制效应这两种方式来负向影响企业技术创新，而国有企业控股股东仅在间接抑制效应方面有所显现，这与过去“非国有企业更能促进创新”的研究结论有所不同。

另外，从表 5 -4 中可知，股权集中度（Herfindahl）对企业技术创新投入具有显著负向效应，且在异质股权分组之间仅有程度上的差异。而表 5 -5 中显示，股权集中度对企业技术创新活动产出没有影响，但对全样本进一步分组后显示（见表 5 -6），非国有企业中股权集中度（Herfindahl）系数显著为正，而国有企业相应系数不显著，说明非国有企业的股权集中度对企业的技术创新活动产出有促进作用。所以总体而言，非国有企业的股权集中度虽负向影响企业技术创新投入，但其对创新活动产出却有促进作用，说明非国有企业的股权集中度能够适度提高企业创新效率。同时，这也说明非国有企业的股权集中度较之国有企业更优，更利于企业创新效率的提高。普遍来说，国有企业的股权集中度更高，“一股独大”现象更严重。因此，本书认为我国国有企业应优化股权结构，适度降低股权集中度，提升企业的技术创新效率。

第五节 本章小结

本书选择2002～2011年中国深圳与上海证券交易所主板上市的公司为研究样本，从创新投入、产出及创新效率等三个维度探究了控股股东对企业技术创新活动的影响，并运用泊松（Poisson）、负二项（Nbreg）、Zip和Zinb等四个模型进行回归分析，保证了检验结果的稳健性。本书所得数据准确完整，所得结论有：

（1）与国内仅从创新投入方面进行研究相比，本书从创新活动投入、产出及创新效率等多个视角来考察控股股东持股的影响，更为全面、准确地剖析了控股股东持股与企业创新活动的关系。本书发现，控股股东持股比例与企业技术创新活动投入呈现U型动态特征，在一定范围内控股股东持股比例的增加对技术创新投入具有抑制效应，而超过某一拐点时，控股股东持股比例的增加能促进企业的技术创新投入。与以往研究结论不同，这种双重效应主要由国有上市企业的控股股东而引发，在非国有企业中并未体现；而在创新活动产出方面，上市企业控股股东对企业技术创新活动产出并未表现出激励与抑制双重效应，其影响主要表现为侵占效应，即控股股东持股比例越高，其越有动机通过侵占企业创新活动的方式来追求控制权私有收益，随着控股股东持股比例的增加这种掠夺效应会更显著，并且会因明显扭曲企业研发投入与创新产出的关系而导致创新效率下降。

（2）与国外研究相比，本书针对终极控制人在我国上市公司中普遍存在的现象，将企业终极控制人的异质性对企业技术创新的调节效应进行了检验。尽管终极控制人的异质性对控股股东持股与企业技术创新效率关系的调节效应并不明显，但不论是在国有企业还是在非国有企业中，控股股东持股对企业技术创新活动产出均表现出抑制效应，并且与过去“非国有企业更能促进创新”的研究结论有所不同。本书不仅尚未发现控股股东持股对技术创新活动产出的利益趋同效应，反而发现与国有企业的控股股东持股相比，非国有企业的控股股东持股对技术创新活动更具递减效应。研究结果显示，相比于国有企业，非国有企业的控股股东持股越多，其进行技术创新活动的意愿越低，直接影响创新产出，除此之外还通过负向影响创新效率来间接抑制创新产出，而国有企业控股股东仅表现出间接的侵占方式对技术创新进行掠夺。

同时本书发现，在我国特殊的制度背景下，非国有企业的股权集中度对企业的技术创新活动产出有促进作用。总体而言，非国有企业的股权集中度虽负向影响企业技术创新投入，但其对创新活动产出却有促进作用，说明非国有企业的股权集中度能够适度提高企业创新效率。这也说明非国有企业的股权集中度较之国有企业更优，更利于企业创新效率的提高。普遍来说，国有企业的股权集中度更高，“一股独大”现象更严重。因此，本书认为，我国国有企业应优化股权结构，适度降低股权集中度，提升企业的技术创新效率。

第六章　管理层持股视角下的管理者与企业技术创新的经验证据

第一节　问题提出

在经济全球化日益纵深与国际竞争日趋激烈的情况下，转变经济发展方式，实施创新驱动发展战略，增强民族企业的技术创新能力，已经成为当前我国社会最受关注的焦点问题。现代企业主要采用所有权与经营权分离的经营方式，学术界普遍认为，管理层持股通过将股东利益与管理者利益相结合的方式，可以缓解委托人与代理人之间的利益冲突，从而解决企业不愿意创新的问题。因此，从内部激励的视角讨论管理层持股对企业创新活动的影响，对转变经济发展方式、实施创新驱动战略、建设创新型企业具有重要的理论价值和现实意义。

如果管理层持股在一定程度上能够缓解委托代理问题，那么管理层持股对创新活动可能会有正面影响，因为管理层持股将管理者与股东的利益联系在一起产生利益趋同效应，较高的管理层持股有利于降低与创新有关的高代理与契约成本，更能促进企业的创新活动（Jensen and Mecking，1976；Finkelstein and D'Aveni，1994；Francis and Smith，1995；Czarnitaki and Kraft，2004）。不过，除了正向线性关系外，国外文献表明，管理层持股对企业创新活动还存在负向线性关系（Latham and Braun，2009）或者非线性关系（Fama and Jensen，1983；Cosh et al.，2005）。其理由为，管理层持股是把“双刃剑”，既存在利益趋同效应又具有堑沟效应（Morck et al.，1988；David et al.，2005）。此外，因为国家之间制度背景具有明显差异，例如，美国的企业具有分散的股权、完善的股权融资体系、市场在企业的控制中扮演重要作用等特点，而德国或日本则具有以银行融资为主、股权集中于大股东、强调内部控制机制等特点（La Porta et al.，1998 等），所以股权结构的差异也会对企业创新活动产生不同的影响（Hoskisson et al.，2002），从而导致了实证结果的多元性。与国外主流观点有所不同，中国数据的实证研究结果基本都是管理层持股与非国有企业创新活动正相关关系的结论（刘伟和刘星，2007；熊艳和梁莱歆，2009；解维敏和唐清泉，2013）。

在已有文献的基础上，进一步探讨管理层持股与企业创新活动的影响，其中，分析重点主要围绕以下两点进行：（1）在中国，管理层持股对企业创新活动存在利益趋同效应还是堑沟效应？或者这两种效应是否会同时存在而呈非线性关系？（2）对于不同类型的企业（国企与私企股权集中度高与股权集中度低的公司），这种影响是否有不同的特点？这对公司治理和国企改革有什么启示？对我国创新型企业建设及创新型国家建设又有什么样的意义？与国内文献相比，首先，我们的数据样本包括 2002～2011 年在上海和深圳证券交易所上市的所有发行 A 股的公司，其他文献的样本均在 2006 年之前，而且时间跨度也比较短；其次，我们衡量创新的方法除了传统的研发支出、创新产出以外还采用创新效率的这一重要指标，其他文献基本采用研发支出代替企业技术创新活动；再次，企业创新活动有其特殊性，特别是技术创新活动，从研发投入到创新产出需要一定周期，因此，时间对于企业创新活动是一个重要的考量因素，相对于其他文献，本书采用的所有模型均考虑滞后或预期因素的影响；最后，在检验管理层持股与创新产出关系时，为了更适合数据的分析与处理，本书采用计数模型而不是传统的 OLS 多元回归，在计数模型中除了考虑 Poisson 模型外还采用 Nbreg 模型。

第二节　理论分析与假设提出

在新经济时代，创新活动已成为企业成败的关键。虽然创新活动是企业开展长期竞争优势的关键策略（Stuart，2000），但是却具有长期投资、高风险、无法预期、劳动密集与特异性（idiosyncratic）五种特性（Holmstrom，1989），研发过程中的不确定性和风险性也决定了结果的不确定性（顾群、翟淑萍，2012）。因此，要诱使企业管理层进行创新活动并不容易。管理层持股虽然将所有者与管理者的利益联系在一起会产生利益趋同效应，但是当管理层持股超过某一程度时，有权让自身免于外部监管与内部监督机制的压力，堑沟效应随之显现。因此，本书借鉴 Jensen 和 Meckling，（1976）Wright 等（1996）所采用的研究方法，在中国制度背景下探讨管理层持股产生的利益趋同效应与堑沟效应对企业技术创新活动的影响机理。

一、管理层持股对企业技术创新活动的影响

（一）管理层持股对企业技术创新的激励效应

企业若想创新成功，不仅需要企业管理层对所拥有的互补性资产进行有效管理，还需建立一套与创新科技和创新经济环境相匹配的整合系统。该系统内不仅包括有效的激励机制还包含创新内外部资源的重新配置机制。在企业实际创新过程中，创新的创造者、所有者、使用者与投资者，在绝大多数情况下他们并不是同一个利益体，管理层与生产部门、财务部门、销售部门以及研发部门的共同投入和努力才有可能取得创新活动的成功。考虑到创新活动高度的不确定性与失败率，想要协调

与管理企业创新各个系统取得成功，管理层必须进行果断且富有成效的管理。委托代理理论认为所有者与管理者相互分离，两者之间的目标可能存在差异，缺少股权激励的管理者不太愿意承担风险支持创新活动或者使创新活动顺利进行（Wright et al.，1996）。管理层持股将所有者与管理者的利益联系在一起，产生了利益趋同效应可以降低代理问题，会促使管理层在研发项目中（如项目决策、资源配置、创新管理）付出更多的努力（Jensen and Mecking，1976）。增加管理层持股的水平让他们的财富更取决于公司长期绩效，这种诱因会激励管理层为了公司的长远利益与核心竞争力而更加积极地支持创新活动（Zahra et al.，2000）。管理层持股在某一程度内，其与公司利益愈趋于一致，自然希望极大化公司利润，以获取高报酬。此时管理层的利益与企业所有者的利益产生趋同效应（Fama and Jensen，1983），管理层有诱因去控制或监督管理者整合创新所必需的内部与外部的资源和能力以激励企业技术创新活动。此外，利益趋同效应降低了所有者与管理者的代理成本，管理层侵占公司财富诱因亦会降低，避免直接影响到个人财富。即当管理层持股对一定范围内愈来愈高时，则正的诱因效果将越大，会激励企业不断进行创新活动应对日益变化的外部竞争环境，维持企业的长期竞争优势和长远利益。否则，将导致自身损失的提高，因此，管理层适度持股使其有诱因去控制或监督企业的创新活动，增强企业创新能力以期望公司获得强大的竞争优势从而极大化自身利益。

在中国制度背景下，刘伟和刘星（2007）以及解维敏和唐清泉（2013）等的研究均表明管理层持股对企业技术创新具有治理效应，管理层持股有利于企业技术创新投资。这种治理效应在一定程度上缓解了企业管理者与所有者因为追求目标的差异而导致监督收益低于监督成本以及“搭便车”所带来的代理问题，并激励管理层在不断变化的环境中掌握技术、抓住机遇，进行有形资产与无形资产的整合以保证企业的创新活动，维持企业的竞争优势。基于利益驱同效应与治理效应，本书认为，管理层持股在一定范围内对企业技术创新活动存在正面诱因效果。因此可得以下命题：

假设1：管理层持股在一定范围内会激励企业的技术创新活动。

（二）管理层持股对企业技术创新活动的堑沟效应

创新需要持续的研发投入以维持创新技术处于科技前沿，创新所研制的新产品成功率尚不到20%，因而需要考虑创新活动的风险（Crawford，1987），而创新项目在最初几年没有盈利可言，仅有极少数项目能够存活下来，因此，企业如要成功进行创新活动需要强有力的管理层支持（Nam and Tatum，1997），管理层对战胜竞争者的承诺、对待创新的态度以及愿意承担风险的勇气均影响企业的战略决策（Papadakis and Barwise，2002）。Fama 和 Jensen（1983）认为，当管理层持股超过某一程度时，管理层有权让自身免于外部监管与内部监督机制的压力，堑沟效应随之产生。如果管理层拥有较高的持股比例，则意味着管理层在作出创新决策时，会更加注重自身利益，当管理层与企业目标不一致时，可能侵害公司利益，管理层会选择更加激进的投资方式（Joseph and Richardson，2002），此时，管理层可能会选择风险更高、短期利益更明显的投资项目，而不是那些更符合公司长远发展的创新投资项目。此外，对公司进行财富侵占对本身造成的伤害愈小，因此愈倾向进行侵占活动，而不会将资金用于需要用心经营的长期创新活动。同时，当管理层拥有的控制权越多时，管理层越有能力影响公司决策因而会有强烈动机追求自身财富的极大化，并侵害企业或中小股东的权益，也更有诱因隐匿或操纵公司的资源，从事利益输送、占用资金、过度投资等行为。即使进行研发投入，企业的创新效率也会不佳。基于堑沟效应与利益侵占效应，本书认为，管理层持股超过一定范围会对企业技术创新活动产生负面效应。依据上述分析，本书建立下列假说：

假设1a：管理层持股比例超过一定范围会抑制企业的技术创新

活动。

二、异质性对管理层持股与企业技术创新活动的调节效应

由于中国具有自身独特的制度背景，大量国有企业的存在使得中国企业的技术创新活动较国外而言更加特殊。与非国有企业相比，首先，国有企业普遍存在预算软约束，在经营（创新）活动中更容易获得债务融资，特别在货币政策紧缩的年份（程六兵和刘峰，2013），因此，国有企业在技术创新过程中可能会有更多的创新投入，但是债务融资并没有提升国有企业的公司治理，反而扩大了管理层的代理成本，降低了企业的效率（田利辉，2004）；其次，国有企业由于存在“多重代理”问题，缺乏实施直接监督和控制的行为能力。而作为主管国有企业的上级单位或行政部门等政府单位的代理人尽管拥有国有企业的决策控制权，但他们并不享受对经理人员懈怠或追求超额报酬实施监督所得的收益，所以他们也缺乏动力去实施频繁的监督行为，国有企业的管理层即使持股，由于企业公有产权属性使其无法合理地拥有企业所有权，进而不能实现技术创新中剩余索取权与剩余控制权之间的匹配，管理层的道德风险更加严重（郁光华和伏健，1994），即便进行创新投入，也会因公司采取直接或者间接剥削的手段导致创新产出减少或者创新效率降低，以及创新效率损失等问题（吴延兵，2012a）。在现实中，并不缺乏由于管理层追求自身利益最大化而导致国企走向危机的案例，如ST南纺的财务危机、江西纸业管理层集体腐败以及大股东占用资金问题。与国有企业不同，非国有企业具有充分市场竞争与产权明确的优势，这促使非国有企业致力于提高核心竞争力，同时能够优化公司治理机制与创新资源配置机制，因而非国有企业创新效率会更高。基于上述推论，本书建立下列假说：

假设2：与非国有企业相比，在管理层持股的国有企业技术创新活

动中会有更多的创新投入。

假设 2a：与国有企业相比，在管理层持股的非国有企业技术创新活动中会有更高的创新效率。

三、不同股权结构企业对管理层持股与企业技术创新活动的调节效应

在中国股权高度集中的制度背景下，一方面，股权的适度集中能够有效地缓解代理问题，督促经营者开展创新活动（温军和冯根福，2008）。因为股权的适度集中可能导致其他终极控制人共同控制上市公司的情况，会产生股权制衡效应从而提高企业价值（毛世平，2009），所以股权适度的集中产生了股权制衡效应，有利于企业建立监督与约束机制，更好地发挥管理层持股对企业技术创新所带来的利益协调效应。另一方面，在外部法律环境不完善的情况下，高度集中的股权结构会导致控股股东对其他股东的利益侵占。在中国，唐跃军（2012）等发现，大股东持股超过特定比率时，会有强烈动机去追求自身效用的最大化，而不顾小股东的利益导致侵占效应的发生，陈金勇等（2013）研究还发现，当企业股权高度集中，特别是当终极控股股东持有的股份控制权愈高而现金流量请求权愈低时对企业技术创新活动具有侵占效应。此外，由于企业创新涉及公司内部的决策活动，因此深受公司治理机制的影响。但在中国，公司治理中监事会治理和经理层治理两种治理机制对于大股东控制私利并没有起到明显作用（曹延求、王倩和钱先航，2009）。因此，要诱使企业进行创新活动并不容易。公司若想创新成功，通常需永续经营或长期投入及卓越的经营管理能力。然而随着股权集中程度的增加，即使管理层持股也不会专注于经营创新活动，即便进行创新投入，也会因公司采取直接或者间接剥削的手段导致创新产出减少或者创新效率降低。因此，股权集中程度愈大，控股股东及其管理层专注经营

创新活动的动机愈低，剥夺小股东利益的动机愈强，技术创新活动的表现愈差。基于上述推论，本书建立下列假说：

假设3：股权结构在一定程度内适度集中时会促进管理层持股的企业技术创新活动。

假设3a：股权结构超过一定范围高度集中时会侵占管理层持股的企业技术创新活动。

第三节　研究样本与数据

一、数据来源

样本为2002～2011年在深圳和上海证券交易所主板上市的企业，数据来源为：样本企业的专利权数据取自WEBPAT全球专利咨询网中的中国专利与中国知识产权局知识产权出版社的《中国专利数据库》。该数据库收录了1985年9月以来的所有专利，准确地反映了中国上市企业历年所拥有的专利数量，本书共收集到13291个专利权数据。

在2002～2006年，由于我国现有会计制度并未强制要求上市企业对外披露研发支出的详细信息，因此，本文关于这部分的数据对2002～2006年上市公司的财务报表进行了详细分析的基础上获得的。在2007年新会计准则实施以前，对R&D投入一般作为期间费用直接记入当期损益，主要在财务报告附注“支付其他与经营活动有关的现金流量”这一项目中披露，通常的名称包括：研发费、研究开发费、技术研究费、科研费、咨询及技术开发费等。然后手工收集整理了上司企业的R&D支出的数据。在2007年，实施新会计准则，增设“开发支出”科目核算企业内部研究和开发阶段的支出，故在“开发支出”科目中披露研发支出的公司入选。剔除部分管理层持股等相关数据缺失的样本，总共形成了1350个样本。

二、变量选择

（一）被解释变量

本书按照温军和冯根福2012年对企业技术创新采用的衡量方法，对企业创新活动从创新投入和创新产出两个维度来度量企业的技术创新水平，以使得实证结果更全面和稳健。一是用创新投入来衡量。以研发集中度来度量企业技术创新投入活动，用R_Dint表示（Wahal and McConnell，2000；温军和冯根福，2012）。二是以创新产出来衡量。用专利权核准数来衡量企业的技术创新产出活动，用Patent表示（温军和冯根福，2012），在分析研发投入的生产力时，专利不失为一个良好的指标（Francis and Smith，1995）。专利权为一种具有相关性的非财务补充信息，比研发支出隐含更充分的信息供投资者评估研发活动的市场价值（Hall，Jaffe and Trajtenberg，1998），实务上专利权数量较其他产出指标容易取得且资料准确度高。三是以创新效率来衡量。Hirshleifer，Hsu和Li（2011）将创新效率定义为企业每投资一元的研发费用所能产生的专利权数量的能力，创新效率综合了创新的投入与产出两方面，不仅考虑了创新所面临的不确定性风险，还包含了各企业在创新实现力方面的差异，因此，创新效率得以用一种不同的角度来看待创新的能力。一般认为创新从投入到产出会有两年的滞后时间（Lanjouw and Schankerman，2004），因而本书采用企业第t年所取得的专利权数量与第t－2年的研发费用支出的比例，考虑到创新效率的值有很多为零，在实证研究中参考Hirshleifer，Hsu和Li（2011）的做法取其自然对数，用IE表示。

（二）解释变量

本书以管理层是否持股与管理层持股比例作为解释变量。管理者是指公司高级管理人员，包括总经理、副总经理、总工程师、总经济师、总会计师、董事会秘书等。高管持股比例为高级管理人员所持有公司股票数量占公司总股数的比例，当高级管理人员在董事会有兼任情况时，不重复计算持股数量。

（三）控制变量

一是公司规模指标，本书以企业总资产的对数衡量企业规模，用 Size 表示。Schumpeter（1950）就认为，大型的企业才比较有能力从事创新活动，因为大型企业有大规模的生产能力与设备，而且有比较强的研发能力、营销能力、财务资源以及产品研发经验等。二是企业控制人指标，用企业大股东持股比例来衡量，以 Holder 表示。三是成长性指标，用主营业务增长率来衡量，以 Salesgrowth 表示（温军和冯根福，2012）。四是盈利能力指标，用企业资产报酬率衡量，以 Roe 表示（温军和冯根福，2012）。五是融资成本指标，用企业资产负债率表示，记为 Lev（Sanders，2001）。六是股权结构指标，根据“利益侵占假说”，股权集中度越高对企业创新活动产生负效应（Choi et al.，2011），因此本书用 Z 指数与赫芬达尔指数衡量，记为 Z 与 Herfindahl。此外，还纳入最终控制人性质，是否为国有企业，记为 State。李春涛和宋敏（2010）、温军和冯根福（2012）、解维敏和唐清泉（2013）均发现企业性质对创新活动有影响。

第四节　研究结果与分析

为了检验本书所提假设，探讨管理层是否持股与管理层持股比率对企业技术创新活动的影响，参考 Guadalupe 等（2012）的方法建立如下模型：

$$Innovation_{i,t} = \alpha_0 + \alpha_1 Manasharn_{i,t} + \sum_{j=1}^{8} \beta_{j,t} Control_{j,t} + \sum_{m=1}^{11} \gamma_m Industry_m + \sum_{k=2002}^{2011} \delta_k Year_k + \varepsilon_{i,t} \qquad (6-1)$$

$$Innovation_{i,t} = \alpha_0 + \alpha_1 Manashap_{i,t} + \alpha_2 MM_{i,,t} + \sum_{j=1}^{8} \beta_{j,t} Control_{j,t} + \sum_{m=1}^{11} \gamma_m Industry_m + \sum_{k=2002}^{2011} \delta_k Year_k + \varepsilon_{i,t} \qquad (6-2)$$

为了简化模型，在式（6－1）和式（6－2）中因变量企业技术创新活动以 INNOVATION 表示，具体可分为创新投入（R_Dint）、创新产出（Patent）以及创新效率（IE），Manasharn 为管理层是否持股，Manashap 为管理层持股比例，MM 为管理层持股比例平方，C 变量由企业规模、大股东持股比例、资产负债率、资产报酬率等指标构成，并控制行业效应与年度效应。以下所有回归均通过对企业代码进行 cluster 分析以及采用 robust 分析调整标准误。

一、管理层是否持股、持股比例与企业技术创新投入

表 6－1 为管理层是否持股对企业技术创新影响的回归结果。表中列（1）显示，如果管理层持股则会显著增加企业技术创新投入，估计值 0.0036 意味着管理层在当期持股会多增加 0.36% 单位的研发投入。结果还表明，如果管理层预期未来一年或两年内持股则同样会增加企业当期的创新投入，管理层持股产生正向当期激励效应与未来预期效应能促进企业创新活动。考虑到中国实际情况，表中列（2）与列（3）进一步分析发现与非国有企业相比，管理层在国有企业中若当期或预期未来持股则会显著提高研发强度，表中列（4）与列（5）中除管理层持股当期外，均未发现股权集中度的差异对管理层是否持股与企业创新的关系产生显著影响。总之，在表 6－1 中发现，管理层若持股会对企业创新

投入产生当期或预期激励效应的属性，但并未发现其具有明显滞后效应。

表6－1　　　　管理层是否持股与企业技术创新投入

创新投入　管理层是否持股

变量	全样本	按股权性质分		按股权集中度分	
	(1)	国有（2）	非国有（3）	高（4）	低（5）
Manasharn (t+2)	0.0027** (1.7700)	0.0029* (1.7700)	0.0009 (0.2800)	0.0027 (1.3200)	−0.0046 (−1.1700)
Manasharn (t+1)	0.0033** (2.5500)	0.0037*** (2.6700)	0.0003 (0.1100)	0.0031** (2.0500)	0.0043* (1.9200)
Manasharn (t)	0.0036*** (2.6800)	0.0032** (2.1600)	0.0025 (0.8500)	0.0047*** (2.9500)	0.0028 (1.1600)
Manasharn (t−1)	0.0021 (1.4900)	0.0027* (1.8200)	−0.0015 (−0.4700)	0.0025 (1.5400)	0.0025 (1.0100)
Manasharn (t−2)	0.0022 (1.5800)	0.0031* (1.9000)	−0.0008 (−0.2600)	0.0007 (0.3400)	0.0043** (2.0600)
Manasharn (t−3)	0.0003 (0.1600)	0.0021 (1.2100)	−0.0046 (−1.1700)	−0.0017 (−0.7800)	0.0023 (1.0600)
相关控制变量	Yes	Yes	Yes	Yes	Yes
Industry	Yes	Yes	Yes	Yes	Yes
Year	Yes	Yes	Yes	Yes	Yes
N	1292	868	424	640	652
R^2	0.1023	0.0851	0.1805	0.1486	0.1096

注：（1）在表中所有模型的相关控制变量与管理层是否持股在时间上保持一致，各模型的R^2均为组内最小值，限于本书篇幅未列出相关控制变量与其他的R^2值；（2）* 表示10%显著，** 表示5%显著，*** 表示1%显著。

既然管理层持股对创新投入具有正面的激励效果属性，那么管理层持股比例的差异又会对企业创新投入产生怎样的影响呢？表6－2为管理层持股与创新投入进一步研究的结果。就全样本而言，表中列（1）

显示在当期管理层持股比例每增加 1 个单位，创新投入较之前提高 9.45%，而且发现管理层持股具有预期或滞后一期的激励效应，尽管激励效果不如当期（前后期系数估计值均小于当期），不论管理层是否持股还是持股比例整体上仍能激励企业创新投入，有利于企业的技术创新活动。就具体而言，列（2）与列（3）表明与非国有企业相比，国有企业的管理层持股比例（预期、当期与滞后一期）能显著提升研发投入；列（4）与列（5）估计结果说明，对样本按企业股权集中度中位数进行划分后，首先股权集中度低的企业会比那些高的企业管理层持股更有利于创新投入，其次股权集中度低的企业管理层持股比例与创新投入之间存在倒 U 型动态关系。经过测算，管理层持股比例为 22% 为该曲线关系的拐点，当管理层持股比例低于该点时，创新投入随着持股比例的提高而增强，反之，高于拐点时，创新投入随着持股比例的提高而减弱。因此，虽然整体而言，管理层持股会提高研发投入，但这种正面效应主要是由国有企业导致的。此外，在股权集中度低的企业管理层持股不仅出现正面激励效应与负面侵占效应两种属性，还显示出滞后（两期）效应。

表 6-2　管理层持股比例与企业技术创新投入

创新投入　管理层持股比例					
变量	全样本	按股权性质分		按股权集中度分	
	(1)	国有（2）	非国有（3）	高（4）	低（5）
Manashap (t+2)	0.0317 (1.1200)	0.0939 (1.0100)	0.0089 (0.3300)	0.0243 (0.5200)	0.0350 (1.0100)
Mm (t+2)	-0.0103 (-0.2100)	-0.0712* (-0.5000)	-0.0011 (-0.0200)	0.0110 (0.1500)	-0.0216 (-0.3500)
Manashap (t+1)	0.0482** (2.1300)	0.1924* (1.7100)	0.0143 (0.7200)	0.0326 (0.7700)	0.0548* (1.9200)

续表

变量	全样本	按股权性质分		按股权集中度分	
创新投入　管理层持股比例					
	(1)	国有（2）	非国有（3）	高（4）	低（5）
Mm (t+1)	-0.0421 (-1.1800)	-0.2053 (-1.1900)	-0.0092 (-0.2900)	-0.0131 (-0.1700)	-0.0530 (-1.2800)
Manashap (t)	0.0945 ** (2.1300)	0.5466 *** (3.3100)	0.0661 (1.5100)	0.0782 (1.3600)	0.1797 *** (2.7300)
Mm (t)	-0.1310 (-1.4000)	-1.3656 (-1.4500)	-0.0894 (-0.9700)	-0.0634 (-0.5900)	-0.4067 *** (-2.6900)
Manashap (t-1)	0.0707 * (1.7900)	0.4135 ** (2.1000)	0.0417 (1.0200)	0.0542 (1.0400)	0.1262 ** (2.4900)
Mm (t-1)	-0.1056 (-1.3000)	-1.0344 (-1.1500)	-0.0695 (-0.8700)	-0.0263 (-0.2700)	-0.2798 *** (-2.6100)
Manashap (t-2)	0.0465 (1.5500)	0.3217 (1.6300)	0.0284 (0.8600)	0.0318 (0.5600)	0.0834 *** (2.7700)
Mm (t-2)	-0.0483 (-0.7200)	-0.8552 (-0.8400)	-0.0328 (-0.4600)	0.0109 (0.1000)	-0.1615 *** (-2.7300)
Manashap (t-3)	0.0218 (1.0000)	0.3355 (1.5100)	-0.0124 (-0.5200)	0.0087 (0.2100)	0.0293 (0.9900)
Mm (t-3)	-0.0007 (-0.0200)	-0.7313 (-0.7000)	0.0412 (0.9400)	0.0175 (0.2700)	-0.0189 (-0.2900)
相关控制变量	Yes	Yes	Yes	Yes	Yes
Industry	Yes	Yes	Yes	Yes	Yes
Year	Yes	Yes	Yes	Yes	Yes
N	1292	868	424	640	652
R^2	0.1097	0.1162	0.1794	0.1554	0.1280

注：(1) 在表中所有模型的相关控制变量与管理层是否持股在时间上保持一致，各模型的R^2均为组内最小值，限于本书篇幅未列出相关控制变量与其他的R^2值；(2) * 表示10%显著，** 表示5%显著，*** 表示1%显著。

二、管理层是否持股、持股比例与企业技术创新产出

除采用创新投入衡量技术创新活动外，本书还通过创新产出探讨管理层是否持股与其之间的关系。研究结论如表 6－3 所示，在列（1）中若管理层持股对创新产出不仅具有预期、当期激励效应还具有滞后两期的促进效应。根据中国具体情况分析，虽然在列（2）与列（3）中并未发现不同所有制类型企业对管理层持股与创新产出引起显著差异，但是在列（4）与列（5）中则发现股权集中度对管理层持股与创新产出产生明显调节效应，股权集中度低的企业有更多的创新产出。因此，管理层持股会对创新产出具有激励效应，尽管激励可能主要来自于公司治理更好的股权集中度低的企业。此外，还发现管理层持股具有滞后促进效应，特别是在股权集中度低的企业其滞后效应会延长。

表 6－3　　管理层是否持股与企业技术创新产出

创新产出　管理层是否持股（负二项回归 nbreg）					
变量	全样本	按股权性质分		按股权集中度分	
	(1)	国有（2）	非国有（3）	高（4）	低（5）
Manasharn (t+2)	0.4767*** (3.1000)	0.3589** (2.1200)	0.4778** (2.0600)	0.4741** (2.2100)	0.4795** (2.3600)
Manasharn (t+1)	0.3382** (2.1400)	0.2737 (1.6100)	0.2418 (0.9000)	0.3754 (1.5400)	0.3750* (1.9400)
Manasharn (t)	0.4899*** (2.9800)	0.2950 (1.6400)	0.5159 (1.6200)	0.3864 (1.5400)	0.6180*** (2.8300)
Manasharn (t−1)	0.4295** (2.4300)	0.3254* (1.7100)	0.7134* (1.8000)	0.3361 (1.5000)	0.5586** (2.2700)
Manasharn (t−2)	0.3611** (1.9700)	0.3019 (1.4500)	0.3758 (0.8100)	0.0361 (0.1900)	0.2706* (1.8800)

续表

创新产出　管理层是否持股（负二项回归 nbreg）					
变量	全样本	按股权性质分		按股权集中度分	
	(1)	国有（2）	非国有（3）	高（4）	低（5）
Manasharn (t−3)	0.1269 (0.6700)	0.0317 (0.1500)	0.4848 (1.1400)	0.0659 (0.2500)	0.5421** (2.3600)
相关控制变量	Yes	Yes	Yes	Yes	Yes
Industry	Yes	Yes	Yes	Yes	Yes
Year	Yes	Yes	Yes	Yes	Yes
N	1292	868	424	640	652
Wald chi2	312.2	573.74	2065.26	166.71	2303.89

注：（1）在表中所有模型的相关控制变量与管理层是否持股在时间上保持一致。（2）* 表示 10% 显著，** 表示 5% 显著，*** 表示 1% 显著。

与表 6－2 研究相同，考察了管理层持股比例对企业创新产出的影响，回归结果如表 6－4 所示。就整体样本而言，在列（1）中管理层持股比例平方项的系数（滞后三期，预期两期）显著为负，表明管理层持股与创新产出之间存在倒 U 型动态特征，经计算可知，当管理层持股比例为 37% 时，创新产出位于曲线关系的拐点处。反映出，如果管理层持股高于 37% 时，创新产出随着管理层持股比例的提高而减少，反之，其低于 37% 时，创新产出会随着管理层持股比例的提高而增加。

表 6－4　　管理层持股比例与企业技术创新产出

创新产出　管理层是持股比例（负二项回归 nbreg）					
变量	全样本	按股权性质分		按股权集中度分	
	(1)	国有（2）	非国有（3）	高（4）	低（5）
Manashap (t+2)	7.4281*** (4.3700)	6.6175** (2.0100)	8.2624*** (4.7300)	8.9144*** (3.9200)	6.0533* (1.7200)
Mm (t+2)	−10.3951*** (−4.1600)	−9.4495* (−1.7200)	−12.0914*** (−4.9500)	−12.5749*** (−3.2300)	−8.7682 (−1.6100)

续表

创新产出 管理层是持股比例（负二项回归 nbreg）					
变量	全样本	按股权性质分		按股权集中度分	
	（1）	国有（2）	非国有（3）	高（4）	低（5）
Manashap （t+1）	5.8735*** （3.5600）	6.5718* （1.8200）	6.4381*** （4.2900）	8.9424*** （4.0600）	7.5199*** （3.7900）
Mm （t+1）	-7.4758*** （-3.3600）	-9.9556* （-1.6900）	-8.5540*** （-4.2500）	-12.3530*** （-3.9600）	-9.3429*** （-3.7200）
Manashap （t）	6.7930*** （2.8300）	1.2034 （0.1400）	6.5561*** （2.9100）	-1.3361 （-0.3700）	6.9735** （2.0800）
Mm （t）	-9.0067** （-2.2800）	-30.9300 （-0.8400）	-7.7762** （-2.0600）	2.1316 （0.4200）	-6.2772 （-0.9600）
manashap （t-1）	8.8505*** （3.2900）	27.2022** （2.1800）	11.2741*** （4.1500）	0.1890 （0.0600）	12.2801*** （3.1200）
mm （t-1）	-12.2618*** （-3.0100）	-133.9992** （-2.4500）	-13.3113*** （-3.2500）	0.7734 （0.1800）	-18.6988** （-2.3800）
manashap （t-2）	9.3939*** （3.3000）	28.0721* （1.9500）	10.4223*** （3.2900）	3.2520 （1.6400）	14.2760*** （3.9400）
mm （t-2）	-14.7443*** （-3.2400）	-159.9110** （-2.2700）	-15.3760*** （-3.1800）	-4.2371 （-1.5500）	-24.3472*** （-3.8000）
Manashap （t-3）	5.2374*** （2.6000）	14.9401 （1.3000）	8.9144*** （3.9200）	1.8776 （0.6700）	10.7181*** （3.9600）
Mm （t-3）	-6.6374** （-1.9700）	-104.3148 （-1.3300）	-12.5749*** （-3.2300）	-2.0296 （-0.4700）	-18.0107*** （-3.6100）
相关控制变量	Yes	Yes	Yes	Yes	Yes
Industry	Yes	Yes	Yes	Yes	Yes
Year	Yes	Yes	Yes	Yes	Yes
N	1292	868	424	640	652
Wald chi2	317.97	405.36	162.26	181.34	190.21

注：（1）在表中所有模型的相关控制变量与管理层是否持股在时间上保持一致。（2）*表示10%显著，**表示5%显著，***表示1%显著。

进一步分析在列（2）与列（3）中发现，虽然不同所有制类型企业的管理层持股比例仍然与创新产出之间存在倒U型曲线关系，但是非国有企业比国有企业更能促进企业的创新产出活动，而且管理层持股比例的滞后效应也更持久。特别是在股权集中度高或低的企业，这种差异更为明显。如列（4）与列（5）结果所示，股权集中度低的企业管理层持股虽然与创新产出之间存在倒U型曲线关系，管理层持股具有激励效应与堑沟效应双面属性，但是管理层持股更具有滞后持续效用的属性更有利于增加创新产出。上述研究表明，不同所有制类型的企业、不同股权集中度的企业会影响对管理层持股机制与创新产出的调节效应，尽管管理层持股比例存在双重属性，在非国有企业以及低股权集中度的企业管理层持股还是更有利于创新产出活动。

三、管理层是否持股、持股比例与企业技术创新效率

除采用创新产出衡量技术创新活动外，本书还通过创新效率这一关键核心指标来探讨管理层是否持股与创新效率之间的关系。研究结论见表6－5，在列（1）中发现管理层若持股在滞后两期时会显著提高企业的创新效率，而且预期未来会持股也会促使管理层提高创新效率，进一步分析见列（2）、列（3）、列（4）与列（5），结果并未发现不同所有制类型的企业以及不同股权集中度的企业导致管理层持股与创新效率的差异。

表6－5　管理层是否持股与企业技术创新效率

创新效率　管理层是否持股					
变量	全样本	按股权性质分		按股权集中度分	
	(1)	国有（2）	非国有（3）	高（4）	低（5）
Manasharn (t+2)	0.1303*** (2.3800)	0.0139*** (2.0900)	0.0072 (0.7300)	0.0144*** (2.0600)	0.0113 (1.3000)

续表

创新效率 管理层是否持股					
变量	全样本	按股权性质分		按股权集中度分	
	(1)	国有 (2)	非国有 (3)	高 (4)	低 (5)
Manasharn (t+1)	0.0117 *** (2.0500)	0.0113 * (1.6900)	0.0101 (0.9800)	0.0104 (1.4000)	0.0142 (1.6400)
Manasharn (t)	0.0088 (1.4500)	0.0091 (1.2700)	0.0101 (0.9000)	0.0123 (1.5500)	0.0039 (0.4200)
Manasharn (t-1)	0.0043 (0.7500)	0.0036 (0.5200)	-0.0060 (0.6000)	-0.0092 (1.1500)	-0.0013 (-0.1700)
Manasharn (t-2)	0.0101 * (1.7200)	0.0096 (1.3500)	0.0150 (1.6000)	0.0139 (1.7700)	0.0047 (0.5300)
Manasharn (t-3)	0.0048 (0.8600)	0.0023 (0.3200)	0.0130 (1.3800)	0.0104 (1.4300)	0.0043 (0.5500)
相关控制变量	Yes	Yes	Yes	Yes	Yes
Industry	Yes	Yes	Yes	Yes	Yes
Year	Yes	Yes	Yes	Yes	Yes
N	1292	868	424	640	652
R2	0.1830	0.1856	0.2396	0.1655	0.2142

注：(1) 在表中所有模型的相关控制变量与管理层是否持股在时间上保持一致，各模型的 R^2 均为组内最小值，限于本书篇幅未列出相关控制变量与其他的 R^2 值；(2) * 表示 10% 显著，** 表示 5% 显著，*** 表示 1% 显著。

为了深入研究管理层持股对创新效率的影响，本书采用管理层持股比例来探讨两者之间的关系。回归结果如表 6-6 所示。整体样本而言，在列 (1) 中管理层持股比例平方项的系数（滞后两期、当期、预期）显著为负，表明管理层持股比例与创新效率之间存在倒 U 型动态特征，经计算可知，当管理层持股比例为 34% 时，创新效率位于曲线关系的拐点处。反映出，如果管理层持股高于 34% 时，创新效率随着管理层持股比例的提高而减少，反之，其低于 34% 时，创新效率会随着管理层持股比例的提高而增加。进一步分析在列（2）与列（3）中发现，虽然不同所有制类型企业的管理层持股比例仍然与创新效率之间存在倒 U 型曲线关系，但是非国有企业比国有企业更能提升企业的创新效率，而且管理层持股比例的滞后效应也更持久。特别是在股权集中度高或低的企业，这种差异更为明显，如表中列（4）与列（5）结果所示，股权集中度低的企业管理层持股虽然与创新效率之间存在倒 U 型曲线关系，管理层持股具有激励效应与堑沟效应双面属性，但是管理层持股更具有滞后持续效用的属性更有利于提高创新效率。上述研究表明，不同所有制类型的企业、不同股权集中度的企业会影响对管理层持股机制与创新效率的调节效应，尽管管理层持股比例存在双重属性，管理层在非国有企业以及低股权集中度的企业持股还是更有利于提高创新效率。

表 6－6　管理层持股比例与企业技术创新效率

创新效率　管理层持股比例					
变量	全样本	按股权性质分		按股权集中度分	
	（1）	国有（2）	非国有（3）	高（4）	低（5）
Manashap (t+2)	0.2662*** (2.5100)	0.1923*** (1.0400)	−0.2944*** (2.2100)	0.3016*** (2.1400)	0.2485* (1.7700)
Mm (t+2)	−0.3900*** (−1.9900)	−0.2442 (−0.7300)	−0.4482* (−1.8900)	−0.5662*** (−2.3200)	−0.2419 (−0.9800)
Manashap (t+1)	0.1581*** (1.9700)	−0.0377 (−0.2100)	0.1949*** (2.1000)	0.1146 (0.9600)	0.2020* (1.8400)
Mm (t+1)	−0.1842 (−1.5200)	0.0710 (0.2500)	−0.2357* (−1.7800)	−0.1401 (−0.7400)	−0.2273 (−1.4800)
Manashap (t)	0.2224*** (2.3700)	0.0381 (0.0700)	0.2500*** (2.4200)	0.1451 (1.1100)	0.2750*** (2.1700)
Mm (t)	−0.3212*** (−2.0800)	0.1065 (0.0400)	−0.3625*** (−2.2200)	−0.2127 (−1.0400)	−0.4051* (−1.9400)

续表

创新效率　管理层持股比例					
变量	全样本	按股权性质分		按股权集中度分	
	(1)	国有（2）	非国有（3）	高（4）	低（5）
Manashap (t-1)	0.2820 *** (2.7400)	-0.0777 (-0.1500)	0.3388 *** (3.0400)	0.3394 *** (2.7100)	0.2744 *** (1.9600)
Mm (t-1)	-0.3778 *** (-2.2500)	-0.0924 (-0.0300)	-0.4471 *** (-2.5500)	-0.4589 *** (-2.2800)	-0.3782 (-1.6000)
Manashap (t-2)	0.3248 *** (3.3200)	0.7834 (1.4700)	0.4159 *** (3.9700)	0.3591 *** (2.3000)	0.3831 *** (2.9600)
Mm (t-2)	-0.4549 *** (-2.7300)	-3.7066 (-1.5500)	-0.5880 *** (-3.3800)	-0.4768 *** (-1.9600)	-0.6082 *** (-2.6000)
Manashap (t-3)	0.1940 *** (1.9900)	0.2938 (0.6400)	0.2974 *** (2.8700)	0.0710 (0.4200)	0.3346 *** (2.8600)
Mm (t-3)	-0.2501 (-1.4600)	-1.7991 (-0.8800)	-0.4050 *** (-2.2700)	0.0265 (0.1000)	-0.5952 *** (-2.9000)
相关控制变量	Yes	Yes	Yes	Yes	Yes
Industry	Yes	Yes	Yes	Yes	Yes
Year	Yes	Yes	Yes	Yes	Yes
N	1292	868	424	640	652
R^2	0.1902	0.1865	0.2480	0.1693	0.1994

注：（1）在表中所有模型的相关控制变量与管理层是否持股在时间上保持一致，各模型的 R^2 均为组内最小值，限于本书篇幅未列出相关控制变量与其他的 R^2 值；（2）＊表示10%显著，＊＊表示5%显著，＊＊＊表示1%显著。

综合以上结果可知：（1）管理层持股具有促进企业的技术创新活动的属性。（2）管理层持股比例具有激励效应与堑沟效应双重属性，不同所有制类型的企业、不同股权集中度的企业会影响对管理层持股机制与创新活动的调节效应；管理层在非国有企业以及低股权集中度的企业持股比例更有利于创新活动。（3）股权集中度高或者国有企业管理层持股所产生的较高的研发投入并没有产生相应的产出效应，反而因为侵占效应或抑制效应而严重扭曲了企业的创新效率，最终导致企业创新能力不强。

第五节 本章小结

本书以2002～2011年在深圳和上海证券交易所主板上市的企业为研究样本，从管理层是否持股及持股结构的视角，考察了管理层持股结构对企业技术创新投入、创新产出、创新效率的影响，在研究结论上有如下明显改进：

（1）与国外研究相比，本书一方面将企业异质性对管理层持股与企业技术创新绩效的调节效应进行了检验。研究结果显示，这种调节效应会因企业产权性质的不同而有所差异：就管理层持股对企业技术创新投入的激励而言，国有企业优于非国有企业；就提升创新效率而言，则非国有企业优于国有企业。另一方面，研究结果也显示，在中国特殊的制度背景下，股权集中度对企业技术创新具有中介效应，但这种效应因股权集中度高低不同而有所差异。与股权集中度高的企业相比，管理层持股的激励效应主要体现在股权集中度低的企业中，且主要体现在技术创新投入与产出两个方面。

（2）与国内研究相比，本书从创新活动投入、产出及技术创新效率等多个维度来考察管理层持股的效应，更为全面、准确地剖析了管理层持股与企业创新绩效的关系。研究发现，管理层持股比例与企业技术创新绩效呈现倒U型动态曲线特征，当管理层持股在一定范围时，会形成对企业技术创新的激励效应，但随着管理层持股比例超出一定的范围，则激励效应反而会转变为堑沟效应，这种堑沟效应会明显扭曲企业的研发投入与创新产出的关系，进而导致创新效率的下降。针对企业技术创新活动的周期性特质，本书采用的所有模型均考虑时滞或预期因素的影响，研究发现，管理层持股对企业技术创新绩效的影响均不超过3年，周期效应相对有限。

第七章　终极控制人视角下的所有权结构与企业技术创新的经验证据

第一节　问题提出

在经济全球化日益加深与国际竞争日趋激烈的情况下，转变经济发展方式，实施创新驱动发展战略，增强民族企业的技术创新能力，已经成为当前我国社会最受关注的焦点问题。现代企业普遍采用所有权与经营权分离的经营方式，在股权高度集中、普遍存在终极控制人的背景下，终极控制人与中小股东之间的代理问题毫无疑问会对企业技术创新产生重要的影响。中国终极控制人的控制权与现金流量权的配置结构与偏离程度如何影响企业技术创新？影响程度如何？是否存在合理的终极所有权结构能够激励企业技术创新？终极控制人的两权分离程度是否存在临界值，超过该值是否会对企业技术创新产生抑制效应？这些问题对转变经济发展方式、实施创新驱动战略、建设创新型企业具有重要的理论意义和实际价值。

自经济学家 Schumpeter（1912）提出创新概念以来，国内外学者从企业规模、政府补贴、政府投入、市场化程度等内外部因素方面对企业创新问题进行了广泛探索，并积累了丰富的文献，但从代理问题特别是终极控制人与中小股东之间代理问题的视角对企业技术创新进行研究的文献尚不多见。已有文献主要基于 Jensen 和 Mecking（1976）提出的委托代理理论，分析西方股权分散的企业代理问题与企业创新的关系。Baysinger 等（1991）发现相比于个人投资者，股权集中于机构投资者时更能促进企业创新活动。Francis 和 Smith（1995）以美国公司为研究对象，验证了公司股权结构与创新活动的关系，并发现在美国制度背景下适度集中的股权和股东监督机制有利于缓解与创新活动有关的高代理及契约成本。Wright 等（1996）认为所有者与经营者之间目标的差异，会带来经营者激励不足以及机会主义行为等问题，进而导致经营者不太愿意承担风险进行那些危及自身利益并需要新技能的创新活动（Fama and Jensen，1983；Wright et al.，1996）。在中国制度背景下，冯根福和温军（2008）发现股权集中度与企业创新存在倒 U 型关系，适度集中的股权结构更有利于企业创新活动。而 Choi 等（2011）却发现股权集中度对企业创新活动没有影响。以上文献都是从所有权与经营权分离的视角分析代理问题对创新的影响。

从终极控制人和中小股东之间代理问题的视角探讨企业技术创新的文献尚需丰富。究其原因可能有两点：一是国外从这一角度研究企业创新能力的文献不多，可供参考的技术手段与分析方法有限；二是研究所需的数据搜集相对困难。与已有研究中国股权结构与企业创新关系的文献相比（冯根福和温军，2008；Choi et al.，2011），首先，本书的数据样本包括 2002～2011 年在上海和深圳证券交易所上市的所有发行 A 股的公司，其他文献的样本均在 2008 年之前，而且时间跨度也比较短；其次，其他文献基本采用研发支出代替企业创新活动，而专利权数量作为创新产出的一种衡量方式，比研发支出这一创新投入衡量指标提供了更充分的信息供投资者评估研发活动的市场价值（Hall，Jaffe and Trajtenberg，2001），因此本书采用专利权数量衡量技术创新；最后，本书除采用专利权数量外，还采用 Cobb Douglas 生产函数推估的专利权价值取代专利权数量作为技术创新的变量，更为准确地反映企业技术创新能力，克服了以往研究的局限性。

第二节　理论分析与假设提出

随着知识经济时代的来临，创新活动已成为企业成败的关键。虽然创新活动是企业开展长期竞争优势的关键策略（Stuart，2000），但是却具有长期投资、高风险、无法预期、劳动密集与特异性（idiosyncratic）五种特性（Holmstrom，1989），研发过程中的不确定性和风险性也决定了结果的不确定性（顾群、翟淑萍，2012）。因而要诱使企业认真进行创新活动并不容易。公司若想创新成功，不仅需要企业对拥有的互补性资产进行有效管理，还需建立一套与创新科技和创新经济环境相匹配的整合系统。该系统内不仅包括有效的激励机制，还包含创新内外部资源的重新配置机制。在中国上市企业股权高度集中、外部法律环境不完善的情况下，集中的股权结构会导致控股股东对其他股东的利益侵占（程仲鸣，2010），而股权集中度高的公司，代理问题最直接的诱因就是终极控制人的控制权与现金流量权的分离，当终极控制人的控制权偏离现金流权时，终极控制人努力经营的诱因低，侵占小股东的动机高，终极控制人就越有进行侵害小股东权益的动机。因此，本书借鉴 Claessens 等（2002）和 La Porta 等（1999）所采用的研究方法，以探讨终极控制人的控制权与现金流量权配置结构和偏离程度对技术创新的影响。

一、终极控制人的控制权与现金流量权配置结构对技术创新的影响

（一）终极控制人的控制权与现金流量权配置结构对技术创新的激励效应

与代理理论认为股权结构是解决经营者代理行为的重要制度安排（Jensen and Mecking，1976）一样，终极控制人的控制权与现金流量权

的配置结构亦是解决终极控制人及其控股股东与中小股东的重要制度安排。根据利益收敛假说（Jensen and Meckling，1976），公司终极控制人的现金流量权愈高，其与公司利益愈趋于一致，因其对公司有较高投资，自然希望极大化公司利润，以获取高报酬。此时终极控制人的利益与中小股东的利益产生趋同效应，终极控制人及其控股股东会有诱因去控制或监督管理者整合创新所必需的内部与外部的资源和能力以激励企业技术创新。此外，因为利益趋同效应降低了股东之间以及所有者与管理者的代理成本，终极控制人侵占公司财富诱因亦会降低，避免直接影响到个人财富。即当终极控制人的现金流量权愈高，则正的诱因效果将越大，会激励企业不断进行创新活动以应对日益变化的外部竞争环境，维持企业的长期竞争优势和长远利益。否则，当终极控制人侵占小股东利益时，将导致自身损失的提高，因此具有努力经营的诱因。Claessens等（2000）亦发现，对东亚国家的上市公司而言，当终极控制人拥有较高的现金流量权，则公司绩效愈高。因此，终极控制人会有诱因去控制或监督企业的创新活动，增强企业创新能力以期望公司获得强大的竞争优势从而极大化自身利益。

在中国股权高度集中的制度背景下，股权的适度集中能够有效地缓解代理问题，督促经营者开展创新活动（温军和冯根福，2008）。同理，终极控制人拥有的控制权适度集中，且可能存在其他终极控制人共同控制上市公司的情况下，会产生股权制衡效应从而提高企业价值（毛世平，2009）。此时，由于控制权相对较低，其侵占效应容易受到其他控制人的制约，这种制衡效应一定程度上缓解了中小股东由于持股比例小、监督收益低于监督成本以及“搭便车所”所带来的代理问题，以激励终极控制人及其控股股东在不断变化的环境中掌握技术与机会，进行有形与无形资产的整合以保证企业的创新活动，维持企业的竞争优势。基于利益收敛假说和股权制衡效应，本书认为，终极控制人的控制权与现金流量权配置结构在一定范围内对企业创新活动存在正面诱因效果。

因此可得以下命题：

假设 1：终极控制人的控制权与现金流量权配置结构在一定范围内会激励企业的技术创新行为。

（二）终极控制人的控制权与现金流量权配置结构对技术创新的抑制效应

如果终极控制人拥有的现金流量权偏少，即表明终极控制人实际向上市企业投入的货币资本份额（或所有权）越少，则意味着终极控制人更多的是在拿中小股东的资本做决策，会侵害公司利益，终极控制人及其管理层会有更加激进的投资方式（Joseph and Richardson，2002；唐跃军等，2012），此时，终极控制人及其控股股东可能会选择风险更高、短期利益更明显的投资项目，而不是那些更符合公司长远发展的创新投资项目。此外，对公司进行财富侵占对本身造成的伤害愈小，因此愈倾向进行侵占活动，而不会将资金用于需要用心经营的长期创新活动。同时，终极控制人拥有的控制权越多，越有能力影响公司决策，从而会有强烈动机追求自身财富的极大化，侵害小股东的权益；也更有诱因隐匿或操纵公司的资源，从事利益输送、占用资金、过度投资的行为。即使进行研发投入，企业的技术创新效率也会不佳。基于利益侵占效应，本书认为，终极控制人的控制权与现金流量权超过一定范围会对企业技术创新产生负面侵占效应。依据上述分析，建立以下假设：

假设 2：终极控制人的控制权与现金流量权配置结构超过一定范围会抑制企业的技术创新行为。

二、终极控制人的控制权与现金流量权分离对技术创新的影响

Shleifer 和 Vishny（1997）指出，当终极控制人掌握的股份控制权大于其对公司的现金流量请求权时，终极控制人会有强烈动机追求自身效

用极大化，侵害小股东的权益，尤其当控制股东的股份控制权与现金流量权之间产生偏离时，容易引起代理问题而对小股东造成伤害。Shleifer 和 Vishny（1997），La Porta 等（2000）等均发现控制权与现金流权分离程度对企业存在侵占效应。在中国，曹延求、王倩和钱先航（2009）、程仲鸣（2010）、唐跃军（2012）等均发现，大股东持股超过特定比率，使其掌握控制权远超过其对公司现金流量请求权时，会有强烈动机去追求自身效用的最大化，而不顾小股东的利益导致侵占效应的发生，特别是当终极控股股东持有的股份控制权愈高而现金流量请求权愈低时。企业创新是企业利用自身资源投入至研发创新之中，以期企业在短期与长期均能有所成长的一种经营活动。由于企业创新涉及公司内部的决策活动，因此深受公司治理机制的影响。但在中国，公司治理中监事会治理和经理层治理两种治理机制对于大股东控制私利并没有起到明显作用（曹延求、王倩和钱先航，2009）。因此，要诱使终极控制人及其控股股东认真进行创新活动并不容易。公司若想创新成功，通常需要永续经营或长期投入及卓越的经营管理能力。然而随着终极控制人的控制权偏离现金流量权的情况增加，企业愈不会专注于经营创新活动，即便进行创新投入，也会因公司采取直接或者间接剥削的手段导致创新产出减少或者创新效率降低。因此，控制权偏离现金流量权程度愈大，终极控制人及其控股股东专注经营创新活动的动机愈低，剥夺小股东利益的动机愈强，技术创新活动的表现愈差。基于上述推论，建立下列假设：

假设 3：终极控制人的控制权与现金流量权的偏离程度会降低企业的技术创新行为。

假设 3a：终极控制人的控制权与现金流量权的偏离程度超过一定范围会完全产生侵占效应，导致企业技术创新产生负效率。

第三节 研究样本与数据

一、数据来源

样本为2002~2011年在深圳和上海证券交易所主板上市的企业。样本企业的专利权数量数据取自WEBPAT全球专利咨询网中的中国专利与中国知识产权局知识产权出版社的《专利数据库》，然后手工收集上市企业历年所拥有的专利权数量。样本公司终极控制人的控制权与现金流量权数据部分来自CSMAR-GAT-PRI数据库，部分数据来自台湾地区的TEJ公司治理数据库。其他财务数据取自国泰君安上市公司财务报表数据库。

在2002~2006年，由于中国现有会计制度并未强制要求上市企业对外披露研发支出的详细信息，因此，本书关于这部分的数据是对2005~2006年上市公司的财务报表进行了详细分析的基础上获得的。在2007年新会计准则实施以前，对研发投入一般作为期间费用直接记入当期损益，主要在财务报告附注“支付其他与经营活动有关的现金流量”这一项目中披露，通常的名称包括研发费、研究开发费、技术研究费、科研费、咨询及技术开发费等。在2007年，实施新会计准则，增设“开发支出”科目核算企业内部研究和开发阶段的支出，故在“开发支出”科目中披露研发支出的公司入选。剔除部分控制权与现金流量权等相关数据缺失的样本，总共形成了1625个样本。

二、变量选择

（一）被解释变量

对企业创新活动从创新产出数量和创新产出质量两个维度来度量企业的技术创新水平，以使得实证结果更全面和稳健。一是用创新产出数量来衡量。以专利权数量来度量技术创新水平（温军和冯根福，2012），在分析研发投入的生产力时，专利权不失为一个良好的指标（Francis and Smith，1995）。此外，实务上专利权数量较其他产出指标容易取得且资料正确性高。二是用创新产出质量来衡量。以专利权价值来度量技术创新水平（金成隆等，2004），由于每一个专利权为企业带来的获利能力并不相等，因而市场价值并不相同，这将增加使用专利权作为创新能力所产生的衡量误差。所以本书另外援引 Seethamraju 和 lev（2000）的方法，使用 Cobb Douglas 生产函数模型，估计每一个专利权所创造的市场价值作为公司技术创新能力的替代变量。

（二）解释变量

终极股东的控制权和现金流量权分别为上市公司终极控制人的控制权与现金流量权的持股比例，分别记为 CVR 与 CFR。本书参考 Claessens 等（2000），La Porta 等（1999）的方法计算终极控制人的控制权和现金流量权，用控制权减现金流量权的差来衡量终极控制人与小股东的差异。

（三）控制变量

一是公司规模指标，本书以企业总资产的对数衡量企业规模，以 SIZE 表示。经济学家熊彼特认为大型的企业才比较有能力从事创新活动，因为大型企业有大规模的生产能力与设备，而且有比较强的研发能力、营销能力、财务资源以及产品研发经验等。二是盈利能力指标，用企业资产报酬率衡量，以 ROE 表示（温军和冯根福，2012）。三是融资成本指标，用企业资产负债率表示，记为 LEV（冯根福与温军，2008）。四是研发投入指标，用企业研发支出表示，记为 LOGRD。因此，本书将这四个变量加入模型中进行控制。各主要变量的定义如表 7－1 所示。

表 7－1 主要变量定义

变量名称	变量符号	预期符号	变量的定义
企业创新能力	INNOVATION		企业当年核准的专利权数量
企业创新能力	PATMV		用 Cobb Douglas 生产函数推估的企业专利权价值
控制权	CVR	+/－	企业控制链上最弱的投票权相加的和
现金流量权	CFR	－/+	企业控制股东通过所有控制链累计持有上市公司的所有权益比例来表示控股股东的现金流量权比例，其中每条控制链顶端公司的所有权权益比例等于控制链上各层股东持股比例的乘积
两权分离程度	DEV	－	控制权与现金流量权的差
研发投入	LOGRD	?	企业当年投入的研发费用取对数
债务率	LEV	?	年末负债总额除以年末资产总额
公司规模	SIZE	+	年末总资产金额的自然对数
获利水平	ROE	?	企业当年的净资产收益率　年末净利润除以平均股东权益

三、描述性统计

表 7－2 为各个变量的描述性统计量，样本每家企业平均拥有 21.72 个专利权，技术创新（INNOVATION）平均数都大于中位数，样本呈现出较高的右偏现象。因此在进一步分析时，本书除列出 Pearson product moment 相关外，也列出了 Spearman 秩相关系数。企业终极控制人所拥有的控制权平均为 38.25%（中位数为 36.65%），现金流量权平均为 31.94%（中位数为 29.67%），控制权与现金流量权分离程度（DEV）平均数为 6.29%（中位数为 0），分离程度代表终极控制人对小股东进行侵占的动机强弱。样本公司规模取对数后均值为 14.0145（中位数为 13.95），公司的资产负债率平均值高达 72.43%（中位数为 51.66%），研发费用取自然对数后平均值为 16.34（中位数为 16.37）。

表 7 – 2　　　　　　　　　　描述性统计

变量	中位数	均值	标准差	最小值	最大值
PATENT	3	21. 7204	170. 6397	0	6581
CVR	36. 65	38. 2513	16. 1105	1. 49	100
CFR	29. 67	31. 9426	17. 9221	0. 239	100
DEV	0	6. 2965	8. 5092	0	54. 8204
LOGRD	16. 37	16. 3368	1. 4949	6. 9078	22. 9008
LEV	0. 5166	0. 7243	8. 0748	0	877. 2559
SIZE	13. 95	14. 0145	1. 4038	3. 9318	20. 7086
ROE	0. 0806	0. 0347	1. 4905	– 79. 8885	33. 8313

表 7 – 3 为本书主要变量的 Pearson 和 Spearman 相关的结果，矩阵对角线的右上方为 Pearson 相关，左下方为 Spearman 相关。结果显示，在 Pearson 级差相关系数中企业创新能力与公司规模、研发费用、控制权呈现显著相关的现象。而相比较 Spearman 等级相关系数，企业技术创新的变量与除两权分离程度（DEV）外的所有变量呈现高度相关的现象。表 7 – 3 同时也显示，部分自变量之间呈现出显著的相关，如公司规模与研发投入、盈利能力、资产负债率、控制权、现金流量权之间显著相关。因此，后面进行多变量分析时，需进一步了解这些相关关系对于分析的影响。

表 7 – 3　　　　　　　　　　相关系数

	INNOVATION	CVR	CFR	DEV	LOGRD	LEV	SIZE	ROE
INNOVATION	1	0. 10110	0. 08322	0. 00580	0. 32153	– 0. 06284	0. 14422	0. 17063
		<0. 0001	<0. 0001	0. 6946	<0. 0001	<0. 0001	<0. 0001	<0. 0001
CVR	0. 02488	1	0. 85921	– 0. 03649	0. 09776	– 0. 07435	0. 18232	0. 18931
	0. 0915		<0. 0001	<0. 0001	<0. 0001	<0. 0001	<0. 0001	<0. 0001
CFR	0. 0121	0. 8803	1	– 0. 50017	0. 06520	– 0. 08557	0. 15580	0. 15798
	0. 4124	<0. 0001		<0. 0001	<0. 0001	<0. 0001	<0. 0001	<0. 0001
DEV	0. 01969	0. 03924	– 0. 4395	1	0. 03540	0. 04857	– 0. 02768	0. 00364
	0. 1823	<0. 0001	<0. 0001		0. 0729	<0. 0001	<0. 0001	0. 7268

续表

		INNOVATION	CVR	CFR	DEV	LOGRD	LEV	SIZE	ROE
LOGRD		0.19884	0.11368	0.09508	0.01675	1	0.01083	0.40099	0.28677
		<0.0001	<0.0001	<0.0001	0.3962		0.4501	<0.0001	<0.0001
LEV		0.00689	-0.02015	-0.0232	0.01096	0.00548	1	0.20715	-0.08898
		0.6055	0.0489	0.0234	0.2848	0.7021		<0.0001	<0.0001
SIZE		0.21041	0.20877	0.19230	-0.01088	0.35484	-0.11024	1	0.16512
		<0.0001	<0.0001	<0.0001	0.3700	<0.0001	<0.0001		<0.0001
ROE		0.01515	0.03366	0.02556	0.00987	0.10487	-0.26839	0.05423	1
		0.2910	0.0012	0.0142	0.3438	<0.0001	<0.0001	<0.0001	

第四节　研究结果与分析

为了检验假设 1 和假设 2，探讨终极控制人的控制权与现金流量权配置结构对企业技术创新的影响。本书参考 Lambert（1992）的方法构造以下模型：

$$INNOVATION_{i,t} = \alpha + \beta_1 CVR_{i,t} + \beta_2 CFR_{i,t} + \beta_3 CVR^2 + \beta_4 CFR^2 + \beta_5 LOGRD_{i,t} + \beta_6 SIZE_{i,t} + \beta_7 ROE_{i,t} + \beta_8 LEV_{i,t} + \varepsilon_{i,t} \quad (7-1)$$

$$INNOVATION_{i,t} = \alpha + \beta_1 CVR_{i,t} + \beta_2 CFR_{i,t} + \beta_3 LOGRD_{i,t} + \beta_4 SIZE_{i,t} + \beta_5 ROE_{i,t} + \beta_6 LEV_{i,t} + \varepsilon_{i,t} \quad (7-2)$$

式（7-1）和式（7-2）中因变量企业技术创新（INNOVATION）为企业专利权数量，样本观察值为零的比率有 26.9%①，具有零值膨胀（Zero-inflated）的现象，使用一般的 Poisson 模型可能造成模型估计系数偏误的问题，因此，本书参考 Lambert（1992）提出的 Zero-inflated Poisson（ZIP）模型。Lambert（1992）首先提出 ZIP 模型，并应用于制造业

① 本书所取得 1990~2011 年上市公司的样本中，有专利权数量资料的观察值为 9126 个，其中专利权数量为零的观察值有 2457 个，占整体样本的 26.9%。

产品损坏率的研究上，该模型能有效解决样本观察值为零而且数量过多的问题，是实证研究中常用以解决零值膨胀现象的方法，所以本书利用 Zero-inflated Poisson 模型来进行实证分析。

表 7－4 为终极控制人的控制权与现金流量权的配置结构对企业技术创新影响的回归结果。表 7－4 中的 Model 1 显示，终极控股股东的控制权平方的系数，显著为负（$P<0.01$），表示上市公司终极股东控制权与企业技术创新能力形成倒 U 型曲线关系，当终极股东控制权在一定范围内时，正向激励效应会促进企业创新活动，反之，当企业终极控制人的控制权超过一定范围且愈来愈强时，负面侵占效应使得企业愈没有动机去从事创新活动。终极控制人的现金流量权平方的系数，显著为正（$P<0.01$），表示企业终极股东现金流量权与企业创新能力形成 U 型曲线关系，当企业终极股东股东拥有现金流量权超过一定范围且愈来愈强时，正面的诱因效应使得企业愈有动机去从事创新活动。在 Model 2 中放入公司特性的控制变量后结论依然不变。

表 7－4　终极控制人的控制权与现金流量权的配置结构与企业技术创新

变量		(1) INNOVATION	(2) INNOVATION	(3) INNOVATION	(4) INNOVATION
INTERCEPT	?	3.8749 (P<0.0001)***	－15.7391 (P<0.0001)***	3.2715 (P<0.0001)***	－16.7459 (P<0.0001)***
CVR	+	0.0302 (P<0.0001)***	0.1479 (P<0.0001)***	0.0473 (P<0.0001)***	0.2439 (P<0.0001)***
CFR	－	－0.0792 (P<0.0001)***	－0.0513 (P<0.0001)***	－0.0701 (P<0.0001)***	－0.0313 (P<0.0001)***
CVR^2	－	－0.0002 (P<0.0001)***	－0.0019 (P<0.0001)***	－0.0002 (P<0.0001)***	－0.0024 (P<0.0001)***
CFR^2	+	0.0009 (P<0.0001)***	0.0006 (P<0.0001)***	0.0008 (P<0.0001)***	0.0003 (P<0.0001)***
LOGRD			0.5237 (P<0.0001)***		0.4648 (P<0.0001)***
SIZE			0.5600 (P<0.0001)***		0.5530 (P<0.0001)***

续表

变量		(1) INNOVATION	(2) INNOVATION	(3) INNOVATION	(4) INNOVATION
ROE			-0.1599 (P<0.0001)***		-0.0706 (P<0.0001)***
LEV	?		-0.0062 (P=0.8575)		0.0932 (P=0.0076)***
X				0.2442 (P<0.0001)***	-0.5248 (p<0.0001)***
Y				-0.3886 (P<0.0001)***	-1.7615 (P<0.0001)***
Z				-0.8217 (P<0.0001)***	-2.1930 (P<0.0001)***
N		1625	1625	1625	1625
Pearson χ^2		494603.2427	88405.7385	370189.3853	67582.1651
Log Likelihood		265076.5315	213678.7140	268285.5643	215668.1285

注：（1）CVR^2为企业控制股东控制权的平方，CFR^2为企业控制股东现金流量权的平方；（2）X为控制权变量按照q1分位数、中位数划分的一组样本，Y为控制权变量按照中位数，q3分位数划分的一组样本，Z为控制权变量按照q3分位数、最大值划分的一组样本；（3）*表示10%显著，**表示5%显著，***表示1%显著。

为了清楚反映控制权的变动对企业技术创新活动的影响，本书将控制权变量按照最小值、q1分位数、中位数、q3分位数、最大值划分为四组样本，将最小值与q1分位数作为基准组样本，将剩下三组样本分别称为X、Y、Z与基准组样本进行比较。Model 3结果显示：当控制权位于X时与基准组相比，企业的创新能力会提高，但当控制权位于Y或者是Z时，企业的创新能力会下降，而且创新能力会随着控制权的提高加速下降，表明控制权超过一定范围后其负面侵占效应使得企业创新能力下降，当放入控制变量后（见Model 4）这种趋势也没有改变，其他变量与Model1的结果类似。

为了进一步分析终极控制人的控制权与现金流量权的配置结构差异对企业技术创新的关系，本书在表7-5、表7-6中将控制权、现金流量权按照中位数区划分为两组，然后分别进行线性回归，试图找到控制权与企业创新非线性关系的临界点。在表 7 – 5 和表 7 – 6 中 Model 2 为控制权小于中位数 36. 65% 和现金流量权小于中位数 29. 67% 的样本，结果显示：控制权的系数显著为正（P < 0. 01），而现金流量权的系数显著为负（P < 0. 01）。说明当控制权小于中位数时，终极控制人更能关注企业的长期发展，积极提高企业创新能力和长期获利能力，正向激励效应会促进企业创新活动；而现金流权小于中位数时，说明终极控制人会更加重视企业短期利益而不愿意创新。此时，在控制变量中企业资产规模越大、资产负债率水平越高的企业创新能力越强。Model 3 为控制权大于中位数 36. 65% 和现金流量权大于中位数 29. 67% 的样本，结果显示：控制权的系数显著为负（P < 0. 01），而现金流量权的系数显著为正（P < 0. 01），表明终极控制人的现金流量权超过一定范围且愈来愈强时，正面的诱因效应使得企业愈有动机去从事创新活动。而此时，控制权超过一定范围且越来越强，负面的侵占效应也越来越强，使得企业越没有动机去从事创新活动，在控制变量中企业获利能力不显著，其他变量均与前两个模型结论一致。

而在表 7 – 5 的 Model 4 中，按照控制权变量区分基准组与对照组的结论与表 7 – 3 中 Model 4 的结论也一致，而表 7 – 5 的 Model 4 将现金流量权区分基准组与对照组，结果显示，当现金流量权愈来愈大时，正面的诱因效应使得企业愈有动机去从事创新活动，而且控制权的中位数为这种倒 U 型关系的拐点，现金流量权的中位数为 U 型关系的拐点，表明终极控制人的控制权与现金流量权的配置结构存在一个区间（控制权小于中位数 36. 65% 而现金流量权大于中位数 29. 67%），在该区间范围内终极所有权结构的配置能够激励企业的技术创新。反之，当终极所有权结构超过该区间（控制权大于中位数 36. 65% 而现金流量权小于中位数 29. 67%）时，则该配置结构抑制了企业的技术创新活动。上述结论均支持假设 1 和假设 2。

表 7-5　　　　终极控制人的控制权与现金流量权的配置结构与企业技术创新

		(1)	(2)	(3)	(4)
变量		INNOVATION	INNOVATION CVR < 36.65	INNOVATION CVR > 36.65	INNOVATION
INTERCEPT	?	-12.8723 (P < 0.0001)***	-15.5820 (P < 0.0001)***	-6.2265 (P < 0.0001)***	-12.6954 (P < 0.0001)***
CVR	+	0.0020 (p = 0.0003)***	0.0561 (P < 0.0001)***	-0.0303 (P < 0.0001)***	0.0095 (P < 0.0001)***
CFR	-	-0.0268 (P < 0.0001)***	-0.0287 (P < 0.0001)***	0.0094 (P < 0.0001)***	-0.0197 (P < 0.0001)***
LOGRD	+	0.5986 (P < 0.0001)***	0.5624 (P < 0.0001)***	0.1377 (P < 0.0001)***	0.5039 (P < 0.0001)***
SIZE	+	0.4198 (P < 0.0001)***	0.5177 (P < 0.0001)***	0.5668 (P < 0.0001)***	0.4809 (P < 0.0001)***
ROE	+	-0.0173 (0.1526)	0.0602 (P < 0.0001)***	0.0124 (0.6612)	-0.0188 (0.2076)
LEV	?	0.5038 (P < 0.0001)***	1.2536 (P < 0.0001)***	-0.4951 (P < 0.0001)***	0.3874 (P < 0.0001)***
X					0.8705 (P < 0.0001)***
Y					0.2781 (P < 0.0001)***
Z					-0.2526 (P < 0.0001)***
N		1625	712	913	1625
Pearson χ^2		67426.5774	22426.8739	16782.9098	58395.0975
Log Likelihood		210826.4619	168434.4710	52758.0509	213670.8281

注：(2) 式为 CVR 小于中位数 36.65% 的一组样本回归的结果；(3) 式为 CVR 大于中位数 36.65% 的一组样本回归的结果。X 为控制权变量按照 q1 分位数，中位数划分的一组样本，Y 为控制权变量按照中位数，q3 分位数划分的一组样本，Z 为控制权变量按照 q3 分位数，最大值划分的一组样本。* 表示 10% 显著，** 表示 5% 显著，*** 表示 1% 显著。

表 7-6　　　　终极控制人的控制权与现金流量权的配置结构与企业技术创新

		(1)	(2)	(3)	(4)
变数		INNOVATION	INNOVATION CFR < 29.67	INNOVATION CFR > 29.67	INNOVATION
INTERCEPT	?	-12.8723 (P<0.0001)***	-16.2784 (P<0.0001)***	-6.8771 (P<0.0001)***	-12.4027 (P<0.0001)***
CVR	+	0.0020 (p=0.0003)***	0.0026 (P=0.0007)***	-0.0234 (P<0.0001)***	0.0024 (P=0.0010)***
CFR	-	-0.0268 (P<0.0001)***	-0.0008 (P=0.5447)	0.0066 (P<0.0001)***	-0.0535 (P<0.0001)***
LOGRD	+	0.5986 (P<0.0001)***	0.7037 (P<0.0001)***	0.2105 (P<0.0001)***	0.6023 (P<0.0001)***
SIZE	+	0.4198 (P<0.0001)***	0.4409 (P<0.0001)***	0.5020 (P<0.0001)***	0.4069 (P<0.0001)***
ROE	+	-0.0173 (0.1526)	-1.4706 (P<0.0001)***	0.0437 (P=0.1087)*	-0.0601 (P<0.0001)***
LEV	?	0.5038 (P<0.0001)***	1.6096 (P<0.0001)***	-0.2987 (P<0.0001)***	0.7340 (P<0.0001)***
X1					-0.1004 (P<0.0001)***
Y1					0.2703 (P<0.0001)***
Z1					1.4881 (P<0.0001)***
N		1625	732	893	1625
Pearson χ^2		67426.5774	74975.6836	12835.5340	76045.0451
Log Likelihood		210826.4619	168506.3520	50168.0623	212637.5740

注：(2) 式为 CFR 小于中位数 29.67% 的一组样本回归的结果；(3) 式为 CFR 大于中位数 29.67% 的一组样本回归的结果。X1 为现金流量权变量按照 q1 分位数，中位数划分的一组样本，Y1 为现金流量权变量按照中位数，q3 分位数划分的一组样本，Z1 为现金流量权变量按照 q3 分位数，最大值划分的一组样本。* 表示 10% 显著，** 表示 5% 显著，*** 表示 1% 显著。

总之，通过上述分析发现终极控制人的配置结构制约着企业的技术创新能力，具体分析而言企业控制权在一定范围内时，正向激励效应会促进企业创新活动，当上市企业控制权超过一定范围且愈来愈强时，负面侵占效应使得企业愈没有动机去从事创新活动。现金流量权超过一定范围且愈来愈强时，正面的诱因效应使得企业愈有动机去从事创新活动。企业创新能力强弱与控制权呈现倒 U 型关系，而与现金流量权呈现 U 型的关系，当终极控制人的控制权与现金流量权的配置结构在一定区间（控制权小于中位数 36.65% 而现金流量权大于中位数 29.67%）范围内时，该终极所有权结构能够激励企业技术创新。反之，超过了该范围，终极所有权结构抑制了企业的技术创新活动。

为了检验假设 3 和假设 3a，分析终极控制人的所有权与现金流量权分离对企业技术创新的影响，本书建立了模型（7－3）。

$$INNOVATION_{i,t} = \alpha + \beta_1 DEV_{i,t} + \beta_2 DEV_{i,t} \times LOGRD_{i,t} + \beta_3 LOGRD_{i,t} + \beta_4 SIZE_{i,t} + \beta_5 ROE_{i,t} + \beta_6 LEV_{i,t} + \varepsilon_{i,t} \quad (7-3)$$

式（7－3）中，DEV 为上市企业控制股东的控制权与现金流量权的分离程度。DEV × LOGRD 为控制权和现金流量权的分离程度与其研发投入的交互项，其他变量如式（7－1）、式（7－2）所述。

表 7－7 为两权分离程度与企业技术创新之间的回归结果。Model 1 结果显示：分离程度（DEV）的系数显著为负（$P<0.01$），表示控制权与现金流量权分离越大，企业的技术创新能力越差。其系数的经济含义是分离程度每增加一个百分点，企业的技术创新能力是原来的 32.46%（$e^{-1.1252}$），即减少 67.54%。由此结果可知，终极控制人的控制权与现金流量权分离时，终极控制人及其控股股东努力经营的诱因低，侵占小股东的动机强，导致企业不注重创新，因而技术创新能力表现不佳。而此时，交互项系数显著为正但是明显小于两权分离程度（DEV）系数的绝对值，通过 F 检验交乘项的系数与两权分离的系数之和显著异于零，说明两权分离程度影响企业的研发投入效率，而且是显著负面影响。可见，如果企业投入相同的研发费用，两权分离愈大的企业，其产出的专利权数量越少，显示两权分离程度直接影响到企业创新能力的强弱。结果支持假设 3。当 Model 2 中放入控制变量后，Model 2 的结论依然显著成立，结论均支持假设 3。

为了更进一步分析两权分离程度对企业技术创新能力的影响，本书先将分离程度按照中位数划分为等于零和大于零两组样本，当分离程度为零时回归结果见 Model 3 显示，研发投入等控制变量与公司创新呈现显著正相关关系。当两权分离程度大于零时，回归结果（见 Model 4）显示两权分离的系数不显著，但是交乘项的系数显著为负，说明随着两权分离程度扩大明显降低了研发投入产出的创新效率，此时企业投入平均的研发费用，相比较原来的创新能力，两权分离程度每增加一个单位，则会导致公司创新产出减少 67.54%，放入控制变量后结果依然不变，此结论支持假设 3a。

表 7－7　终极控制人的控制权与现金流量权分离程度与企业技术创新

变量		(1) INNOVATION	(2) INNOVATION	(3) INNOVATION If DEV = 0	(4) INNOVATION If DEV > 0
INTERCEPT	?	3.2706 (P < 0.0001) ***	−7.1538 (P < 0.0001) ***	−6.5152 (P < 0.0001) ***	−17.1326 (P < 0.0001) ***
DEV	−	−1.1252 (P < 0.0001) ***	−0.5699 (P < 0.0001) ***		0.0201 (0.1654)
DEV * LOGRD	?	0.0630 (P < 0.0001) ***	0.0314 (P < 0.0001) ***		−0.0013 (0.0976) *
LOGRD	+		0.2490 (P < 0.0001) ***	0.1552 (P < 0.0001) ***	0.8265 (P < 0.0001) ***
SIZE	+		0.3937 (P < 0.0001) ***	0.4517 (P < 0.0001) ***	0.3923 (P < 0.0001) ***
ROE	+		0.0691 (P < 0.0001) ***	0.0851 (0.0881) *	0.0471 (0.0011) ***
LEV	?		0.6791 (P < 0.0001) ***	0.8716 (P < 0.0001) ***	0.0857 (0.1128)
N		1625	1625	880	745
Pearson χ^2		2695631.7343	271280.2043	13368.0585	109815.1304
Log Likelihood		215313.1391	214974.7754	48250.6139	167993.8870

注：(3) 式为控制权与现金流量权偏离程度等于零的一组样本回归的结果；(4) 式为控制权与现金流量权偏离程度大于零的一组样本回归的结果。* 表示 10% 显著，** 表示 5% 显著，*** 表示 1% 显著。

为了更加清晰地分析两权分离程度对企业创新活动的影响，本书将两权分离程度大于零的区间分为（0 20]、[20 40）的区间范围来具体描述分离程度是如何影响研发投入而导致创新产出效率的变化，表 7－8 的 Model 1 显示，两权分离位于（0 20］区间时分离程度的系数与企业创新能力显著为负，虽然此时研发投入与企业创新产出专利权数量显著正相关，交互项的系数为正，但是经过 F 检验，两权分离程度与交互项系数以及研发投入系数之和显著异于零，表明两权分离程度的综合效应是负项的，即两权分离程度会影响研发投入产出效率及企业创新能力。从控制变量分析，此时负债能力高和获利能力高的企业可能由于研发投入效率低下反而不愿意进行创新活动。当两权分离程度位于［20 40）时，如 Model 2 所示，此时两权分离程度与交互项系数不显著，但是研发投入与企业创新显著负相关，表明企业两权分离程度愈高时，研发投入并没有产生相应的产出效应，反而严重扭曲了企业的创新效率。同时也表明，本书采用专利权数量而不是研发投入作为企业技术创新的合理性。当两权分离位于（20 30］时，如 Model 3 所示，所得结论与［20 40）时的情况类似，但是当两权分离程度位于（30 40］时，企业研发投入的产出效率越来越差，而且获利能力越好的企业更不可能投入企业的研究和发展的经营活动。上述结果表明，当两权分离程度在［20 40）区间时，终极控制人的侵占效应严重扭曲和抑制了企业的技术创新活动与创新效率，结论均支持假设 3 和假设 3a。

表 7－8　　终极控制人的控制权与现金流量权分离程度与企业技术创新

变量		(1) INNOVATION If DEV ∈ (0 20]	(2) INNOVATION If DEV ∈ (20 40]	(3) INNOVATION If DEV ∈ (20 30]	(4) INNOVATION If DEV ∈ (30 40]
INTERCEPT	?	−4.4740 (P<0.0001)***	−5.7075 (P<0.0001)***	−4.7207 (0.0005)***	60.7726 (0.0046)***
DEV	−	−0.7358 (P<0.0001)***	0.0215 (0.6277)	0.0082 (0.8796)	−2.2026 (0.0007)***
DEV * LOGRD	?	0.0418 (P<0.0001)***	−0.0004 (0.8708)	0.0041 (0.1930)	0.1059 (0.5137)

续表

变量		(1) INNOVATION If DEV ∈ (0 20]	(2) INNOVATION If DEV ∈ (20 40]	(3) INNOVATION If DEV ∈ (20 30]	(4) INNOVATION If DEV ∈ (30 40]
LOGRD	+	0. 2130 (P < 0. 0001) ***	-0. 1470 (P = 0. 0154) **	-0. 2333 (0. 0019) ***	-3. 6128 (0. 0041) ***
SIZE	+	0. 2903 (P < 0. 0001) ***	0. 7570 (P < 0. 0001) ***	0. 6935 (P < 0. 0001) ***	1. 1739 (P < 0. 0001) ***
ROE	+	-1. 2499 (P < 0. 0001) ***	0. 0184 (0. 6109)	-0. 0086 (0. 8079)	-19. 9720 (P < 0. 0001) ***
LEV	?	-0. 3883 (P < 0. 0001) ***	-1. 0735 (P = 0. 0002) ***	-0. 5297 (P < 0. 0001) ***	1. 2252 (0. 3466)
N		577	165	152	13
Pearson χ^2		21512. 0757	3915. 3247	2432. 3265	25. 2477
Log Likelihood		162853. 1148	9751. 0457	8698. 6753	1224. 6996

注：(1) 式为控制权与现金流量权分离程度在 (0 20] 的一组样本回归的结果；(2) 式为控制权与现金流量权分离程度在 (20 40] 的一组样本回归的结果；(3) 式为控制权与现金流量权分离程度在 (20 30] 的一组样本回归的结果；(4) 式为控制权与现金流量权分离程度在 (30 40] 的一组样本回归的结果。* 表示 10% 显著，** 表示 5% 显著，*** 表示 1% 显著。

综合以上结果可知：(1) 终极控制人所持有的控制权与现金流量权分离时，会引起终极控制人剥夺小股东的利益，此时终极控制人及其控股股东为了维持侵占的利益，规避创新需要承担的高风险，导致企业创新能力下降；(2) 在终极控制人具有侵占动机而不愿意企业暴露于高风险的环境下，那些获利能力和举债能力都较高的企业反而不愿意投入到企业的创新活动中去；(3) 当两权分离超过一定范围后，即使企业投入创新活动，也会因为终极控制人及其控股股东的侵占行为导致公司治理效率较低，并不能整合创新所需要的资源，使得创新产出下降，降低了企业的技术创新效率。此结论与预期相同。

第五节　稳健性分析

采用专利权数量作为因变量的前提是假设每一专利为每个企业获取

的利润是相同的。但事实并非如此，各个专利权之间的价值可能并不相同。因此，以专利数量作为技术创新的替代变量，或有衡量误差的情况出现。为克服这一问题，本书另外引用 Seethamraju 和 lev（2000）的方法，采用 Cobb Douglas 生产函数认为生产要素为实体资产与劳动等有形资产所构成，但在知识经济时代，创新或无形资产已成为生产的另一种重要因素，因而应加入此要素（Lev，2001）。由于近年来积极转型为知识经济的社会，因此笔者据这一模式推估出专利权的价值。

实证结果如表 7－9 所示，Model 1 使用专利权价值 PATMV 作为因变量，重新检验本研究的假设。实证发现，结果和使用专利权数量相似，控制权平方的系数显著为负，而现金流量权平方的系数虽不显著但是为正，与预期相同，且控制权平方的系数达到显著水平（$P<0.01$）。本书采用 White（1980）的方法在 OLS 中实现对异方差稳健的标准误，Model 2 所得结论均与 Model 1 一致，当终极控制人的控制权小于中位数 36.65%时，在该区间范围内终极所有权结构的配置能够激励企业的技术创新。反之，当终极所有权结构超过该区间则对技术创新无激励效果。结论基本支持假设 1。

表 7－9　终极控制人的控制权与现金流权配置结构与企业技术创新

$$PATMV_{i,t}=\alpha+\beta_1 CVR_{i,t}+\beta_2 CFR_{i,t}+\beta_3 CVR^2+\beta_4 CFR^2+\beta_5 LOGRD_{i,t}+\beta_6 SIZE_{i,t}+\beta_7 ROE_{i,t}+\beta_8 LEV_{i,t}+\varepsilon_{i,t}$$

变量		(1) INNOVATION	(2) INNOVATION Robust 调整	(3) INNOVATION If CVR < 36.65	(4) INNOVATION If CVR > 36.65
INTERCEPT	?	−423.4487 (−9.8000)***	−423.4487 (−2.7400)***	−883.5007 (−2.7300)***	−123.6380 (−8.0200)***
CVR	+	2.3808 (2.1700)**	2.3808 (1.8400)*	3.7724 (3.6600)***	−0.2029 (−1.4700)
CFR	−	−1.3342 (−1.5600)	−1.3342 (−1.5100)	−1.8894 (−1.5000)	1.44 (0.150)
CVR^2	−	−0.0280 (−2.0900)**	−0.0280 (−1.8500)*		

续表

CFR^2	+	0.0143 (1.2100)	0.0143 (1.4600)		
LOGRD		11.5627 (5.9800)***	11.5627 (2.3500)**	21.414 (5.4800)***	1.7780 (2.1800)**
SIZE		15.3286 (4.9000)***	15.3286 (3.1500)***	34.058 (5.7500)***	7.4679 (6.3300)***
ROE		-1.4420 (-0.3500)	-1.4420 (-1.3600)	-43.674 (-1.0300)	0.5437 (0.1800)
LEV		5.7893 (0.4000)	5.7893 (1.0200)	5.8121 (0.1800)	-5.0406 (-8.0200)
Dun_year		控制	控制	控制	控制
N		1215	1215	530	685
Ad - R^2		0.0999	0.0999	0.1796	0.1037

注：（2）式为按照 White（1980）的方法在 OLS 中实现对异方差稳健的标准误的回归结果；（3）式为样本企业控制权小于中位数的回归结果；（4）式为样本企业控制权大于中位数的回归结果。* 表示 10% 显著，** 表示 5% 显著，*** 表示 1% 显著。

两权分离程度（DEV）与企业技术创新之间的关系，如表 7 - 10 所示，在 Model 1 和 Model 2 中的两权分离的系数显著为负，其交互项的系数显著为正，但是经过 F 检验两权分离程度的系数与交互项的系数和显著为负，表明两权分离程度的综合效应会抑制企业创新，两权分离程度会影响研发投入产出效率及企业创新能力。而 Model 2 中研发投入的系数不显著，表明随着两权分离程度的扩大，企业研发投入并不能得到必然的创新产出，同时也表明，终极控制人的侵占行为导致公司治理较差并不能整合创新所需要的资源。本书另外将两权分离程度分为（0 20］和（20 40］两个区间检验对技术创新的影响，均发现两权分离程度的综合效应会阻碍技术创新（限于篇幅，结果未列出），可能由于专利权价值不同于专利权数量所导致，但无论如何终极控制人的两权分离程度会对创新产生抑制效应，而且程度愈严重抑制效果愈明显。

表 7-10　终极控制人的控制权与现金流量权分离程度与企业技术创新（ols 与 2sls 比较）

$$PATMV_{i,t} = \alpha + \beta_1 DEV_{i,t} + \beta_2 DEV_{i,t} \times LOGRD_{i,t} + \beta_3 LOGRD_{i,t} + \beta_4 SIZE_{i,t} + \beta_5 ROE_{i,t} + \beta_6 LEV_{i,t} + \varepsilon_{i,t}$$

		(1)	(2)	(3)	(4)
变量		INNOVATION	INNOVATION Robust 调整	INNOVATION	INNOVATION Residualpatmv1
INTERCEPT	?	7.9957 (2.6400)***	-241.2040 (-5.3700)***	-323.9763 (-11.0300)***	7.1133 (12.8900)***
DEV	-	-26.53994 (-10.8700)***	-20.6305 (-6.8300)***		-11.1175 (-26.5100)***
DEV × LOGRD	?	1.6129 (11.2200)***	1.2493 (6.98)***		0.6896 (27.3600)***
LOGRD	+		2.3887 (1.0500)	10.5460 (6.7100)***	
SIZE	+		14.4125 (4.7000)***	10.6941 (5.1300)***	
ROE	+		4.5357 (0.4800)	-0.5578 (-0.1500)	
LEV	?		7.1678 (0.5000)	15.5043 (1.4700)	
Dum_year		控制	控制	控制	控制
N		1215	1215	1215	1215
Ad - R^2		0.0962	0.1301	0.0794	0.2687

注：(1)(2) 式为 OLS 的回归结果；(3)(4) 式为两阶段 OLS 的回归结果。* 表示 10% 显著，** 表示 5% 显著，*** 表示 1% 显著。

在表 7-9 和表 7-10 中，回归模型的解释变量（除 CVR、CVR^2、CFR、CFR^2 有较高共线性外），其膨胀因子（vif）的最大值小于 10，因此共线性问题并不严重，不会影响本书的分析结论。此外，表 7-10 中 Model3 和 Model4 采用两阶段最小平方法进行回归分析，所得结论与 Model1、Model2 一致，采用 White（1980）以及 Mackinnon 和 White（1985）的方法在 Model2 中 OLS 以及在 Model 3 和 Model 4 中 2SLS 实现对异方差稳健的标准误，所得结论依然一致，基本支持假设 3 和假设 3a。

第六节　本章小结

本章利用 2002 ~ 2011 年在深圳和上海证券交易所主板上市的企业为研究数据，从终极控制人的所有权结构差异的视角，考察了终极控制人的控制权和现金流量权的配置结构与分离程度对企业技术创新的影响，为国家转变经济增长方式，实施创新型企业战略的政策提供理论和经验证据支持。经验证据表明：(1) 中国上市企业终极股东的控制权与企业技术创新能力呈倒 U 型的曲线关系，而现金流量权与企业创新能力则呈 U 型的曲线关系，终极控制人的控制权与现金流量权配置结构在一定范围内会激励企业的技术创新，但超过这一范围则会对技术创新产生抑制效应。(2) 两权分离程度对企业技术创新有显著的侵占效应，这种侵占效应会明显扭曲企业的研发投入与创新产出的关系而导致创新效率下降，表明两权分离度对企业技术创新能力具有中介效应。进一步分析发现，两权分离超过一定程度时，侵占效应导致技术创新呈现负效率。该结论对于企业创新动力的研究是有益的补充。(3) 除使用专利权数量外，本书进一步使用 Cobb Douglas 生产函数模型，估计每一个专利权的市场价值代理公司创新能力的替代变量，这种方法可以克服以专利权数量作为创新活动的衡量误差，因而兼顾专利权的量和质，可以更好地反映企业技术创新能力的强弱。

第八章　研究启示与政策建议

本章在总结代理问题与企业技术创新理论研究与经验分析的基础上，提出了强化企业技术创新驱动力的总体战略，并有针对性地对现存的问题提出了相应的政策建议。

一、研究启示

前文在分析不同代理问题对企业技术创新的作用机制和原理的基础上，结合中国具体制度背景，以上海和深圳两市主板上市企业2002～2011年的数据为研究样本，对不同代理问题对企业技术创新投入、产出、效率三个维度的影响进行经验研究，由此得出以下重要的研究启示。

（一）控股股东持股结构总体上对技术创新存在抑制效应与递减效应

从第五章对企业异质性、控股股东持股结构与企业技术创新的经验分析来看，中国上市企业控股股东总体上对企业技术创新存在抑制效应，创新动力不足，其主要表现为：控股股东与企业技术创新投入活动之间呈现U型动态特征，控股股东在一定范围内随着持股比例的增加对技术创新投入具有负效应，而超过某一拐点时，随着控股股东持股比例的增加能促进企业的技术创新投入，与以往研究结论不同，这种双重效应主要由国有上市企业的控股股东而引发，并未体现在非国有企业中；控股股东对企业技术创新产出活动具有侵占效应，随着控股股东持股比例的增加这种掠夺效应会更显著，进一步对控股股东的性质研究结果显示，与以往结论有所不同，不论是在国有企业还是在非国有企业中，控股股东持股均对企业技术创新产出活动表现出抑制效应，而且在非国有企业中，不仅尚未发现控股股东持股对技术创新产出活动的利益趋同效应，反而发现与国有企业的控股股东持股相比，非国有企业的控股股东持股对技术创新效率更具递减效应。

（二）管理层持股结构总体上对技术创新存在股权激励效应与周期效应

从第六章管理层（管理者）是否持股及持股结构差异的视角，考察了管理层持股结构对企业技术创新投入、创新产出、创新效率的影响。总体而言，管理层持股结构对企业技术创新具有股权激励效应和周期效应，其主要表现在：管理层持股的上市企业与管理层尚未持股的企业相比能够明显增加研发投入、获得更多的创新产出和更高的创新效率，管理层持股对企业技术创新具有激励效应的属性；管理层持股结构与企业技术创新呈现倒U型动态曲线特征，管理层持股在一定范围内会激励企业的技术创新活动，但随着管理层持股比例增加到一定范围时，影响效应由激励效应转变为堑沟效应，这种侵占效应会明显扭曲企业的研发投入与创新产出的关系而导致创新效率下降；针对企业创新活动的周期性特质，本书采用的所有模型均考虑时滞或预期因素的影响，管理层持股结构对企业技术创新的影响均不超过3年，周期效应相对有限。

（三）终极所有权结构总体上对企业技术创新具有促进效应与堑沟效应

第七章从终极控制人的所有权结构差异的视角，考察了终极控制人

（或终极控股股东）的控制权和现金流量权的配置结构与分离程度对企业技术创新的影响，就实证结果而言，终极所有权结构总体上对企业技术创新存在促进效应与堑沟效应，其主要表现为：中国上市企业终极股东（或人）的控制权与企业技术创新呈倒U型动态曲线关系，而现金流量权与企业技术创新则呈U型的曲线关系，终极控制人的控制权与现金流量权配置结构在一定范围内会激励企业的技术创新，但超过这一范围则会对技术创新产生抑制效应。

（四）两权分离程度总体上对企业技术创新具有中介效应和侵占效应

从第七章终极所有权结构、两权分离程度与企业技术创新的实证研究结果分析来看，中国上市企业终极控制人（或股东）的控制权与现金流量权的分离程度对企业技术创新有显著的侵占效应和中介效应，其主要表现为：两权分离程度对企业技术创新具有明显的侵占效应，这种侵占效应会明显扭曲企业的研发投入与创新产出的关系而导致创新效率下降，进而表明两权分离度对企业技术创新能力具有中介效应。进一步分析发现，两权分离超过一定程度时，侵占效应导致技术创新呈现负效率，该结论对于企业创新驱动力研究是有益的补充。

（五）异质性和股权集中度总体上对企业技术创新具有调节效应和干扰效应

从第五章对企业异质性、控股股东持股结构与企业技术创新的经验分析，以及第五章对管理层持股结构与企业技术创新的实证结果发现，总体上企业的异质性与股权集中度对企业技术创新具有调节效应与干扰效应，其主要表现为：终极控制人性质的不同与股权集中度的高低会对控股股东持股结构、管理层持股结构与企业技术创新关系产生调节效应，不同企业性质与股权集中度的高低会干扰控股股东持股、管理层持股对企业技术创新投入、产出、效率的回归结果。

二、政策建议

本书借鉴已有研究成果，结合中国制度背景与经验研究结果，提出如下政策建议：

（一）强化会计对技术创新的控制，切实提高企业技术创新效率

郭道扬（1990，2003）和杨时展（1992）均认为，会计的发展是人类文明进步的重要标志，在现代社会中，其学术成就已强有力地影响到社会经济的各个方面，会计控制已成为保障现时社会与未来社会健康发展的重要力量，它既在实现企业经济效益与社会经济效应中发挥重要作用，也在缓解或消除社会性危急中发挥着重要作用。因此在经济全球化和日益激烈的竞争环境中，为了转变企业经济增长方式，提高企业的核心竞争力，实施创新驱动发展战略，大力培植具有国际核心竞争力的大型企业集团，应充分发挥会计在企业技术创新过程中的控制作用，加强会计对企业技术创新投入、产出、效率的控制，切实提高企业技术创新效率。就本书结论而言，表现在以下几个方面。

1. 减少控股股东利用企业研发项目进行操纵的可能性，提高企业的创新效率。

相关监管部门应研究与规范如何规避控股股东对企业创新活动可能带来的利益侵占行为，减少利用企业研发项目进行操纵的可能性，切实提高企业的创新效率。本书认为，监管部门可从以下几个方面加强控股股东行为监管：一是尽快制定控股股东行为规范，明确其相关责任和诚信义务，加强其与国资部门协调沟通。二是督促上市公司规范“三会”运作。我国上市公司的主要问题是控股股东通过操纵股东大会、董事会、监事会以及与经理层合谋，掏空上市公司资产、损害中小股东利益

(胡汝银，2010)。推进差额选举制度、累积投票制度等实施，发挥专业委员会的作用；完善独立董事提名和选聘机制，发挥独立董事作用；提高中小股东参加公司股东大会及参与重大事务决策比例，减少控股股东利用企业研发决策对研发项目进行操纵的机会和概率。三是加强企业内部控制建设，制定并严格执行信息披露制度、重大信息内部报告制度，通过提高企业内部信息透明度来约束控股股东利益侵占行为。

2. 应探究管理层在不同产权性质的企业持股激励契约控制机制。

国有企业的管理层激励契约对于企业技术创新活动的核心议题是创新效率的质的激励，已有研究表明董事治理机制与监事治理机制对于抑制管理层私利侵占行为失灵，因而在管理层激励契约设计中鼓励其引进外部治理机制以及完善已有治理机制的不足的源头，才能规避侵占效应对创新活动产生的不利影响，良好的治理约束机制才能充分配置企业自主创新所需资源，最大化企业创新效率并维持竞争优势。非国有企业的管理层激励对于企业创新活动的核心问题是创新投入的量的激励，在管理层激励契约设计中鼓励其建立灵活的创新机制，协调企业创新与外部创新环境、知识获取、知识创造之间的互动关系，可以有效规避威胁并抓住外部环境提供的种种机会，促进企业提高研发投入，从而提升企业的技术创新能力与核心竞争力。

3. 应合理优化终极所有权结构，严格控制对企业技术创新的侵占行为。

在公司治理中企业为了提高技术创新能力应该优化终极所有权结构配置，本书实证结论指出，当终极控制人的控制权小于中位数或者现金流量权大于中位数时存在积极诱因进行技术创新活动，因此需要引进战略性外部投资者完善治理机制，改善终极所有权配置结构，持股较高的外部投资者同其他大股东一样，在公司治理中具有较强的话语权。一方面可以不断完善企业的公司治理机制、优化治理结构，并整合企业自主创新所需内外部资源和能力，促进企业自主创新活动；另一方面可以产生股权制衡效应以规避终极控制权过高所带来的负侵占动机，从而协调终极控制人及其控股股东与其他股东之间的利益，有利于企业的长远发展和创新战略的实施。

4. 建立良好的治理约束机制，充分配置企业技术创新所需资源。

两权分离程度降低企业的创新能力和创新效率，在偏离程度严重时会严重扭曲企业创新能力与创新效率，因此仅依靠企业的研发投入并非就能直接推动创新，企业的创新投入只是推动自主创新的必要条件，更重要的在于企业自身的治理机制，因为创新是公司长期竞争力不可或缺的动力，需要永续经营或长期投入及卓越的经营管理，而良好的治理约束机制才能充分配置企业自主创新所需资源，最大化企业创新效率并维持竞争优势。

（二）企业应进行制度创新，增强企业技术创新驱动力

公司治理是关于企业所有权配置的一种制度性安排，企业技术创新是企业利用自身资源，将现实拥有的有限的资源投入到研发创新之中，以期企业在短期与长期均能有所成长的一种经营活动。由于企业创新活动涉及企业内部的决策活动，因此深受公司治理因素的影响，而代理问题是公司治理的核心议题，因此，缓解两类不同的代理问题、加强公司治理可以提升企业的技术创新能力。在西方发达国家，一般通过开除或撤换管理者（Dweing，1953），强化人力市场机制（Fama，1980），加强董事会监督（Morck，Shleifer and Vishny，1988），以结果为导向制订管理者激励契约（Eisenhard，1989）等四种途径缓和权益代理问题；通过积极引进机构投资者，制定相关法律等内外部治理机制缓解核心代理问题。具体从以下几个方面入手：

1. 引进战略性外部投资者，对控股股东产生股权制衡效应。

目前，我国上市公司控股股东对企业技术创新活动因利益侵占而呈现负面效应，究其根源在于一股独大的控股股东具有私利性，而所有权

控制方式和能力的差异会影响其获得私利的条件。因此，在上市公司中，引进战略投资者，并最终降低控股股东的持股比例，形成第一大股东相对控股，多个大股东共存共享控制权的局面。一方面，降低控股股东对研发投入的利益侵占导致的对企业技术创新的负面效应；另一方面，相对集中的股权结构能够防范股权分散导致的代理成本上升反噬企业创新活动的问题。

2. 适度优化股权结构，抑制管理层持股的堑沟效应。

对于股权集中度高的企业在技术创新的同时还应进行制度创新，在公司治理中引进外部治理机制以抑制或者制衡控股股东或者大股东的私利侵占行为，是事关企业技术创新、维持竞争优势与长远利益的核心问题。在股权集中度低的企业，管理层持股虽然激励了技术创新活动，但是当管理层持股超过一定范围时的过度激励，产生了负面侵占效应，因此这类企业也应引进战略性外部投资者，与管理层签订激励契约时，一方面应加入要求管理层建立符合自身特点的创新系统和完备的研发管理机制的条款；另一方面通过完善治理结构来约束管理层持股过高导致的私利侵占行为，防止其将自身的私利优先于公司的整体利益。

3. 企业在制订激励契约时，需考量企业的技术创新水平。

由于管理层持股对于技术创新的周期效应不超过 3 年，加之在中国作为创新主体的企业，在自主创新投入上目光不够高远，研发活动普遍存在“短平快”现象，以“增加产品功能和提高性能”为主要技术经济目标的项目的平均周期只有 1.4 年，所以创新产出的专利权价值不高。上述情况均说明在中国企业普遍存在可持续创新不足，缺乏创新驱动力的问题，因此，国家、地区、企业在制定创新战略或者创新政策时，不仅应充分考虑到企业自身管理层持股机制，在设计与签订契约时根据企业的创新水平来决定管理层的激励程度，同时制约可能存在的私利侵占行为，而且必需优化公司治理机制、创造良好的创新环境，在配置创新资源时不仅需要考虑投入的量，更应考量效率的质，政策或战略应更多体现对创新过程的约束和考核，而不仅仅是投入或者产出量的规范。

4. 完善已有治理机制，全面提高技术创新能力。

已有研究表明董事治理机制与监事治理机制对于抑制终极控制人及其大股东的私利侵占行为失灵，只有从引进外部治理机制或者完善已有治理机制的不足这一源头着手，才能规避侵占效应对创新活动产生的不利影响。另外，企业技术创新是一个动态能力的过程，从取得外部知识的吸收能力、连接企业产品与市场的创新能力到整合资源的适应能力，企业需要建立符合自身特点的创新系统和完备的研发管理机制，研发投入仅是创新活动的必要条件而非充分条件，建立灵活的创新机制，协调企业创新与外部创新环境、知识获取、知识创造之间的互动关系，可以有效规避威胁并抓住外部环境提供的种种机会，促进企业提高研发投入、产出的创新效率，从而提升企业的自主创新能力与核心竞争力。

（三）政府应通过制度建设，形成长效机制，提升企业技术创新能力

充分发挥市场在资源配置、企业创新中起决定作用的同时，应该充分发挥政府在企业技术创新中的作用，对企业技术创新活动进行经济调节和市场监管，创造良好的创新环境和文化氛围以鼓励和引导企业积极进行创新活动。笔者认为，重点需要从以下几个具体方面来进行加强。

1. 通过制度建设，形成长效机制，强化企业技术创新主体地位。

实行创新考核制度。上市企业虽然具有资源和人才优势，但创新动力不足，技术创新投入与产出比例较低。其中的一个重要原因，就是缺乏刚性的考核措施，对企业管理者没有“硬约束”，因此要进一步完善引导企业加大技术创新投入机制，主要措施包括：明确企业主要管理者对技术研发的责任，加强研发能力和品牌建设，建立技术储备制度；建立健全上市企业技术创新的经营业绩考核制度。

企业了解市场需求，面对市场竞争决策要快，但技术创新投入大、风险高，一定程度上制约了企业增加创新投入，应该鼓励和引导企业按

照国家战略和市场需求先行投入开展研发项目。此外，让企业承担更多国家科技项目，特别是基础研究型和技术开发型的项目，为提高企业的参与程度，应该支持企业参与重大科技成果的产业化，充分发挥企业技术创新的主体作用，带动企业增加研发投入并提升研发效率。

2. 通过税收优惠激励企业驱动技术创新活动。

税收优惠政策是激励企业研发投入的有效策略。国家出台了企业研发费用税前加计扣除等税收优惠政策，这些减免极大调动了企业研发投入的积极性。要进一步完善落实企业研发费用税前加计扣除，加大落实企业研发设备加速折旧、高新技术企业税收优惠等政策，鼓励企业加大研发投入。此外，在风险可控原则下和国家允许的业务范围内，加大政策性银行对企业转化科技成果和进出口关键技术设备的支持力度，鼓励商业银行开发支持企业技术创新的贷款模式、产品和服务，加大对企业技术创新的融资支持

3. 拓宽企业技术创新的融资渠道。

拥有先进技术、知识产权的上市企业，是最具创新活力的企业群体，但是技术创新活动具有投入大、风险高的特性，融资难是一大瓶颈，为破解这一难题，一方面需要国家政策支持，大力支持企业技术创新和改造升级，扩大科技型企业技术创新基金规模，继续实施科技型企业创业投资引导基金、新兴产业创投计划、企业创新能力建设计划和企业信息化推进工程，强化火炬计划、星火计划、国家重点新产品计划对企业产品和技术创新的政策引导作用，引导和支持中小企业创新创业；另一方面需要加大金融创新。如利用买（卖）方信贷、知识产权和股权质押贷款、融资租赁、科技小额贷款、公司（企业）债券、集合信托、科技保险、成立专门的科技银行等措施，拓宽企业的融资渠道。

结　语

一、研究结论与贡献

（一）本书主要结论

系统研究不同代理问题对企业技术创新的影响，是中国应对经济全球化日益纵深与国际竞争日趋激烈的现实要求，是中国转变经济增长方式、实施创新驱动发展战略、增强民族企业的技术创新能力的内在要求，也是实现有中国特色社会主义市场经济基本目标的必然要求。本书立足于中国目前代理问题和企业技术创新理论与实践研究相对匮乏的现状，就不同代理问题对企业技术创新的影响进行了较为全面系统的研究。本书首先对代理问题与企业技术创新相关概念进行了阐述与界定；其次对企业技术创新的驱动力因素与代理问题已有的研究成果进行回顾，并对代理问题与企业技术创新文献进行了系统地梳理，以期对国内外研究现状有一个全面的了解；再次介绍了中国上市企业的股权结构、控制形态与控制层级等引发代理问题的诱因，并通过控制形态及层级图辨析了控股股东与终极控制人或终极控制股东的差异；详细说明了中国上市企业技术创新的发展历程；在对文献与制度背景进行定性归纳的基础上，接着运用资源基础理论、动态能力理论，构建了不同代理问题对企业技术创新的作用机理框架图，并应用交易成本理论与产权理论，数理推导了不同代理问题对企业技术创新的作用机制；在理论演绎代理问题与企业技术创新生成机制基础上，就不同代理问题对企业技术创新的影响进行实证研究；最后提出了针对性的建议。通过研究，本书得出如下主要结论。

第一，在资源基础理论与动态能力理论指导下，理论推演和揭示了不同代理问题对企业技术创新的作用机理，绘制了其作用机理图谱，运用交易成本理论与产权理论，构建了两者关系的数理模型，详细论证和推导了两类不同代理问题特质是如何导致企业技术创新资源配置效率、动态能力及战略决策效率的差异，深刻探究和分析了代理问题对企业技术创新活动的内在的、固有的规律。

第二，通过以 2002 ~ 2011 年在沪深两市主板的上市企业为研究样本，运用泊松、负二项、Zip 和 Zinb 等四个模型进行回归分析，从创新投入、产出及创新效率等三个维度，在第一类代理问题的视角下探究了控股股东（所有者）对企业技术创新活动的影响，研究发现：控股股东持股比例与企业技术创新活动投入呈现 U 型动态关系，具有促进与抑制双重效应，与以往研究结论不同，这种双重效应主要由国有上市企业的控股股东而引发，在非国有企业中并未体现。而在创新活动产出方面，上市企业控股股东对企业技术创新活动产出影响主要表现为侵占效应，随着持股比例的增加这种掠夺效应会更显著，进而导致创新效率下降；进一步分析了企业异质性对控股股东与企业技术创新的调节效应，结果显示，不论是在国有企业还是在非国有企业中，控股股东持股对企业技术创新活动产出均表现出抑制效应，并且与过去研究结论有所不同，本书尚未发现控股股东持股对技术创新活动产出的利益趋同效应，反而发现与国有企业的控股股东持股相比，非国有企业的控股股东持股对技术创新活动更具递减效应。同时，在我国特殊的制度背景下，非国有企业的股权集中度对企业的技术创新活动产出有促进作用。

第三，通过以 2002 ~ 2011 年在沪深两市主板的上市企业为研究样本，以管理层是否持股及持股结构差异为切入点，在第一类代理问题的视角下，考察了管理层持股结构（管理者）对企业创新投入、创新产出、创新效率的影响。研究结果表明：与管理层未持股的企业相比，管理层持股的上市企业能够增加研发投入、获得更多创新产出并能显著提高创新效率，管理层持股对提升企业技术创新绩效具有激励效应；管理层持股比例与企业技术创新活动呈现倒U型动态特征，随着管理层持股比例增加到一定范围，影响效应由激励效应转变为堑沟效应。进一步研究发现，企业终极控制人性质的不同与股权集中度的高低，都会导致管理层持股与企业技术创新绩效的显著性差异。因此，只有进一步完善不同性质企业的管理者持股机制与公司股权治理机制，才能鼓励管理层进行创新活动与避免发生短视行为，企业在制订股权契约时，除了考量业绩外，也应该根据公司的创新程度来决定管理层的激励水平；针对企业创新活动的周期性特质，本书采用的所有模型均考虑时滞或预期因素，检验结论成立。

第四，通过以2002～2011年在沪深两市主板的上市企业为研究样本，在第二类代理问题的视角下，以终极控制人的所有权结构差异为切入点，在考察了终极控制人的控制权与现金流量权的配置结构与分离程度控制权对企业技术创新的影响。研究结果表明：中国上市企业终极股东的控制权与企业技术创新呈倒U型的曲线关系，而现金流量权与企业技术创新则呈U型的曲线关系，终极控制人的控制权与现金流量权配置结构在一定范围内会激励企业的技术创新，而超过这一范围则会对技术创新产生抑制效应；两权分离程度对企业技术创新有显著的侵占效应，这种侵占效应会明显扭曲企业的研发投入与创新产出的关系而导致技术创新效率下降，表明两权分离度程度对企业技术创新能力具有中介效应。进一步分析发现，两权分离超过一定程度时，侵占效应导致技术创新呈现负效率。为了克服专利权衡量企业技术创新的误差，本书采用Cobb Douglas生产函数推估的专利权价值取代专利权数量作为技术创新能力的变量，检验结果仍然成立。

第五，对于不同代理问题对企业技术创新的理论与经验研究提出了有针对性的建议：一是强化会计对技术创新的控制，切实提高企业技术创新效率；二是企业还应通过进行制度创新，增强企业技术创新驱动力；三是政府通过制度建设，形成长效机制，提升企业技术创新能力，具有较强的实务指导性与可操作性。

（二）本书主要贡献

本书的研究具有如下几个方面的贡献。

第一，构建了代理问题对企业技术创新的理论分析框架。在资源基础理论与动态能力理论指导下，理论推演和揭示了不同代理问题对企业技术创新的作用机理，绘制了其作用机理图谱，运用交易成本理论与产权理论，构建了两者关系的数理模型，详细论证和推导了两类不同的代理问题特质是如何导致企业技术创新资源配置效率、动态能力及战略决策效率的差异，深刻探究和厘清了代理问题对企业技术创新活动内在的固有的规律。只有认识和掌握了这种作用机理，才能有的放矢地采取有效策略改善创新制度来驾驭创新风险，高效地实现企业创新型和国家创新型战略目标。

第二，在研究内容上，丰富了企业技术创新驱动力因素研究的文献。尽管代理问题与企业技术创新关系的研究由来已久，但已有文献更多聚焦于第一类代理问题视角下的技术创新研究，虽有部分学者从第二类代理问题的视角对企业技术创新进行研究，但是系统研究仍比较匮乏，可供参考的技术手段与分析方法有限。本书建立了不同代理问题对企业技术创新的基本理论框架，系统研究了所有者、经营管理者与终极控制人或终极控股股东对企业技术创新的作用机制，并进行经验证明，对不同代理问题与企业技术创新的理论研究和实证研究，在一定程度上丰富了企业技术创新驱动力因素的文献。

第三，扩充了已有研究样本，从技术创新投入、产出、效率、能力四个维度全面衡量企业技术创新。目前关于技术创新研究所需的数据搜集相对困难。与已有研究相关文献相比，首先，本书的数据样本包括2002～2011年在上海和深圳证券交易所上市的所有发行A股的公司；其次，与国内其他文献基本采用研发支出代替企业技术创新相比，本书将专利权数量作为技术创新的一种衡量方式，比研发支出这一创新投入衡量指标提供了更充分的信息，供投资者评估研发活动的市场价值；再次，以技术创新效率来衡量企业技术创新，创新效率综合了创新的投入与产出两方面，不仅考虑了创新所面临的不确定性风险，还包含了各企业在创新实现力方面的差异；最后，本书除采用研发投入、专利权数量、创新效率等指标外，还采用Cobb Douglas生产函数推估的专利权价值取代专利权数量作为技术创新的变量，更为准确地反映企业技术创新能力，克服了以往研究的局限性。

第四，在代理问题的视角下对技术创新驱动力因素进行系统经验证明，拓展了国内外现有的研究。通过构建不同数理模型，在考虑时滞或预期等影响因素的前提条件下，运用实证研究的方法回归分析和验证了不同代理问题对企业技术创新的投入、产出、效率三个维度的影响，得出了一些前人未有的新结论，可为国家、区域、企业实施创新驱动发展战略提供经验数据与理论支撑。

第五，有针对性地提出相关政策建议，对政府、上市企业和投资者均有重要的借鉴作用。特别是强化会计对技术创新的控制，切实提高企业技术创新效率，通过进行制度创新，增强企业技术创新驱动力；政府通过制度建设，形成长效机制，提升企业技术创新能力，具有较强的实务指导性与可操作性。

二、研究局限与展望

本书对代理问题与企业技术创新的相关概念、作用机理和改善方法以及途径等进行了系统、深入探讨。由于代理问题对企业技术创新的关系研究是一个极具现实和理论意义的课题，其理论性、实践性、前瞻性和方法性比较强，研究的难度和复杂性较大，经验证明所需数据难以收集。此外，由于作者水平与能力有限，因此，尽管作者力求本着哲理、数理与事理相结合，规范研究与实证研究相结合，定性分析与定量分析相结合的原则来进行研究，书中的某些观点和分析亦难免具有主观性、片面性，提出的方法和途径可能有进一步商榷的余地。

我们将持续对以下问题进行延伸性的深化、细化探讨和研究。

（1）企业是技术创新的主体，但是对于众多企业而言，上市企业仅仅只是一部分，对于数量众多的中小企业而言，创新有何新的特点？代理问题对企业技术创新的研究有何特殊性？又会有怎样的研究结果？这些问题是一个极具理论与现实意义的议题，值得进一步分析与探讨。

（2）虽然以产权配置的视角对终极控制人所有权结构与企业技术创新的关系进行了研究，但是却并未涉及终极控制人的控制方式、控制层级对企业技术创新的影响，这些方面有待于进一步充实和完善。

（3）企业技术创新只是企业创新的一部分而不是全部内容，相比较技术创新而言，代理问题对管理创新、制度创新的传导机制是什么？有怎样的作用机制和原理？两者的关系究竟怎样？这些问题亟须进行进一步的理论与经验研究。

（4）对改善企业技术创新驱动力因素的有效策略仍可作进一步的广化、深化和细化研究，实证研究的样本选择和分析说明有待充实和完善。

参考文献

[1] 安同良、周邵东、皮建才:《R&D 补贴对中国企业技术创新的激励效应》,《经济研究》,2009 年第 10 期,第 87 ~ 120 页。

[2] 曹延求、王倩、钱先航:《完善公司治理确实能抑制大股东的控制私利吗》,《南开管理评论》,2009 年第 12 卷第 1 期,第 18 ~ 26 页。

[3] 陈金勇、汤湘希、赵华、金成隆:《终极所有权结构、两权分离程度与自主创新》,《山西财经大学学报》,2013 年第 10 期,第 81 ~ 91 页。

[4] 陈金勇、汤湘希、金成隆:《区域、自主创新与企业价值》,《山西财经大学学报》,2014 年第 3 期,第 11 ~ 20 页。

[5] 陈隆、张宗益、杨雪松:《上市企业公司治理结构对技术创新的影响》,《科技管理研究》2006 年第 9 期,第 137 ~ 141 页。

[6] 陈钰芬、陈劲:《开放式创新促进创新绩效的机理研究》,《科研管理》,2009 年第 4 期,第 1 ~ 9 页。

[7] 成思危:《论创新型国家的建设》,《中国软科学》,2009 年第 12 期,第 1 ~ 14 页。

[8] 程六兵、刘峰:《银行监管与信贷歧视——从会计稳健性的视角》,《会计研究》,2013 年第 1 期,第 28 ~ 34 页。

[9] 程仲鸣:《我国上市公司终极控制人股权特征的经验研究》,《财政研究》,2010 年第 3 期,第 68 ~ 70 页。

[10] 党兴华、常红锦:《网络位置、地理临近性与企业创新绩

效——一个交互模型》，《科研管理》，2013 年第 34 卷第 3 期，第 7~13 页。

[11] 邓小平：《解放思想，实事求是，团结一致向前看》，1978 年。

[12] 冯根福、温军：《中国上市公司治理与企业技术创新关系的实证分析》，《中国工业经济》，2008 年第 7 期，第 91~101 页。

[13] 冯宗宪、王青、侯晓辉：《政府投入、市场化程度与中国工业企业的技术创新效率》，《数量经济技术经济研究》，2011 年第 4 期，第 3~17 页。

[14] 傅家骥：《技术创新学》，清华大学出版社 1999 年版，第 118~120 页。

[15] 顾群、翟淑萍：《融资约束代理成本与企业创新效率——来自上市高新技术企业的经验证据》，《经济与管理研究》，2012 年第 5 期，第 78~80 页。

[16] 郭道扬：《会计控制论》，《财会通讯》，1990 年第 1 期。

[17] 郭道扬：《21 世纪的战争与和平——会计控制、会计教育纵横论》，《会计论坛》，2003 年第 1 期，第 1~28 页。

[18] 郭跃进：《论我国市场主体准入管理体制改革》，《湖北行政学院学报》，2004 年第 4 期，第 73~77 页。

[19] 江金锁：《审计师规模与企业负债融资约束——来自中国上市家族企业的经验证据》，《财经问题研究》，2010 年第 7 期，第 75~80 页。

[20] 江诗松、龚丽敏、魏江：《转型经济中后发企业的创新能力追赶路径：国有企业和民营企业的双城故事》，《管理世界》，2011 年第 12 期，第 96~115 页。

[21] 解维敏、唐清泉：《高管持股与企业创新——来自中国上市公司的经验证据》，《现代管理科学》，2013 年第 3 期，第 6~8 页。

[22] 金成隆、陈俞如：《公司治理与专利权：台湾新兴市场》，

《管理学报》，2006 年第 23 卷第 1 期，第 99 ~ 124 页。

[23] 雷光勇、刘慧龙：《大股东控制、融资规模与盈余操纵程度》，《管理世界》，2006 年第 1 期，第 129 ~ 136 页。

[24] 李柏洲、罗小芳：《大型企业技术进步推动技术创新的实证研究》，《科研管理》，2013 年第 34 卷第 1 期，第 85 ~ 92 页。

[25] 李春涛、宋敏：《中国制造业企业的创新活动：所有制与 CEO 激励的作用》，《经济研究》，2010 年第 5 期，第 55 ~ 67 页。

[26] 李华振、张昕：《“一股独大”并非中国股市缺陷》，《中国经济周刊》，2005 年第 11 期。

[27] 李增泉、孙铮、王志伟：《“掏空”与所有权安排——来自我国上市公司大股东资金占用的经验证据》，《会计研究》，2004 年第 12 期，第 3 ~ 12 页。

[28] 李左峰：《创新型企业创新投入要素的产出弹性估计》，《管理世界》，2013 年第 2 期，第 176 ~ 177 页。

[29] 林毅夫：《“一股独大”并非国企主要症结》，《中国经济时报》，2003 年 1 月 20 日。

[30] 林毅夫、李志赟：《政策性负担、道德风险与预算软约束》，《经济研究》，2004 年第 2 期，第 17 ~ 27 页。

[31] 梁军、周扬：《创业板与企业创新的实证研究》，《科研管理》，2013 年第 34 卷第 2 期。

[32] 刘立：《企业 R&D 投入的影响因素：基于资源观的理论分析》，《中国科技论坛》，2003 年第 6 期，第 75 ~ 78 页。

[33] 刘渐和、王德应：《股权结构与企业技术创新动力——基于双重代理理论的上市公司实证研究》，《徐州工程学院学报：社会科学版》，2010 年第 25 卷第 3 期，第 20 ~ 25 页。

[34] 刘芍佳、孙霈、刘乃全：《终极产权论、股权结构及公司绩效》，《经济研究》，2003 年第 3 期。

[35] 刘伟、刘星：《高管持股对企业 R&D 支出的影响研究——来自 2002 - 2004 年 A 股上市公司的经验证据》，《科学学与科学技术管理》，2007 年第 10 期，第 172 ~ 175 页。

[36] 刘文海：《论技术的本质特征》，《自然辩证法研究》，1994 年第 6 期，第 31 ~ 37 页。

[37] 柳御林：《技术创新经济学》，中国经济出版社 1993 年版。

[38] 罗正英：《股权结构的形成及其有效性分析》，《经济科学》2002 年第 3 期。

[39] 马健：《企业家能力、控制权转移与企业剩余收入的分配》，《东南学术》，2000 年第 6 期，第 24 ~ 27 页。

[40] 马磊、徐向艺：《两权分离度与公司治理绩效实证分析》，《中国工业经济》，2010 年第 12 期。

[41] 毛良虎：《中小企业治理与技术创新——基于中小企业板的实证研究》，《中国科技论坛》，2008 年第 9 期，第 67 ~ 72 页。

[42] 毛世平：《金字塔控制结构与股权制衡效应——基于中国上市公司的实证研究》，《管理世界》，2009 年第 1 期，第 140 ~ 152 页。

[43] 宋小保、刘星：《股东冲突对技术创新投资选择的影响分析》，《管理科学》，2007 年第 1 期，第 59 ~ 63 页。

[44] 苏启林、朱文：《上市公司家族控制与企业价值》，《经济研究》，2003 年第 8 期，第 36 ~ 45 页。

[45] 汤湘希：《企业核心竞争力会计控制研究》，中国财政经济出版社 2006 年版。

[46] 汤湘希：《无形资产会计研究》，经济科学出版社 2009 年版。

[47] 汤湘希：《无形资产会计问题探索》，武汉大学出版社 2010 年版。

[48] 唐跃军、宋渊洋、金立印、左晶晶：《控股股东卷入、两权偏离与营销战略风格——基于第二类代理问题和终极控制权理论的视角》，

《管理世界》，2012 年第 2 期，第 82 ~ 95 页。

[49] 田利辉：《杠杠治理、预算软约束和中国上市公司绩效》，《经济学（季刊)》，2004 年第 3 期，第 15 ~ 26 页。

[50] 万君康：《创新经济学》，知识产权出版社 2013 年版。

[51] 王诚：《增长方式转型中的企业家及其生成机制》，《经济研究》，1999 年第 5 期，第 73 ~ 79 页。

[52] 王华、赖明勇、柒江艺：《国际技术转移、异质性与中国企业技术创新研究》，《管理世界》，2010 年第 12 期，第 131 ~ 142 页。

[53] 温成玉、刘志新：《技术并购对高新技术上市公司创新绩效的影响》，《科研管理》，2011 年第 5 期，第 1 ~ 7 页。

[54] 温军、冯根福：《中国上市公司治理与企业技术创新关系的实证分析》，《中国工业经济》，2008 年第 7 期，第 91 ~ 101 页。

[55] 温军、冯根福：《异质机构、企业性质与技术创新》，《经济研究》，2012 年第 3 期，第 53 ~ 64 页。

[56] 吴延兵：《国有企业双重效率损失研究》，《经济研究》，2012 年第 3 期，第 15 ~ 27 页。

[57] 夏冬：《企业治理与企业创新》，经济管理出版社 2005 年版。

[58] 熊艳、梁莱歆：《管理层持股与企业技术创新选择——基于环境调节的效应》，《软科学》，2009 年第 7 期，第 72 ~ 75 页。

[59] 徐建培、徐建国：《中国创新型企业发展报告》，经济管理出纳版社 2011 年版。

[60] 许庆瑞：《研究与发展管理》，高等教育出版社 1986 年版。

[61] 杨时展：《会计信息系统说三评——决策论和受托责任论的论争》，《财会通讯》，1992 年第 6 期，第 6 ~ 11 页。

[62] 杨建君、盛锁：《股权结构对企业技术创新投入影响的实证研究》，《科学学研究》，2007 年第 4 期，第 787 ~ 792 页。

[63] 郁光华、伏健：《股份公司的代理成本和监督机制》，《经济

研究》，1994 年第 3 期。

［64］俞红海、徐龙炳、陈百助：《终极控股股东控制权与自由现金流量过度投资》，《经济研究》，2010 年第 8 期，第 1 ~ 14 页。

［65］于晓宇、杜旭霞、李雪灵、谢富纪：《大都市圈文化异质性对企业创新行为的影响研究》，《科研管理》，2013 年第 34 卷第 5 期，第 32 ~ 38 页。

［66］张根明、温秋兴：《企业创新：激励体系与企业创新能力关系研究》，《科学学与科学技术管理》，2010 年第 4 期，第 126 ~ 129 页。

［67］张光荣、曾勇：《大股东的支撑行为与隧道行为》，《管理世界》，2006 年第 8 期，第 126 ~ 137 页。

［68］张华、张俊喜、宋敏：《所有权和控制权分离对企业价值的影响——我国民营上市企业的实证研究》，《经济学（季刊）》，2004 年第 b10 期，第 1 ~ 13 页。

［69］张杰、刘志彪、郑江淮：《中国制造企业创新活动的关键影响因素研究——基于江苏省制造企业问卷的分析》，《管理世界》，2007 年第 6 期，第 64 ~ 74 页。

［70］张学文、陈劲：《开放科学对产业创新的影响——基于美国制造业的实证研究》，《科学学研究》，2013 年第 31 期，第 368 ~ 376 页。

［71］周艳菊、邹飞、王宗润：《盈利能力、技术创新能力与资本结构——基于高新技术企业的实证分析》，《科研管理》，2014 年第 1 期，第 48 ~ 57 页。

［72］甄红线：《东亚终极所有权结构比较研究》，《经济学动态》，2011 年第 10 期，第 149 ~ 153 页。

［73］Acs，J.，and D. B. Audretsch. Innovation in Large and Small Firms：An Empirical Analysis. *American Economic Review*，Vol. 78，No. 4（1988），pp. 678 – 690.

［74］Aghion，P.，and J. Tirole. The Management of Innovation. *The*

Quarterly Journal of Economics, Vol. 109, No. 4 (1994), pp. 1185 – 1209.

[75] Aghion, P., and R. Griffith. Competition and growth. *MIT press*, 2005.

[76] Ambrosio, F. J. Hans-Georg Gadamer on Education, Poetry, and History. *The Review of Metaphysics*, Vol. 49, No. 1 (1995), pp. 134 – 135.

[77] Anderson, E. The salesperson as outside agent of employee: A transaction cost analysis. *Marketing Science*, No. 4 (1985), pp. 234 – 254.

[78] Arora, A., M. Ceccagnoli, and W. M. Cohen. "R&D and the patent premium". *International Journal of Industrial Organization*, Vol. 26 (2008), pp. 1153 – 1179.

[79] Arrow, K. Essays in the theory of risk bearing. *Chicago: Markham*, 1971.

[80] Arrow, K. J. Economic Welfare and the Allocation of Resources for Invention, in R. Nelson (ed.), The Rate and Direction of Inventive Activity: Economic and Social Factors. *New York: Princeton University Press*, 1962, pp. 609 – 625.

[81] Azofra, V., and M. Santamaría. Ownership, Control, and Pyramids in Spanish Commercial Banks. *Journal of Banking and Finance*, Vol. 35, No. 6 (2011), pp. 1464 – 1476.

[82] Barnard, C. I. The Function of the Executive, 19th ed. *Cambridge, MA: Harvard University*, 1970.

[83] Barney, J. B. Firms Resources and Sustained Competitive Advantage. *Journal of Management*, Vol. 17, No. 1 (1991), pp. 99 – 120.

[84] Barth, M. E., M. B. Clement, G. Foster, and R. Kasznik. Brand Values and Capital Market Valuation. *Review of Accounting Studies*, Vol. 3 (1998), pp. 41 – 68.

[85] Baysinger, B., and R. E. Hoskisson. Diversification Strategy and

R&D Intensity in Multiproduct Firms. *Academy of Management Journal*, Vol. 32, No. 2 (1989), pp. 310 – 332.

[86] Baysinger, B., and R. E. Hoskisson. The Composition of Boards of Directors and Strategic Control. *Academy of Management Journal*, Vol. 15 (1990), pp. 72 – 87.

[87] Baysinger, B., R. D. Kosnik and T. A. Turk. Effects of Board and Ownership Structure on Corporate R&D strategy. *Academy of Management Journal*, Vol. 34 (1991), pp. 205 – 214.

[88] Benner, M. J., and M. Tushman. Process management and technological innovation: A longitudinal study of the photography and paint industries. *Administrative Science Quarterly*, Vol. 47, No. 4 (2002), pp. 676 – 707.

[89] Berle, A., and G. Means. The Modern Corporate and Private Property. *New York*: *McMillian*, 1932.

[90] Bessant, J., and S. Caffyn. High-involvement innovation through continuous improvement. *International Journal of Technology Management*, Vol. 14, No. 1 (1997), pp. 7 – 28.

[91] Betz, F. Technology Competing Through New Ventures, Innovation, and Corporate Research. *Englewood Cliffs*, *NJ*: *Pretice Hall*, 1993.

[92] Brickley, J. A., Lease, R. C., and C. W. Smith Jr. Ownership Structure and Voting on Antitakeover Amendments. *Journal of Financial Economics*, Vol. 20 (1988), pp. 267 – 291.

[93] Cantista, I., and A. Tylecote. Industrial Innovation, Corporate Governance and Supplier-Customer Relationships. *Journal of Manufacturing Technology Management*, Vol. 19, No. 5 (2008), pp. 576 – 590.

[94] Chan, C. F., and J. Y. Yeh. An investigation of formation and operation mechanisms on R&D alliances: Supply Chain Management and Infor-

mation Systems (SCMIS), 2010 8th International Conference on. *IEEE*, (2010), pp. 1 -9.

[95] Chauvin, K. W. and M. Hirschey. Advertising, R&D Expenditures and the Market Value of the Firm. *Financial Management*, Vol. 22, No. 4 (1993), pp. 128 -140.

[96] Chen, K. M., and R. J. Liu. Interface Strategies in Modular Product Innovation. *Technovation*, Vol. 25, No. 7 (2005), pp. 771 -782.

[97] Choi, S. B., Lee, S. H., and C. Williams. Ownership and Firm Innovation in a Transition Economy: Evidence from China. *Research Policy*, Vol. 40, No. 3 (2011), pp. 441 -452.

[98] Claessens, S., S. Djankov and L. H. P. Lang. Disentangling the Incentive and Entrenchment Effects If Large Shareholding. *Journal of Finance*, Vol. 56, No. 6 (2002), pp. 741 -2771.

[99] Claessens, S., S. Djankov, and Larry Lang. The Separation of Ownership and Control in East Asian Corporations. *Journal of Financial Economics*, Vol. 58, No. 1 (2000), pp. 81 -112.

[100] Clark, J., and K. Guy. Innovation and competitiveness: a review: Practitioners' forum. *Technology Analysis & Strategic Management*, Vol. 10, No. 3 (1998), pp. 363 -395.

[101] Coase, R. H. The nature of the firm. *Economica*, Vol. 4, No. 16 (1937), pp. 386 -405.

[102] Cockburn, I. and B. Griliches. Industry Effects Appropriablity Measures in the Stock Market's Valuation of R&D and Patents. *AEA Papers and Proceeding*, Vol. 78, No. 20 (1987), pp. 419 -423.

[103] Cockburn, I. M., and R. M. Henderson. Absorptive capacity, coauthoring behavior, and the organization of research in drug discovery. *The Journal of Industrial Economics*, Vol. 46, No. 2 (1998), pp. 157 -182.

[104] Cockburn, I. M., and R. M. Henderson. Measuring competence? Exploring firm effects in pharmaceutical research. *Strategic management journal*, Vol. 15 (1994), pp. 63 – 84.

[105] Cohen, W. M. Fifty Years of Empirical Studies of Innovative Activity and Performance. *Handbook of the Economics of Innovation*, No. 1 (2010), pp. 129 – 213.

[106] Cohen, W. M., and D. A. Levinthal. Absorptive Capacity: A New Perspective on Learning and Innovation. *Administrative Science Quarterly*, Vol. 35, No. 1 (1990).

[107] Cohen, W. M., and S. Klepper. Firm size and the nature of innovation within industries: the case of process and product R&D. *The review of Economics and Statistics*, Vol. 78, No. 2 (1996), pp. 232 – 43.

[108] Cohen, W., and R. Levin. Empirical Studies of Innovation and Market Structures. *Handbook of Industrial Organization*, *Amsterdam*: *North Holland*, (1989), pp. 1059 – 1107.

[109] Collis, D. J., and Montgomery, C. A. Competing on Resource Strategy in the 1990s. *Harvard Business Review*, Vol. 73, No. 4 (1995), pp. 118 – 128.

[110] Cooke, P. Regional Innovation Systems: Competitive Regulation in the New Europe. *Geoforum*, Vol. 23, No. 3 (1992), pp. 365 – 382.

[111] Cosh, A., Fu, X., and A. Hughes. Management Characteristics, Collaboration and Innovative Efficiency: Evidence from UK Survey Data. *ESRC Centre for Business Research*, *University of Cambridge*, 2005.

[112] Coyne, K. P. Sustainable Competitive Advantage: What It Is, What It Isn't? *Business Horzons*, Vol. 29, (1986), pp. 54 – 61.

[113] Crawford, C. M. New Product Failure Rates: A Reprise. *Research Management*, Vol. 30, No. 4 (1987), pp. 20 – 24.

[114] Crepon, B., E. Duguet, and J. Mairessec. Research, Innovation and Productivity: An Econometric Analysis at the Firm Level. *Economics of Innovation and New Technology*, Vol. 7 (1998), pp. 115 – 158.

[115] Czarnitzki, D., and K. Kraft. Innovation Indicators and Corporate Credit Ratings: Evidence from German Firms. *Economics Letters*, Vol. 82, No. 3 (2004), pp. 377 – 384.

[116] Damanpour, F., and W. M. Evan. Organizational innovation and performance: the problem of "organizational lag". *Administrative science quarterly*, (1984), pp. 392 – 409.

[117] Dasgupta. P., and J. Stiglitz. Industrial structure and the nature of innovative activity. *The Economic Journal*, 1980, pp. 266 – 293.

[118] Demski, J. A simple case of indeterminate financial reporting. *Working paper*, *Stanford University*, 1980.

[119] Deng, Z., B. Lev, and F. Narin. Science and Technology as Predictors of Stock Performance. *Financial Analysis Journal*, Vol. 6 (1999), pp. 20 – 32.

[120] Dodd, P., and J. B. Warner. On Corporate Governance: A Study of Proxy Contests. *Journal of Financial Economics*, Vol. 11, No. 1 (1983), pp. 401 – 438.

[121] Drucker, P. F. Post-Capitalist. *Oxford*: *Butterworth Heinemann*, 1993.

[122] Drucker, P. F., Innovation and Entrepreneurship. *New York*: *Harper & Row*, 1985.

[123] Ebersberger, B., and O. Lehtoranta. Pattern of innovative activities among Finnish firms. VTT Publications, 2005.

[124] Edvinsson, L. and M. S. Malone. Intellectual Capital-Realizing Your Company's True Value by Finding its Hidden Roots. *New York*: *Harper*

Business, 1997.

[125] Eisenhardt, K. Agency and institutional explanations of compensation in retail sales. *Academy of Management Journal*, Vol. 31 (1988), pp. 488 - 511.

[126] Eisenhardt, K. Control: Organizational and economic approaches. *Management Science*, Vol. 31 (1985), pp. 134 - 149.

[127] Eisenhardt, K. M., and J. A. Martin. Dynamic Capabilities: What Are They? *Strategic Management Journal*, Vol. 21 (2000), pp. 1105 - 1121.

[128] Fama, E. F. Agency Problems and the Theory of the Firm. *The Journal of Political Economy*, (1980), pp. 288 - 307.

[129] Fama, E. F., and M. C. Jensen. 1983. Agency Problems and Residual Claims. *Journal of law and Economics*, pp. 327 - 349.

[130] Fama, E. F., and M. H. MILLER. The Theory of Finance, 1972.

[131] Fan, J. P. H. and T. J. Wong. Corporation Ownership Structure and the Informativeness of Accounting Earnings in East Asia, *Journal of Accounting and Economics*, Vol. 33 (2002), pp. 401 - 425.

[132] Finkelstein, S., and R. A. D' aveni. CEO Duality As a Double-Edged Sword: How Boards of Directors Balance Entrenchment Avoidance And Unity of Command. Academy of Management Journal, Vol. 37, No. 5 (1994), pp. 1079 - 1108.

[133] Francis, J. and A. Smith. Agency Costs and Innovation Some Empirical Evidence. *Journal of Accounting and Economics*, No. 19 (1995), pp. 383 - 409.

[134] Frankel, J. A., and K. A. Froot. Chartists, fundamentalists, and trading in the foreign exchange market. *The American Economic Review*,

(1990), pp. 181 – 185.

[135] Freel, M. S. Patterns of innovation and skills in small firms. *Technovation*, Vol. 25, No. 2 (2005), pp. 123 – 134.

[136] Freeman, C. The "National System of Innovation" in Historical Perspective. *Cambridge Journal of Economics*, Vol. 19 (1995), pp. 5 – 24.

[137] Freeman, C., J. Clark, and L. Soete. Unemployment and technical innovation: a study of long waves and economic development. *London*: *Frances Pinter*, 1982.

[138] Freeman, S. Reserve requirements and optimal seigniorage. *Journal of Monetary Economics*, Vol. 19 No. 2 (1987), pp. 307 – 314.

[139] Gaver, J. and K. Gaver. Additional Evidence on the Association between the Investment Opportunity Set and Corporate Financing, Dividend and Compensation Policies. *Journal of Accounting and Economics*, No. 16 (1993), pp. 125 – 160.

[140] Geiger, S. W., and L. Cashen. A Multidimensional Examination of Slack and Its Impact on Innovation. *Journal of Managerial Issues*, Vol. 14, No. 1 (2002), pp. 68 – 84.

[141] Geroski, P. A. Market Structure, Corporate Performance and Innovative Activity. *Oxford*: *Clarendon Press*, 1994.

[142] Gibbons, M., C. Limoges, and H. Nowotny. The new production of knowledge: The dynamics of science and research in contemporary societies. *Sage*, 1994.

[143] Gilbert, R. J., and D. M. G. Newbery. Preemptive patenting and the persistence of monopoly. *The American Economic Review*, (1982), pp. 514 – 526.

[144] Goes, J. B., and S. H. Park. Interorganizational links and innovation: The case of hospital services. *Academy of management journal*,

Vol. 40, No. 3 (1997), pp. 673 – 696.

[145] Grant, R. M. The Resource-Based Theory of competitive Advantage: Implications for Strategy Formulation. *California Management Review*, Vol. 33, No. 3 (1991), pp. 114 – 135.

[146] Greve, H. R. A behavioral theory of R&D expenditures and innovations: Evidence from shipbuilding. *Academy of Management Journal*, Vol. 46, No. 6 (2003), pp. 685 – 702.

[147] Griliches, Z. Market Value, R&D and Patents. *Economic Letters*, Vol. 7, No. 2 (1981), pp. 183 – 187.

[148] Griliches, Z. Productivity, R&D and Basic Research at Firm Level in the 1970s. *American Economic Review*, Vol. 76, No. 1 (2003), pp. 141 – 145.

[149] Griliches, Z., A. Pakes, and B. H. Hall. 1988. The Value of Patents as Indicator of Inventive Activity (NBER Working Paper No. 2083). *National Bureau of Economic Research*, No. 9 (1987).

[150] Griliches, Z., B. H. Hall, and A. Pakes. R&D, Patent And Markets Value Revisited: Is There a Second (Technological Opportunity) Factor. *Journal of Economics of Innovation and New Technology*, Vol. 1, No. 3 (1991), pp. 183 – 201.

[151] Gu, F. and B. Lev. "Intangible Assets: Measurement, Drivers and Usefulness" in Managing Knowledge Assets and Business Value Creation in Organizations: Measures and Dynamics, *published by IGI Global*, *USA & UK*, 2001.

[152] Gu, F. Innovation, future earnings, and market efficiency. *Journal of Accounting*, *Auditing & Finance*, Vol. 20, No. 4 (2005), pp. 385 – 418.

[153] Hamel, G., and C. K. Prahalad. Competing for the Future:

Breakthrough Strategies for Seizing Control of Your Industry and Creating the Markets of Tomorrow. *Boston, MA: The Harvard Business School Press*, 1994.

[154] Hansen, G. S., and C. W. Hill. Are Institutional Investors Myopic? A Time-Series Study of Four Technology-Driven Industries. *Strategic Management Journal*, Vol. 12, No. 1 (1991.), pp. 1 – 16.

[155] Harris, M., and A. Raviv. Corporate Control Contests and Capital Structure. *Journal of Financial Economics*, No. 20 (1988), pp. 55 – 86.

[156] Hart, O. Financial Contracting (No. w8285). *National Bureau of Economic Research*, No. 5 (2001).

[157] Hay, D. A., and D. J. Morris. Industrial Economics: Theory and Evidence. *Oxford, U. K.: Oxford University Press*, 1979.

[158] Heidegger, M. The Question Concerning Technology. *Technology and values: Essential Readings*, 1977, pp. 99 – 113.

[159] Heshmati A. and H. Lööf. 2002. Knowledge Capital and Performance Heterogeneity: A Firm-Level Innovation Study. *International Journal of Production Economics*, Vol. 76, No. 1, pp. 61 – 85.

[160] Higgins, E. T. Knowledge Activation: Accessibility, Applicability, and Salience. *Social Psychology: Handbook of Basic Principles*, Vol. 2 (1996), pp. 201 – 231.

[161] Hill, C. W. and G. R. Jones. Strategic Management: An Integrated Approach. *Boston, MA: Houghton Mifflin*, 1992.

[162] Hill, C. W. and S. A. Snell. Effects of Ownership Structure and Control on Corporate Productivity. *Academy of Management Journal*, Vol. 32, No. 1 (1989), pp. 25 – 46.

[163] Hirschey, M. and V. J. Richardson. Valuation effects of patent quality: A comparison for Japanese and US firms. *Pacific-Basin Finance Journal*, Vol. 9, No. 1 (2001), pp. 65 – 82.

[164] Hitt, M. A., R. E. Hoskission, and H. Kim. International Diversification: Effects on Innovation and Firm Performance in Product-Diversified Firms. *Academy of Management Journal*, Vol. 40, No. 4 (1997), pp. 767 – 798.

[165] Hitt, M. A., R. E. Hoskisson, Johnson, R. A., and D. D. Moesel. 1996. The Market for Corporate Control and Firm Innovation. *Academy of Management Journal*, Vol. 39, No. 5 (1996), pp. 1084 – 1119.

[166] Holderness, C. G., and D. P. Sheehan. The Role of Majority Shareholders in Publicly Held Corporations: An Exploratory Analysis. *Journal of Financial Economics*, No. 20 (1988), pp. 317 – 346.

[167] Holmstrom, B., and P. Milgrom. Aggregation and Linearity in the Provision of Intertemporal Incentives. *Econometrica: Journal of the Econometric Society*, (1987), pp. 303 – 328.

[168] Holmstrom, B. Agency Cost and Innovation. *Journal of Economic Behavior and Organization*, Vol. 12 (1989), pp. 305 – 327.

[169] Holmstrom, B. Moral Hazard and Observability. *Bell Journal of Economics*, No. 10 (1979), pp. 74 – 91.

[170] Hoskisson, Robert E., M. A. Hitt, R. A. Johnson and W. Grossman. Conflicting Voices: The Effects of Institutional Ownership Heterogeneity and Internal Governance on Corporate Innovation Strategies. *Academy of Management Journal*, No. 45 (2002), pp. 697 – 716.

[171] Hu, M. C. and J. A. Mathews. China's National Innovative Capacity. *Research Policy*, Vol. 37, No. 9 (2008), pp. 1465 – 1479.

[172] Hunt, H. Potential Determinants of Corporate Inventory Decisions, *Journal of Accounting Research*, No. 23 (1985), pp. 448 – 467.

[173] Husain, Z., and Sushil. Management of Technology: A Glimpse of Literature. *International Journal of Technology Management*,

Vol. 14, No. 5 (1997), pp. 539 – 578.

[174] Iansiti, M., and K. B. Clark. Integration and Dynamic Capability: Evidence from Product Development in Automobiles and Mainframe Computers. *Industrial and Corporate Change*, Vol. 3, No. 3 (1994), pp. 557 – 605.

[175] Jensen, M. C. Agency Costs of Free Cash Flow, Corporate Finance, and Takeovers. *The American economic review*, (1986), pp. 323 – 329.

[176] Jensen, M. C. and W. H. Meckling. Theory of the Firm: Managerial Behavior, Agency Cost and Ownership Structure. *Journal of Financial Economics*, No. 3 (1976), pp. 305 – 360.

[177] Jensen, M. C. Organization theory and methodology. *Accounting Review*, No. 56 (1983), pp. 319 – 338.

[178] Johanson, U., M. Maetensson and M. Skoog. Measuring to Understand Intangible Performance Drivers. *Accounting Review*, Vol. 10, No. 3 (2001), pp. 407 – 437.

[179] Johanson, U., M. Maetensson, and M. Skoog. Mobilizing Change through the Management Control of Intangible. *Accounting, Organizations & Society*, No. 26 (2001), pp. 715 – 733.

[180] Johnson, S., P. Boone, and A. Breach. Corporate Governance in the Asian Financial Crisis. *Journal of financial Economics*, Vol. 58, No. 1 (2000), pp. 141 – 186.

[181] Joseph, K and V. J. Richardson. Free Cash Flow, Agency Cost and Affordability Method of Advertising Budgeting. *Journal of Marketing*, Vol. 66, No. 1 (2002), pp. 94 – 107.

[182] Pitt, J. C. Thinking about Technology: Foundations of the Philosophy of Technology. *New York: Seven Bridges Press*, 2000.

[183] Kalafut, P. C. and J. Low. The Value Creation Index: Quantifying Intangible Performance Value. *Strategy and Leadership*, Vol. 29, No. 5 (2001), pp. 9 – 15.

[184] Kamien, M. I., and N. L. Schwartz. Market structure, elasticity of demand and incentive to invent. *JL & Econ.*, No. 13 (1970), P. 241.

[185] Kim, L. Organizational Innovation and Structure. *Journal of Business Research*, No. 8 (1980), pp. 225 – 245.

[186] Kim, Linsu, and R. N. Richard. Technology, learning, and innovation: Experiences of newly industrializing economies. *Cambridge University Press*, 2000.

[187] Kimberly, J. R. and M. J. Evanisko. Organization Innovation: The influence of Individual, Organizational and Contextual Factors on Hospital Adoption of Technological and Administrative Innovations. *Academy of Management Journa*l, Vol. 24, No. 4 (1981), pp. 689 – 713.

[188] Kochhar, R., and P. David. Institutional investors and firm innovation: A test of competing hypotheses. *Strategic Management Journal*, Vol. 17, No. 1 (1996), 73 – 84.

[189] Koeller, C. T. Innovation, Market Structure and Firm Size: A Simultaneous Equations Model. *Managerial and Decision Economics*, Vol. 16, No. 3 (1995), pp. 259 – 269.

[190] La Porta, R., F. Lopez-de-Silanes and A. Shleifer. Legal Determinants of External finance. *Journal of Finance*, Vol. 52, No. 3 (1997), pp. 1131 – 1150.

[191] La Porta, R., F. Lopez-de-Silanes and A. Shleifer. Corporate Ownership around the Word, *Journal of Finance*, No. 54 (1999), pp. 471 – 517.

[192] La Porta, R., F. Lopez-de-Silanes, A. Shleifer and R. Vishny. Investor Protection and Corporate Governance. *Journal of Financial Economics*,

Vol. 58, No. 1 (2000), pp. 3 – 27.

[193] Lambert, D. Zero-Inflated Poisson Regression, with an Application to Defects in Manufacturing. *Technometrics*, Vol. 34, No. 1 (1992), pp. 1 – 14.

[194] Lambert, R. A. Long-term contracts and moral hazard. *Bell Journal of Economics*, No. 14 (1983), pp. 441 – 452.

[195] Latham, S. F., and M. Braun. Managerial Risk, Innovation, and Organizational Decline. *Journal of Management*, Vol. 35, No. 2 (2009), pp. 258 – 281.

[196] Lee, P. M. A Comparison of Ownership Structures and Innovations of US and Japanese Firms. *Managerial and Decision Economics*, Vol. 26, No. 1 (2005), pp. 39 – 50.

[197] Leonard-Barton, D. Core Capabilities and Core Rigidities: A Paradox in Managing New Product Development. Strategic *Management Journ*al, Vol. 13, No. s1 (1992), pp. 111 – 125.

[198] Lerner, J., and J. Wulf. Innovation and Incentives: Evidence from Corporate R&D. *The Review of Economics and Statistics*, Vol. 89, No. 4 (2007), pp. 634 – 644.

[199] Lev, B., and T. Sougiannis. The capitalization, amortization, and value-relevance of R&D. *Journal of accounting and economics*, 1996, 21 (1): 107 – 138.

[200] Levitt, B., and J. G March. 1988. Organizational Learning. *Annual Review of Sociology*, Vol. 14, No. 1 (1988), pp. 319 – 338.

[201] Liu, X., and S. White. Comparing Innovation Systems: A Framework and Application to China's Transitional Context. *Research Policy*, Vol. 30, No. 7 (2001), pp. 1091 – 1114.

[202] López de Silanes, F., La Porta, R., Shleifer, A., and

R. Vishny. Law and Finance. *Journal of Political Economy*, No. 106 (1998), pp. 1113 - 1155.

[203] Luecke, R., and R. Katz. Harvard business essentials: managing creativity and innovation. *Harvard Business School Press*, 2003.

[204] Lundvall, B. A., B. Johnson, E. S. Andersen., and B. Dalum. National Systems of Production, Innovation and Competence Building. *Research Policy*, Vol. 31, No. 2 (2002), pp. 213 - 231.

[205] Luo, Y. Dynamic Capabilities in International Expansion. *Journal of World Business*, Vol. 35, No. 4 (2000), pp. 355 - 378.

[206] Mansfield, E. 1968. Industrial Research and Technological Innovation: An Econometric Analysis. *New York*: *W. W. Norton.*

[207] Mansfield, E. Academic research and industrial innovation. *Research policy*, Vol. 20, No. 1 (1991), pp. 1 - 12.

[208] Mansfield, E. Academic research underlying industrial innovations. *The review of Economics and Statistics*, Vol. 77, No. 1 (1995), pp. 55 - 65.

[209] Maskell, P. and A. Malmberg. Localized Learning and Industrial Competitiveness. *Cambridge Journal of Economic* Vol. 23, No. 2 (1999), pp. 167 - 185.

[210] Matolcsy, Z. P., and A. Wyatt. The association between technological conditions and the market value of equity. *The Accounting Review*, Vol. 83, No. 2 (2008), pp. 479 - 518.

[211] McConnell, J. J., and H. Servaes. Additional Evidence on Equity Ownership and Corporate Value. *Journal of Financial Economics*, Vol. 27, No. 2 (1990), 595 - 612.

[212] Mogee, M. E., and W. H. Schacht. Industrial innovation: major issues system. *Issue Brief No* 1*B*80005, 1980.

[213] Morck, R., Shleifer, A., and R. W. Vishny. Management Ownership and Market Valuation: An Empirical Analysis. *Journal of Financial Economics*, No. 20 (1988), pp. 293 – 315.

[214] Myers, S. C. Determinants of corporate borrowing. *Journal of financial economics*, Vol. 5, No. 2 (1977), pp. 147 – 175.

[215] Myers, Stewart C., and Nicholas S. Majluf. Corporate Financing and Investment Decisions When Firms Have Information That Investors Do Not Have. *Journal of Financial Economics*, No. 13 (1984), pp. 187 – 221.

[216] Nam, C. H., and C. B. Tatum. Leaders and Champions for Construction Innovation. *Construction Management and Economics*, Vol. 15, No. 3 (1997), pp. 259 – 270.

[217] Nelson, C. R., and C. R. Plosser. Trends and Random Walks in Macroeconmic Time Series: Some Evidence and Implications. *Journal of monetary economics*, Vol. 10, No. 2 (1982), pp. 139 – 162.

[218] Nelson, R. R. National Innovation Systems: A Comparative Analysis. *University of Illinois at Urbana-Champaign's Academy for Entrepreneurial Leadership Historical Research Reference in Entrepreneurship*, 1993.

[219] Nelson, R. R. and S. Winter. An Evolutionary Theory of Economic Change. *Cambridge, MA: Harvard University Press*, 1982.

[220] OECD. The Oslo Manual: Proposed Guidelines for Collecting and Interpreting Technological Innovation Data. *Paris: OECD*, 1997.

[221] Pakes, A. On Patents, R&D and the Stock Market Rate Of Return. *Journal of Political Economics*, Vol. 93, No. 1 (1985), pp. 390 – 409.

[222] Pakes, A., and M. Schankerman. An exploration into the determinants of research intensity: R&D, Patents, and Productivity. *University of Chicago Press*, 1984, pp. 209 – 232.

[223] Papadakis, V. M., and P. Barwise. How Much do CEOs and Top Managers Matter in Strategic Decision-Making? . *British Journal of Management*, Vol. 13, No. 1 (2002), pp. 83 – 95.

[224] Pavitt, K. The Globalizing Learning Economy. *Academy of Management Review*, Vol. 27, No. 1 (2002), pp. 125 – 127.

[225] Penrose, E. The Theory of the Growth of the Firm. *Oxford*: *Oxford University Pres*, 1959.

[226] Pereira, Z. L., and E. Aspinwall. Total quality management versus business process re-engineering. *Total Quality Management*, Vol. 8, No. 1 (1997), pp. 33 – 40.

[227] Perrow, C. Complex organizations. *New York*: *Random House*, 1986.

[228] Pitt, J. C. Thinking about Technology: Foundations of the Philosophy of Technology. *New York*: *Seven Bridges Press*, 2000.

[229] Porter, M. E. "Competitive Advantage of Nations" . *Free Press*, *New York*, *NY*, 1990.

[230] Puranam, P., H. Singh, and M. Zollo. Organizing for innovation: Managing the coordination-autonomy dilemma in technology acquisitions. *Academy of Management Journal*, Vol. 49, No. 2 (2006), pp. 263 – 280.

[231] Rajan, R. G., and L. Zingales. Which capitalism? Lessons from the East Asian crisis. *Journal of Applied Corporate Finance*, Vol. 11, No. 3 (2008), pp. 40 – 48.

[232] Reinganum. M. R. The anomalous stock market behavior of small firms in January: Empirical tests for tax-loss selling effects. *Journal of Financial Economics*, Vol. 12, No. 1 (1983), pp. 89 – 104.

[233] Rogers, M. Absorptive capability and economic growth: how do countries catch-up? . *Cambridge Journal of Economics*, Vol. 28, No. 4 (2003), pp. 577 – 596.

[234] Rogers, M. The Definition and Measurement of Innovation. *Melbourne Institute Working Paper*, No. 10/98, 1998.

[235] Rosenberg, N. "Science, invention, and economic growth". *Economic Journal*, Vol. 84 (1974), pp. 90 - 108.

[236] Ross, S. The economic theory of agency: The principal's problem. *American Economic Review*, Vol. 63 (1973), pp. 134 - 139.

[237] Rothwell, R. Successful Industrial Innovation: Critical Factors for the 1990s. *R&D Management*, Vol. 22, No. 3 (1992), pp. 221 -240.

[238] Rothwell, R., and C. Freeman, A. Horlsey. SAPPHO updated-project SAPPHO phases II. *Research policy*, Vol. 3, No. 3 (1974), pp. 258 -291.

[239] Santoro, M. D. and Chakrabarti, A. K. Firm Size and Technology Centrality in Industry University Interactions. *Research Policy*, Vol. 31, No. 7 (2002), pp. 1163 - 1180.

[240] Santoro, M. D. and S. Gopalakrishnan. The Institutionalization of Knowledge Transfer Activities within Industry-University Collaborative Ventures. *Journal of Engineering and Technology Managemen*t, Vol. 17, No. 3 (2000), pp. 299 -319.

[241] Santoro, M. D. Success Breeds Success: The Linkage Between Relation Intensity and Tangible Outcomes in Industry-University Collaborative Ventures. *The Journal of High Technology Management Research*, Vol. 11, No. 2 (2000), pp. 255 -273.

[242] Saxenian, A. L. Comment on Kenney and von Burg, "technology, entrepreneurship and path dependence: industrial clustering in Silicon Valley and Route 128". *Industrial and Corporate Change*, Vol. 8, No. 1 (1999), pp. 105 - 110.

[243] Scherer, F. M., and D. Ross. Industrial market structure and economic performance. University of Illinois at Urbana-Champaign's Academy

for Entrepreneurial Leadership Historical Research Reference in Entrepreneurship, 1990.

[244] Scherer, F. M., and Ross, D. Industrial Market Structure and Economic Performance. *Boston: Houghton Mifflin*, 1990.

[245] Schmookler, J. "Economic sources of inventive activity". *Journal of Economic History*, Vol. 22 (1962), pp. 1 – 10.

[246] Schmookler, J. Invention and Economic Growth. *Harvard University Press*, *Cambridge*, *MA*, 1966.

[247] Schumpeter, J. A. The Theory of Economic Development: An Inquiry into Profits, Capital, Credit, Interest, and the Business Cycle. Cambridge, *MA*: *Harvard University Press*, 1934.

[248] Schumpeter, J. Creative destruction. *Capitalism*, *socialism and democracy*, 1942.

[249] Schutzer, A. When Big R&D Spending Signals a Winning Stock. *Medical Economics*, Vol. 71 (1994), pp. 71 – 78.

[250] Selanick, P. Leadership in Administration: A Sociological Interpretation. *New York*: *Harper and Row*, 1957, pp. 126 – 127.

[251] Shavell, S. Risk sharing and incentives in the principal and agent relationship. *Bell Journal of Economics*, Vol. 10 (1979), pp. 53 – 73.

[252] Shleifer, A. and R. W. Vishny. Large Shareholders and Corporate Control. *The Journal of Political Economy*, Vol. 94, No. 3 (1986), pp. 461.

[253] Shleifer, A., and R. W. Vishny. A Survey of Corporate Governance. *The Journal of Finance*, Vol. 52 (1997), pp. 737 – 783.

[254] Shleifer, A., and R. W. Vishny. Large Shareholders and Corporate Control. *Journal of Political Economics*, Vol. 66 (1986), pp. 3 – 27.

[255] Singh, H., and M. Zollo. Organizing for Innovation: Managing

the Coordination-Autonomy Dilemma in Technology Acquisition. *Academy of Management Journal*, Vol. 49 (2006), pp. 263 – 280.

[256] Stock, J. H., and M. W. Watson. Has the business cycle changed? Evidence and explanations. In Monetary Policy and Uncertainty: Adapting to a Changing Economy. *Federal Reserve Bank of Kansas City Symposium*, *Jackson Hole*, *Wyoming*, Vol. 8 (2003).

[257] Stuart, T. E. Interorganizational Alliances and the Performance of Firms: A Study of Growth and Innovation Rates in a High-Technology Industry. *Strategic Management Journal*, No. 21 (2000), pp. 791 – 811.

[258] Subramanian, A. and S. Nilakanta. Organizational Innovativenss: Exploring the Relationship between Organization Determinants of Innovation, Types of Innovations and Measures of Organizational Performance. *Omega International Journal of Management Science*, Vol. 24, No. 6 (1996), pp. 631 – 647.

[259] Sutton, J. Technology and market structure. *MIT Press*, *Cambridge*, *MA*, 1998.

[260] Swanson, E. B. Information systems innovation among organizations. *Management science*, Vol. 40, No. 9 (1994), pp. 1069 – 1092.

[261] Taylor, C. T., and A. Silberston. The economic impact of the patent system: a study of the British experience. *CUP Archive*, 1973.

[262] Teece, D. J., Pisano, G., and A. Shuen. Dynamic Capabilities and Strategic Management. *Strategic Management Journal*, No. 18 (1997), pp. 509 – 533.

[263] Teece, D. J., The competitive challenge: Strategies for industrial innovation and renewal. *Ballinger Pub. Co.*, 1987.

[264] Teece, D., and G. PisaNo. 1994. The Dynamic Capabilities of Firms: An Introduction. *Industrial and Corporate Change*, Vol. 3, No. 3

(1994), pp. 537 -556.

[265] Teece, D. J. Explicating Dynamic Capabilities: the Nature and Microfoundations of (Sustainable) Enterprise Performance. *Strategic Management Journal*, Vol. 28, No. 13 (2007), pp. 1319 -1350.

[266] Thompson, V. A. Bureaucracy and innovation. *Administrative science quarterly*, 1965, pp. 1 -20.

[267] Roberts, E. B. Benchmarking the Strategic Management of Technology. *Research Technology Management*, No. 2 (1995), pp. 44 -56.

[268] Vrakking, W. J. The innovative organization. *Long Range Planning*, 1990, Vol. 23, No. 2, pp. 94 -102.

[269] Wallace, D. Environmental Policy and Industrial Innovation: Strategies in Europe, the US and Japan. *London: Earth scans Publish*, 1995.

[270] Wang, C. L. and P. K. Ahmed. Dynamic Capabilities: A Review and Research Agenda. *International Journal of Management Reviews*, Vol. 9, No. 1 (2007), pp. 31 -51.

[271] Weerawardena, J., and A. O' Cass. Exploring the Characteristics of the Market-Driven Firms and Antecedents to Sustained Competitive Advantage. *Industrial Marketing Management*, Vol. 33, No. 5 (2004), pp. 419 -428.

[272] Wernerfelt, B. A Resource-Based View of the Firm. *Strategic Management Journal*, No. 5 (1984), pp. 171 -180.

[273] Williamson, D. H., and J. Mellanby. The effect of calcium ions on ketone-body production by rat-liver slices. *Biochemical Journal*, Vol. 88, No. 3 (1963), pp. 440.

[274] Wilson, R. On the theory of syndicates. *Econometrica*, No. 36 (1968), pp. 119 -132.

[275] Winter, S. G. Schumpeterian competition in alternative techno-

logical regimes. *Journal of Economic Behavior & Organization*, Vol. 5, No. 3 (1984), pp. 287 –320.

[276] Winter, S. G. Understanding Dynamic Capabilities. *Strategic Management Journal*, Vol. 24, No. 10 (2003), pp. 991 –995.

[277] Wolfenzon, D. A Theory of Pyramidal Structures. Unpublished working paper. *Cambridge*, *MA*: *Harvard University Press*, 1999.

[278] Wright, P., Ferris, S. P., Sarin, A., and V. Awasthi. Impact of Corporate Insider, Blockholder, and Institutional Equity Ownership on Firm Risk Taking. *Academy of Management Journal*, Vol. 39, No. 2 (1996), pp. 441 –458.

[279] Yap, C. M., K. H. Chai, and P. Lemaire. An empirical study on functional diversity and innovation in SMEs. *Creativity and Innovation Management*, Vol. 14, No. 2 (2005), pp. 176 –190.

[280] Zahra, S. A., Neubaum, D. O., and M. Huse. 2000. Entrepreneurship in Medium-Size Companies: Exploring the Effects of Ownership and Governance Systems. *Journal of Management*, Vol. 26, No. 5 (2000), pp. 947 –976.

[281] Zahra, S. A., Sapienza, H. J. and P. Davidsson. Entrepreneurship and Dynamic Capabilities: A Review, Model and Research Agenda. *Journal of Management Studies*, Vol. 43, No. 4 (2006), pp. 917 –955.

[282] Zollo, M. and S. G. Winter. Deliberate Learning and the Evolution of Dynamic Capabilities. *Organization Science*, Vol. 13, No. 3 (2002), pp. 339 –351.

[283] Zott, C. Dynamic Capabilities and the Emergence of Intra-industry Differential Firm Performance: Insights from A Simulation Study. *Strategic Management Journal*, Vol. 24, No. 2 (2003), pp. 97 –115.